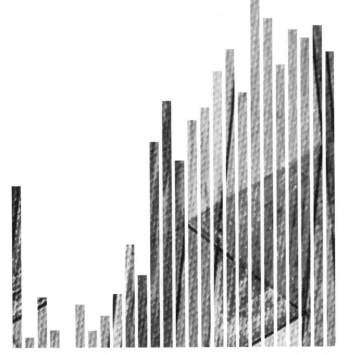

SOFTWARE FOR SPATIAL ECONOMETRICAL ANALYSIS
Operation Manual of R Language

空间计量分析软件
R语言操作手册

魏学辉 张 超 沈体雁 / 编著

北京大学出版社
PEKING UNIVERSITY PRESS

图书在版编目（CIP）数据

空间计量分析软件：R 语言操作手册 / 魏学辉，张超，沈体雁编著. —北京：北京大学出版社，2022.1

ISBN 978-7-301-32550-6

Ⅰ. ①空… Ⅱ. ①魏… ②张… ③沈… Ⅲ. ①区位经济学–计量经济学–应用软件–研究生–教材 Ⅳ. ①F224.0-39

中国版本图书馆 CIP 数据核字（2021）第 192765 号

书　　　名	空间计量分析软件：R 语言操作手册
	KONGJIAN JILIANG FENXI RUANJIAN：R YUYAN CAOZUO SHOUCE
著作责任者	魏学辉　张　超　沈体雁　编著
责 任 编 辑	王　晶
标 准 书 号	ISBN 978-7-301-32550-6
出 版 发 行	北京大学出版社
地　　　址	北京市海淀区成府路 205 号　100871
网　　　址	http://www.pup.cn
微信公众号	北京大学经管书苑（pupembook）
电 子 信 箱	em@pup.cn
新 浪 微 博	@北京大学出版社　@北京大学出版社经管图书
电　　　话	邮购部 010-62752015　发行部 010-62750672　编辑部 010-62752926
印 刷 者	天津中印联印务有限公司
经 销 者	新华书店
	787 毫米×1092 毫米　16 开本　16.75 印张　252 千字
	2022 年 1 月第 1 版　2022 年 1 月第 1 次印刷
定　　　价	48.00 元

未经许可，不得以任何方式复制或抄袭本书之部分或全部内容。
版权所有，侵权必究
举报电话：010-62752024　电子信箱：fd@pup.pku.edu.cn
图书如有印装质量问题，请与出版部联系，电话：010-62756370

本 书 资 源

资源类型：

- 数据与代码
- 章后视频

资源获取方法：

第一步：关注"博雅学与练"微信公众号；

第二步：扫描下方二维码标签，获取上述资源。

一书一码，相关资源仅供一人使用。

读者在使用过程中如遇到技术问题，可发邮件至 em@pup.cn。

序

自 2010 年我们编著出版《空间计量经济学》(第一版)以来,在国内外学者的共同推动下,空间计量经济学在中国的发展取得了长足的进步。这主要体现在以下三个方面:

第一,中国空间计量经济学的教学体系初步形成。空间计量经济学作为一门正式的本科生或研究生课程,被列入经济学、地理学、管理学、规划学、社会学、人口学等专业的学科建设和课程目录体系。据不完全统计,北京大学、中国社会科学院大学、中国人民大学、吉林大学、南开大学、山东大学、武汉大学、华东理工大学、上海师范大学、暨南大学、郑州大学、厦门大学、中南财经政法大学、江西财经大学、青岛科技大学等高校已经开设了空间计量经济学课程。与此同时,空间计量经济学暑期学校、专题讲座和各类培训如火如荼地开展,已成燎原之势。2016 年至今,北京大学与中国区域科学协会等单位连续举办了六届北京大学研究生暑期学校"空间计量经济学前沿"活动,空间计量经济学的创始人之一、美国国家科学院院士、美国芝加哥大学卢克·安索林(Luc Anselin)教授,地理加权回归模型(GWR)的提出者、美国国家科学院院士和英国社会科学院院士、美国亚利桑那州立大学斯提沃特·福瑟林汉姆(Stewart Fotheringham)教授以及国内外著名空间计量经济学家、学者在暑期学校授课,共有 1 500 多名来自国内外各高等院校的青年学者和学生参加了学习和研讨,极大地推动了空间计量经济学在中国的发展。伴随人才培养和教学工作的需要,国内已有十余本空间计量经济学方面的教材、译著和专著相继出版;部分大学的经济学、工商管理学、公共管理学、地理学、规划学等院系已开始招收和培养空间计量经济学方向的硕士和博士研究生;空间计量经济学师资队伍建设也受到有关院系领导的重视，能够开设空间计量经济学课程的教师十分紧俏。可以说，到目前为止，我国已经初步形成了比较系统的本土化的空间计量经济学教学体系。

第二，中国空间计量经济学理论、方法与应用研究成果丰硕，进步喜人。一方面，在一些前沿理论与方法的研究上取得了若干标志性成果。北京大学虞吉海教授在面板数据最大似然估计的一致性证明、动态面板模型的拟最大似然估计、空间单位根与伪回归等领域取得了重要突破，香港中文大学黄波教授的团队提出了时空地理加权回归模型（GTWR），我们团队的于瀚辰博士采用广义加性模型等技术解决了多尺度地理加权回归（MGWR）的统计推断问题。这些研究成果进一步拓展了空间回归和地理加权回归等主流空间计量经济学模型的设定、估计、检验和统计推断，完善了空间计量经济学理论与方法。另一方面，空间计量经济学在人文社会科学领域的应用广度与深度不断拓展，推动了人文社会科学的空间化、定量化和综合化，成为空间综合人文学与社会科学发展的重要学科基础。应用空间计量经济学理论与方法分析和解决中国城市与区域发展的现实问题，提出和验证中国城市与区域发展的特征事实、理论范式与科学规律，是中国空间计量经济学的主要任务。近年来，空间计量经济学在各个领域的应用研究以及发表的学术论文数量呈几何级数式增长，空间计量分析与地理信息系统正在成为对城市与区域问题展开实证研究的两项必备技能。总体上，中国空间计量经济学领域的科学研究呈现出以应用研究为主、理论研究与应用研究并进，论文发表数量剧增、学术研究质量不断提升，部分领域进入国际前沿、整体研究水平尚需进一步提高的发展局面。

第三，中国空间计量经济学研究社区已经形成。学术社区的形成是学科成熟的重要标志。过去十年，中国空间计量经济学领域的学术交流和国际合作日渐繁荣，国内学者、学生与国外的学术联系日渐紧密，一些青年学者和学生通过留学、访学和暑期学校等多种形式深度参与国际顶尖学者的研究工作，逐渐步入空间计量经济学理论与方法研究的前沿阵地。中国区域科学协会、中国地理学会等学术组织成立了空间计量经济学方面的专业委员会，推动空间计量经济学在中国的发展，广大学者和学生通过各种"线上""线下"的学术交流活动日益密切地组织起来，有关空间计量经济学的各种公益性甚至商业性的讲座、论坛、培训等活动在城市与区域研究这个"小花园"里如雨后春笋般层出不穷，分外耀眼。可以非常欣慰地讲，在包括卢克·安索林教授和斯提沃特·福瑟林汉姆教授在内的国际著名空间计量经济学家的持续支持下，通过包括北京大学在内的国内众多高等院校、科研机构、学术团体和广大学者、学生的共同努力，中国空间计量经济学的发展经历了从"星星之火"到"燎原之势"的"黄金十年"。可以预期，随着中国科技创新从以"跟跑"为主逐步向更多领域的"并跑""领跑"转变，未来十年中国空间计量经济学也将从国际空间计量经济学"俱乐部"的"跟跑者"发展为"并跑者"，并向局部领域的"领跑者"迈进。

为了尽可能地反映和吸纳空间计量经济学理论与方法的新进展，回应广大读者系统学习空间计量经济学知识与技能的需求，我们与北京大学出版社初步计划在已经出版的《空间计量经济学》（第一版）、《空间计量经济学》（第二版）、《空间计量分析软件：GeoDa、GeoDaSpace 和 PySAL 操作手册》和《空间计量分析软件：R 语言操作手册》的基础之上，在"十四五"期间出版以下书目：《多尺度地理加权回归（MGWR）理论、方法与应用》《空间计量分析软件：地理加权回归与多尺度地理加权回归（MGWR）操作手册》《空间计量分析软件：Stata 操作手册》《空间计量分析软件：基于工作流的空间分析》等。

这些书是北京大学空间计量经济学研究团队过去十余年教学科研经验的总结，也是对长期关心与支持我们工作的各位老师、同学的回应和回报。它们既可以作为"空间计量经济学""空间数据科学""地理信息系统""空间分析与模拟""地统计学"等课程的教材，也可以作为经济学、管理学、地理学、规划学、社会学、人口学、城市与区域科学等领域的教师、学生与实际工作者学习和研究空间计量经济学的参考书,更是在时空大数据时代普及和推广空间计量分析的科普书。

在本书出版之际，我要衷心地感谢两位空间计量经济学的重要创始人——

卢克·安索林教授和斯提沃特·福瑟林汉姆教授，感谢他们持续不断地指导和支持北京大学空间计量经济学研究团队的工作，使我们的教学、科研和人才培养能够迅速地对接国际前沿，走入理论、方法与应用研究良性循环的道路，成为空间计量经济学在中国发展的重要枢纽和重镇。感谢北京大学研究生院、北京大学政府管理学院、中国区域科学协会、中国地理学会、中国地理信息系统产业协会以及所有参与北京大学研究生暑期学校"空间计量经济学前沿"活动的老师们和同学们！大家共同的努力使得我们的暑期学校已经成为空间计量经济学学习和交流的重要平台，成为与大师"亲密接触"和"面对面"交流的"人性化"场所，成为激发学习兴趣、启发创新智慧、鼓励年轻人走向空间计量经济学研究生涯的灵动空间。感谢北京大学出版社的林君秀主任和王晶编辑的辛勤工作和努力付出！

我们深知空间计量经济学理论、方法与应用背后隐藏着深刻的关于"空间"的哲学命题、科学道理和技术创新"奇点"，揭示"空间之谜"仍将是一条漫长的知识探索道路。本书难免存在许多谬误之处，恳请读者在阅读学习过程中给予批评指正。希望中国空间计量经济学迎来与国际同行"并跑"的新的"黄金十年"！

沈体雁
2021年9月

前　言

20世纪70年代末，随着计算机技术的应用、地理信息技术的兴起和计量经济学的发展，空间计量经济学作为区域分析方法的重要一支，在理论、模型、方法、软件和应用领域等方面取得了长足的进展，逐渐成为区域科学最为热门的研究方向之一，成为地理学、经济学和空间相关研究领域探索空间经济规律、解释空间经济现象、挖掘空间相关知识的重要途径。

从 Anselin（1988）开始研究空间计量模型起，空间计量经济分析作为计量经济分析方法在区域科学领域的应用，处理的主要问题是如何将空间效应纳入传统计量经济分析框架。空间效应分为空间依赖性和空间异质性。空间依赖性是指由空间位置关系所导致的个体间的空间交互作用，在空间计量模型中主要由因变量的空间滞后项表征；空间异质性是指处于不同空间位置的个体所表现出的特征差异，可以通过空间相关模型中的个体效应或地理加权回归模型（geographically weighted regression，GWR）来表征。

从数据类型和模型形式来看，空间计量模型研究与应用经历了从横截面数据到面板数据、从静态到动态的发展历程。在横截面数据的空间计量模型阶段，学者主要从模型形式、估计方法、结果推断等角度进行研究，建立了相对完整的空间计量模型体系，提出了极大似然（maximum likelihood，ML）、广义矩（generalized method of moments，GMM）等估计方法在空间计量模型中的应用步骤，使得空间计量分析在实证研究中快速发展。面板数据集的涌现促进了面板数据模型的兴起与发展。与横截面数据模型相比，面板数据模型的优势之一在于控制不可观测的个体效应和/或时间效应，基于面板数据的各种空间计量模型成为研究与应用的热点。

目前空间计量实证研究大致呈现三大趋势。第一，大数据的广泛应用和空间计量模型方法的拓展使得更多基于全新理论模型的实证研究成为可能。伴随空间计量理论模型研究的不断深入，空间计量经济分析进入全面发展的时代，动态空间面板数据模型、空间离散选择模型、空间流量数据模型、空间分位数回归模型以及空间因果推断等实证研究越来越多。在大数据应用时代，空间大数据的可识别性、可捕捉性和可运算性大大加强，点数据空间位置更加精准，不同空间尺度下地区间的流量数据开始出现，这就使得在空间计量中的空间权重矩阵设置、多尺度空间计量估计、基于流量数据的空间计量研究等成为可能。第二，空间计量与其他社会科学交叉融合的实证研究开始出现。空间计量模型构建的核心是空间权重矩阵，而空间权重矩阵本质上是地理空间的关联，可以说空间计量给了我们一种以网络关联的视角重新审视这个世界的方法，目前区域科学及其他社会科学都开始尝试采用空间计量模型的设置方式，将研究对象的关联性纳入研究框架。这其中包括经济冲击下的产业"风险传播"问题、社会学中的"同群效应"（peer effect）研究、传染病传播中的政策评估与模拟问题，以及企业战略管理中的策略互动问题等。第三，空间计量分析理论与实证研究的蓬勃发展带来了学者对空间计量分析软件的旺盛需求，未来对空间计量软件的开源性、可编辑性和灵活性要求将更高。目前，各主流统计分析软件都提供空间计量分析功能，主要有 Geoda、Matlab、Stata 及 R 软件等。

软件选择主要考虑以下几个因素：一是功能齐全，目前已经提出的空间计量模型的估计与检验方法最好均能实现；二是简单易学，程序运算符合日常使用习惯，无需了解复杂的软件内部架构即可上手；三是更新及时，能迅速融合新模型和新方法；四是编程灵活，能方便快捷地扩展软件功能，实现使用者特有的分析目的。这其中 R 软件是最有力的竞争者之一。

R 是一款功能强大的统计计算与绘图软件，它支持面向对象编程和函数式编程，是目前统计分析领域最受欢迎的编程语言之一。它免费开源的特点深受广大用户青睐，众多 R 志愿者编写自定义函数扩展 R 功能，并通过程序包与其他 R 使用者共享，极大地推动了 R 语言的普及。本书旨在探讨 R 语言在空间计量模型中的应用,因此,在写作过程中主要以模型形式为基础,阐述理论方法,重点演示案例分析过程及相应的 R 代码,为空间计量经济分析的初学者提供帮助。其中 R 代码大都基于 R 软件自带或从 CRAN 镜像下载的程序包,个别功能需要完善、扩展或改进时我们通过自定义函数解决。

本书共分为 11 章。第 1 章是 R 语言简介,主要包括一些基本概念和软件操作,旨在为后续章节的学习提供基础;第 2 章是传统回归模型,从模型形式、参数估计和诊断检验三个方面介绍传统线性回归模型在 R 软件中的实现过程,同时以巴尔的摩市的房价为例,演示了软件操作过程并对其结果进行一定解释;第 3 章是空间权重矩阵设置,从 R 语言存储空间权重信息的数据结构出发,介绍不同类型空间权重矩阵的创建方法;第 4 章是空间自相关及其检验,主要介绍单变量全局和局部空间自相关检验方法以及双变量莫兰指数的计算;第 5 章至第 7 章依次介绍空间计量分析中常用的空间滞后模型、空间误差模型和空间杜宾模型,包括模型的建立、估计及结果的解释等;第 8 章介绍空间面板数据模型,主要包括空间面板数据模型的估计和诊断检验,尤其是空间面板数据模型的选择;第 9 章是空间流量数据模型,主要介绍处理流量数据的重力模型、多层随机效应模型以及流量空间滞后模型,包括模型形式、模型估计过程及 R 语言操作;第 10 章是矩阵指数空间模型,首先从矩阵指数模型的基础理论出发,介绍矩阵指数空间模型和传统空间计量模型的联系与区别,接着从横截面数据和面板数据两个方面展示 R 语言的估计过程和效应分析;第 11 章是空间离散选择模型,以学生成绩和房价数据为例,分别介绍非空间离散选择模型和空间离散选择模型在 R 软件中的估计过程以及结果分析。

本书是《空间计量经济学》(第二版)的配套工具书之一。书中每章都配有详细的案例分析步骤和程序,读者在掌握空间计量分析的基本原理之后,可依据我们提供的程序和数据进行练习,从而达到利用空间计量方法进行实证分析的目的,相关程序和数据可通过扫描本书首页的二维码获取。另外,我们还为每章的主要内容录制了程序操作视频,读者可通过扫描章后二维码进行观看。

在本书即将出版之际，我们要感谢河北工业大学经济管理学院的段小雪、陈思、张晓瑞、朱钰、王雪、崔梅娜等几位同学，他们在讨论课上的报告及准备材料直接构成了本书的基础。感谢北京大学政府管理学院各位老师给予的关心和支持。尤其重要的是，感谢北京大学出版社的王晶等编辑，没有她们的辛勤工作，没有她们的帮助和支持，本书是难以如期出版的。

最后，需要说明的是，囿于知识水平和时间的不足，作者对空间计量经济学的理论、模型、方法以及 R 语言应用的理解和掌握仍然非常有限，因此本书难免存在错误和遗漏之处，恳请读者给予批评指正，以鞭策我们不断地进行修改和完善，共同促进空间计量经济学在我国的发展。

魏学辉　张　超　沈体雁

2021 年 6 月

目　录

第1章　R语言简介 ·· (1)
 1.1　概述 ··· (1)
 1.2　数据结构 ·· (6)
 1.3　数据索引 ·· (18)
 1.4　函数 ··· (21)
 1.5　程序包 ··· (26)

第2章　传统回归模型 ··· (31)
 2.1　模型形式 ·· (31)
 2.2　参数估计 ·· (32)
 2.3　诊断检验 ·· (39)

第3章　空间权重矩阵设置 ··· (56)
 3.1　R语言中的空间权重矩阵结构 ··· (56)
 3.2　基于地理邻接关系的空间权重矩阵创建 ································ (58)
 3.3　基于地理距离关系的空间权重矩阵创建 ································ (65)
 3.4　自定义的空间权重矩阵创建 ··· (69)
 3.5　从外部文件导入空间权重矩阵 ·· (74)

第4章　空间自相关及其检验 ·· (82)
 4.1　单变量全局空间自相关检验 ··· (82)

  4.2 单变量局部空间自相关检验 …………………………………………（89）

  4.3 双变量莫兰指数 …………………………………………………………（93）

第5章 空间滞后模型 …………………………………………………………（96）

  5.1 模型创建 …………………………………………………………………（96）

  5.2 模型估计 …………………………………………………………………（97）

  5.3 应用举例 …………………………………………………………………（99）

  5.4 模型回归系数的解释 …………………………………………………（105）

第6章 空间误差模型 …………………………………………………………（110）

  6.1 模型创建 …………………………………………………………………（111）

  6.2 模型估计 …………………………………………………………………（111）

  6.3 应用举例 …………………………………………………………………（114）

  6.4 模型选择 …………………………………………………………………（117）

第7章 空间杜宾模型 …………………………………………………………（121）

  7.1 模型创建 …………………………………………………………………（121）

  7.2 模型估计 …………………………………………………………………（123）

  7.3 应用举例 …………………………………………………………………（124）

  7.4 回归系数与空间效应 …………………………………………………（127）

第8章 空间面板数据模型 …………………………………………………（132）

  8.1 传统面板数据模型 …………………………………………………（132）

  8.2 空间滞后模型 …………………………………………………………（134）

  8.3 空间误差模型 …………………………………………………………（137）

  8.4 R语言与非空间面板数据模型 ……………………………………（140）

  8.5 R语言与空间面板数据模型 ………………………………………（156）

第9章 空间流量数据模型 …………………………………………………（175）

  9.1 数据特征 …………………………………………………………………（175）

9.2　模型设定 ··（177）
　　9.3　模型估计 ··（182）

第 11 章　矩阵指数空间模型 ···（204）
　　10.1　MESS 模型理论基础 ··（204）
　　10.2　MESS 模型估计 ··（206）
　　10.3　面板 MESS 模型 ···（212）

第 11 章　空间离散选择模型 ···（220）
　　11.1　离散选择模型简介 ··（220）
　　11.2　空间离散选择模型 ··（226）
　　11.3　应用举例 ··（228）

参考文献 ··（249）

第 1 章 R 语言简介

> **本章概要**
>
> 目前，R 软件广泛应用于统计、经济、生物等学科的统计计算与可视化分析，已成为数据分析领域最重要的工具之一。本章重点内容包括 R 语言的数据结构、数据索引、函数等。通过本章的学习，我们应该能够使用 R 语言进行简单运算，理解 R 语言中的矩阵、向量、数据框、列表等基本数据结构，掌握数据索引的两种方式以及函数的基本形式，同时能够根据需要实现程序包的检索、安装与加载。

1.1 概述

1.1.1 安装与启动

R 是一款功能强大的统计计算和绘图软件。它具有免费开源、资源丰富、代码简洁等特点，是目前统计分析领域最受欢迎的编程语言之一。R 语言具有良好的扩展性能，它支持面向对象编程和函数式编程。众多 R 志愿者编写自定义函数扩展 R 功能，并通过程序包（package）与全世界的 R 使用者共享。使用者不仅可以自由下载使用，还可以查看、学习、修改和完善源代码，使得 R 成为具有个性化定制特点的数据分析软件。

R 软件可以通过其官网（https://www.r-project.org/）或直接选择 CRAN 镜像网站下载安装。在 Windows 系统下安装并运行 R 后，会出现如图 1-1 的图形用户界面（RGui），它包括三个部分：菜单栏、功能键及 R 控制台（R

Console)。菜单栏包括文件、编辑、查看、其他、程序包、窗口及帮助等选项；功能键列出菜单栏中常用的命令选项；R 控制台是使用 R 的主窗口，用于命令的输入和结果输出，在提示符>后输入命令并回车，R 将直接执行命令并返回运行结果。

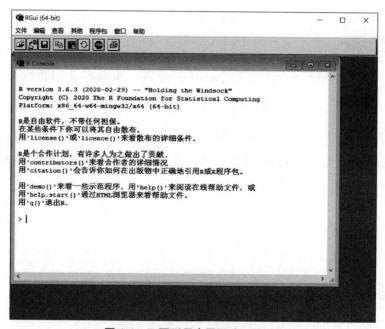

图 1-1 R 图形用户界面（RGui）

R 控制台的交互式操作不适合复杂的计算分析工作，为此，RGui 提供了一个基本的文本编辑器，点击"文件/新建程序脚本"即可打开，在其中可以编写复杂代码，一次性提交 R 控制台进行运算并返回结果。此外，RGui 还提供了图形设备窗口，用于输出绘图函数的结果，如图 1-2 所示。

虽然基于 R 控制台、文本编辑器以及图形设备窗口可以完全实现 R 的数据分析及可视化功能，但对于命令式语言来说，友好的用户界面、强大的文本编辑器至关重要。在这方面，RStudio 要明显优于 RGui。RStudio 是一个基于 R 语言的集成开发环境（integrated development environment，IDE），拥有方便高效的系列集成工具和丰富实用的用户界面，使得 R 软件使用起来更加方便。RStudio 的用户界面如图 1-3 所示，由四个部分组成。

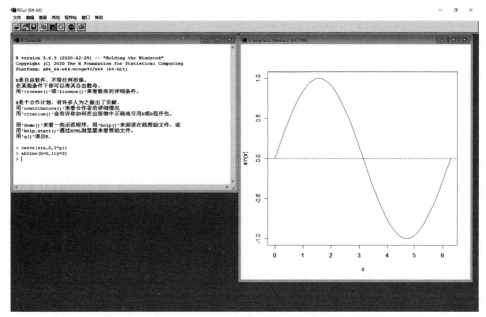

图 1-2　RGui 的图形设备窗口

图 1-3　RStudio 的用户界面

左上部分是代码编辑和数据查看窗口，不同的代码文件以标签列表方式显示。在标签名下方有一个功能键　　，鼠标停在上面可显示 show in new window，点击它可将代码文件显示在新窗口中，增加其他部分的显示空间，该功能对于拥有双屏的计算机非常实用。RStudio 的代码编辑器功能丰富，除常用的语法高亮显示、代码提示及自动补全之外，还有查找替换、提取函数、代码注释以及折叠分段等，提高了 R 语言的编程效率。

左下部分是 R 控制台，与 RGui 中的控制台功能完全一致。在代码编辑窗口中使用 Ctrl+Enter，即可将对应代码提交到控制台执行并返回计算结果。由此可知，RStudio 并不具备统计计算功能，使用它之前必须先安装 R 软件。

右上部分是当前工作环境（Environment）、历史记录（History）以及连接外部数据库（Connections）窗口。当前工作环境标签列出了工作空间中的所有对象及其取值等特征，历史记录标签则记录了在 R 控制台中执行过的所有命令，连接外部数据库标签则提供了外部数据库的相应接口。

右下部分是文件（Files）、图形（Plots）、程序包（Packages）、帮助（Help）及视图（View）等标签窗口，主要用于浏览当前工作目录下的文件、显示绘制的图形、安装并管理程序包以及查看帮助文件等。已安装的程序包在 Packages 标签下列表显示，点击程序包名称即可转到 Help 标签，显示该程序包的帮助文档，可以查看相关的函数和数据集的说明。

这四个部分的位置并非固定不变，用户可根据使用习惯进行调整，选择菜单栏 Tools/Global Options.../Pane Layout，依次设置各部分所显示内容即可。

1.1.2 对象

对象（object）是 R 语言的基本概念。R 语言创建和操作的变量、表达式、函数、图形等都是对象。如：

```
> 2 + 2*3
[1] 8
```

所输入的算式是对象，返回结果也是对象。注意，对象只有被命名才能存储下来，否则只是在 R 控制台显示，不能被再次调用。对象名称可由字母、数字或下划线等组成，但需要注意：第一，名称必须以字母开头；第二，字母大小写代表不同的符号；第三，避免使用 R 内部对象名称，如 pi、mean 等。RStudio 用户界面（图 1-3）的右上部分列出了当前工作环境中的所有对象，也可以使用 ls()或 objects()函数（不带参数）在控制台中列出所有对象，使用 rm()函数可以删除指定的对象，如：

```
> ls()
[1] "x" "y" "z"
> rm(x)   #删除单一对象
> rm(list = c("y","z"))   #删除多个对象
```

1.1.3 赋值

赋值操作是 R 的基本运算之一，运算符是"<-"，由小于号和减号组成，其含义为将右侧运算结果赋值给左侧变量，如：

```
> x <- 6
> x   #显示变量的取值
[1] 6
> y <- 6 > 3   #将逻辑判断结果赋值给变量 y
> y
[1] TRUE
```

等号"="也是赋值运算符，但它通常用于为函数的参数赋值，一般变量赋值不推荐使用。

1.1.4 工作目录与工作空间

工作目录（working directory）是 R 读取数据、保存对象时所使用的文件夹。读取不在当前工作目录下的文件，需要给出完整的文件所在路径，这对命令式语言来说是非常繁琐且容易出错的地方，通常情况下，我们会将不同研究项目所使用的相关数据文档存储在不同的文件夹内，因此使用 R 的第一步通常是设定工作目录。获取或改变当前工作目录的函数分别是 getwd()和

setwd()，如：

```
> getwd()
[1] "C:/Users/123/Documents"
> setwd("W:/Examples/ch1intro")
```

使用 setwd() 设定工作目录需要输入完整的路径，此时使用菜单操作更为方便，在 RStudio 菜单栏中依次选择 Session/Set Working Directory/Choose Directory...，或者直接使用快捷键 Ctrl+Shift+H 打开选择窗口设定即可。

工作空间（workspace）也被称为工作环境（working environment），是操作系统分配给 R 的一块内存区域，用于存储用户创建的所有对象。当关闭 R 软件或结束 R 进程时，这些对象将随着内存释放而消失。当用户需要保留操作结果时，可以使用 save.image() 函数将工作空间的镜像以文件形式存储在磁盘上，以后使用 load() 函数重新加载即可继续工作，如：

```
> save.image("test.RData")
> rm(list = ls())
> load("test.RData")
```

另外，使用 save() 和 load() 函数也可以保存和读取单个 R 对象，适用于不同研究项目共用一个 R 对象的情形。比如空间权重矩阵，保存为 RData 文件后，可以在其他研究中加载使用。

1.2 数据结构

1.2.1 基本数据类型

R 语言中的基本数据类型有五种：数值型（numeric）、逻辑型（logical）、字符型（character）、复数型（complex）和原始型（raw）。由于复数型并不常用，存储二进制数据的原始型更为罕见，这里仅介绍前三种基本类型。

1.2.1.1 数值型

数值型是最常用的数据类型，又可分为整数型（integer）和双精度型（double）。① R 默认输入数据为双精度型，输入整数型数据需要在整数后加 L 表示。通常情况下，我们无须区分整数型和双精度型数据，R 会自动处理。②

数值型变量赋值及判断类型的代码如下：

```
> x <- 6
> class(x)  #查看对象的类型
[1] "numeric"
> is.integer(x)
[1] FALSE
> is.double(x)
[1] TRUE
> y <- 6L
> class(y)
[1] "integer"
> is.numeric(y)
[1] TRUE
```

1.2.1.2 逻辑型

逻辑型数据用 TRUE 或 FALSE 表示，常用于数据筛选及条件判断语句，基本运算符包括"!"表示否，"&"和"&&"表示与，"|"和"||"表示或。其中"&"和"|"称为短运算符，"&&"和"||"称为长运算符，它们的区别主要有两点。第一，长运算符只运算到能确定结果为止，后面的条件不再判断；而短运算符需要判断完所有条件后才给出结果。如：

```
> 6 > 3 & 2 > 4 & 1 >= 1 & 3 > 2
[1] FALSE
> 6 > 3 && 2 > 4 && 1 >= 1 && 3 > 2
[1] FALSE
```

---

① 因此也可以说基本数据类型有六种。
② 我们在编辑空间邻居列表时发现，邻居列表必须使用整数型数据，否则构建空间权重矩阵时程序会报错。

两组代码结果相同，但使用长运算符"&&"时，到条件"2>4"即得出结果。第二，在向量与向量之间进行逻辑运算时，长运算符只判断每个向量的第一个元素，返回一个逻辑结果；短运算符则对向量中每个元素进行判断，返回结果也是一个向量。如：

```
> x <- c(TRUE, FALSE, TRUE, FALSE)
> y <- c(FALSE, FALSE, TRUE, TRUE)
> x & y
[1] FALSE FALSE  TRUE FALSE
> x && y
[1] FALSE
```

1.2.1.3 字符型

字符型数据类型主要用于处理文本数据，使用时需要用双引号引起来，如：

```
> x <- "This is a string"
> class(x)
[1] "character"
```

实际上 R 将任何用双引号引起来的内容都视为字符型数据，如：

```
> y <- "2*3 + 5^2"
> class(y)
[1] "character"
```

字符型数据应用范围很广，除了表示文本数据，我们还可以利用字符操作构建变量名、表达式等。另外，很多函数的参数设定也需要使用字符型数据，如 plot()函数中，参数 type="l"表示绘制折线图，"p"表示绘制散点图等。

1.2.1.4 特殊值

R 语言支持五种特殊值：Inf、-Inf、NaN、NA 和 NULL。前两个分别是正负无穷，属于数值型数据，除非结果不存在或无意义，否则它们可以参与算术及函数运算，如：

```
> x <- 1/0
> x
[1] Inf
> class(x)
[1] "numeric"
> pnorm(x)
[1] 1
> exp(-x)
[1] 0
```

NaN 是 Not a Number 的缩写，它产生于无意义或无法正确执行的运算命令。NA 是 Not Available 的缩写，代表缺失值。这两个特殊值不能参与数值运算，否则结果还是这两个值。需要注意的是，这两个值在 R 中的类型不同，NaN 是数值型，NA 是逻辑型，缺失值判断的返回结果也不完全一样，如：

```
> class(NaN)
[1] "numeric"
> class(NA)
[1] "logical"
> x <- c(NaN,NA)
> is.nan(x)
[1]  TRUE FALSE
> is.na(x)
[1] TRUE TRUE
```

NULL 是空值（empty），通常用于设定参数的缺省值。如果将变量赋值为 NULL，相当于仅设定变量名而不赋值，如：

```
> y <- NULL
> exists("y")
[1] TRUE
```

1.2.2 向量

在 R 中，存储数据的基本结构是向量，它是由相同类型元素所组成的序列。由基本数据类型可知，常用的向量类型有数值向量、逻辑向量和字符向量。一般使用 c()函数生成向量，其参数是以逗号分隔的元素。这里的元素也可以是一个向量，函数返回结果是将所有参数按其出现位置组合起来的序列，如：

```
> x <- c(1,2,2,5)
> x
[1] 1 2 2 5
> y <- c(x,c(3,8))
> y
[1] 1 2 2 5 3 8
```

如果生成有规律的序列，常用的是冒号"："，如：

```
> z <- 1:5
> z
[1] 1 2 3 4 5
```

以上序列的间隔是 1。生成其他等间隔序列可以使用 seq()函数，其基本用法如下：

```
> seq(from, to, by)
```

表示从 from 起始，到 to 终止，步长为 by。如[①]：

```
> seq(1,10,4)
[1] 1 5 9
```

rep()函数在生成具有重复数据的向量时非常实用，其基本用法如下：

```
> rep(x, times, each)
```

其中，x 是要重复的元素或向量，times 是重复的次数，each 用于 x 是向量的情形，表明 x 中的每个元素重复的次数。如：

```
> rep(c(1,4), times = 3, each = 2)
 [1] 1 1 4 4 1 1 4 4 1 1 4 4
> rep(c(1,4), times = 2, each = 3)
 [1] 1 1 1 4 4 4 1 1 1 4 4 4
```

R 中所有的对象都有属性。属性属于元数据，是用于描述数据特征的数

---

① R 中设定参数取值有两种对应方式：一种是按位置，如 seq（1, 10, 4），另一种是按参数名，如 seq（from=1, to=10, by=4），两者等价。简单函数可用位置对应方式，若函数的参数较多，则推荐使用按参数名赋值的方式。

据。数据结构越复杂，属性也就越多。向量是 R 中最简单的数据结构，它只有两个所有对象共有的属性：类型和长度。

函数 class() 可以用来查看对象的类型，前面已经使用过此函数。实际上，class() 函数也可以设置对象的类型，不过需要注意，对象类型改变，数据也会随之改变，使用时要格外谨慎。另外，使用 class() 函数设置对象类型不同于 as() 函数的类型转换：as() 函数转换后返回一个新的对象，原对象的类型没有变化，而 class() 函数则直接改变原对象的类型。如：

```
> x <- rep(0:1,2)
> x
[1] 0 1 0 1
> as(x, "logical")  # 等价于 as.logical(x)
[1] FALSE  TRUE FALSE  TRUE
> x
[1] 0 1 0 1
> class(x) <- "logical"
> x
[1] FALSE  TRUE FALSE  TRUE
```

长度指向量所含元素的个数，是对象的基本属性之一。我们可以使用 length() 函数查看向量的长度。注意，特殊值 Inf、-Inf、NaN 和 NA 也计入长度，而空值 NULL 的长度为 0：

```
> x <- c(Inf, 1:3, NaN, NA)
> length(x)
[1] 6
> x <- NULL
> length(x)
[1] 0
```

对于长度非 0 的向量，如果增加其长度，R 会自动以 NA 填充；反之，则丢弃后面的元素。如以下字符向量：

```
> x <- c("a","b")
> length(x)
[1] 2
```

```
> length(x) <- 4
> x
[1] "a" "b" NA  NA
> length(x) <- 1
> x
[1] "a"
```

1.2.3 矩阵

矩阵是相同类型元素组成的二维数组，它是一维向量的推广。创建矩阵对象通常使用 matrix() 函数，其基本用法是：

```
> matrix(data = NA, nrow = 1, ncol = 1, byrow = FALSE, dimnames = NULL)
```

其中 data 是创建矩阵的数据向量；nrow 是矩阵的行数；ncol 是矩阵的列数；byrow 是逻辑型参数，缺省值 FALSE，表示按列填充矩阵，TRUE 表示按行填充；dimnames 是矩阵的行名和列名，缺省值 NULL。如：

```
> x <- matrix(1:6, nrow = 2)
> x
     [,1] [,2] [,3]
[1,]    1    3    5
[2,]    2    4    6
```

矩阵的类型和长度：

```
> class(x)
[1] "matrix"
> length(x)
[1] 6
```

可以看到，矩阵的长度是元素的个数，无法反映矩阵的维度特征，因此相对于向量，矩阵增加了一个重要属性：维数（dim）。使用函数 dim() 可以查看或修改矩阵的维数，dim() 的返回值是一个长度为 2 的向量，分别代表矩阵的行数和列数，如：

```
> dim(x)
[1] 2 3
```

改变矩阵的维数属性，矩阵的结构也会发生变化，如：

```
> dim(x) <- c(3,2)
> x
     [,1] [,2]
[1,]   1    4
[2,]   2    5
[3,]   3    6
```

矩阵 x 由 2 行 3 列直接变为 3 行 2 列矩阵。清除矩阵的维数属性，即设置为空值 NULL，可将矩阵转变为向量。

```
> dim(x) <- NULL
> x
[1] 1 2 3 4 5 6
```

矩阵的行名和列名也是矩阵的属性之一，可以在创建矩阵时设定，也可以使用函数 dimnames() 设定：

```
> dim(x) <- c(2,3)
> dimnames(x)
NULL
> dimnames(x) <- list(c("r1","r2"),c("c1","c2","c3"))
> x
   c1 c2 c3
r1  1  3  5
r2  2  4  6
```

使用 attributes() 函数可以查看对象的所有属性：

```
> attributes(x)
$dim
[1] 2 3

$dimnames
$dimnames[[1]]
[1] "r1" "r2"

$dimnames[[2]]
[1] "c1" "c2" "c3"
```

1.2.4 数据框

数据框（data.frame）是存储二维数据的结构类型。数据框与矩阵的区别在于：矩阵的所有列向量必须具有相同的类型，而数据框的列向量可以是不同类型的数据，但每个列向量内的元素类型必须相同。实际上，数据框的结构类似于一个 Excel 表格，每一列代表一个变量。创建数据框的函数是 data.frame()，其参数形式为 varname=value，或直接使用 value 而不指定向量名，多个列向量之间用逗号隔开，如：

```
> dataset <- data.frame(y = seq(1,10,2),
+                      x1 = c("M","F","M","M","F"),
+                      x2 = c(TRUE,TRUE,FALSE,TRUE,FALSE))
> dataset
  y x1    x2
1 1  M  TRUE
2 3  F  TRUE
3 5  M FALSE
4 7  M  TRUE
5 9  F FALSE
```

设定数据框的类型和长度：

```
> class(dataset)
[1] "data.frame"
> length(dataset)
[1] 3
```

数据框的长度是列向量的个数。数据框的其他属性有向量名（names）、类型（class）和行名（row.names）：

```
> attributes(dataset)
$names
[1] "y"  "x1" "x2"

$class
[1] "data.frame"

$row.names
[1] 1 2 3 4 5
```

1.2.5 列表

列表（list）是 R 中用途最广的一种数据结构。列表的维数是 1，这一点与向量相同；但与向量不同的是，列表的元素可以是不同类型的数据。列表的元素可以是向量、矩阵、数据框，甚至是函数。我们也可以把列表作为另一个列表的元素，这意味着列表可以是一种嵌套结构，这是其他数据结构所不具备的特征。在统计分析中，模型估计结果通常是一个列表对象，包含了系数估计值、残差、协方差矩阵、检验统计量、模型形式及数据等。

列表由 list() 函数创建，其用法与 data.frame() 函数类似，用逗号隔开各元素值，或用 varname = value 的方式同时设定元素的名称和取值。如：

```
> x <- list(c(1,2,2,5),
+           matrix(1:4,2,2),
+           "This is the 3rd element of the list")
> x
[[1]]
[1] 1 2 2 5

[[2]]
     [,1] [,2]
[1,]    1    3
[2,]    2    4

[[3]]
[1] "This is the 3rd element of the list"
```

列表 x 有三个元素，其类型分别为数值向量、矩阵和字符向量。元素名称是列表的一个属性，未设定时它是空值 NULL，可以在创建列表时给出，也可以在创建之后用 names() 函数设定：

```
> names(x)
NULL
> names(x) <- c("x1","x2","x3")
> x
$x1
```

```
[1] 1 2 2 5

$x2
     [,1] [,2]
[1,]   1    3
[2,]   2    4

$x3
[1] "This is the 3rd element of the list"
```

我们已经见过名称属性在矩阵、数据框以及列表中的作用，也可以利用名称属性为向量中的每个元素命名。下例中，注意同一组数据在不同数据结构下的表现形式。

```
> c(a=1,b=2,c=3)   # 生成向量对象
a b c
1 2 3
> data.frame(a=1,b=2,c=3)   # 生成数据框对象
  a b c
1 1 2 3
> list(a=1,b=2,c=3)   # 生成列表对象
$a
[1] 1

$b
[1] 2

$c
[1] 3
```

1.2.6 因子

因子（factor）是一种特殊的数据结构，通常用于存储分类数据，如性别、种族、省份等。它主要包括两方面信息：一是样本所属的类别，二是因子水平值，即所有的类别。比如随机抽取的 5 个人的性别为：

```
> x <- c("M","F","M","M","F")
```

这是一个向量对象。创建因子对象使用 factor() 函数对其进行转换即可。

```
> y <- factor(x)
> y
[1] M F M M F
Levels: F M
```

其中 Levels 后列出了因子的水平值，也可以使用 levels() 函数直接得到因子的水平值：

```
> levels(y)
[1] "F" "M"
```

从形式来看，因子对象还是一个向量，只是增加了水平（levels）属性：

```
> attributes(y)
$levels
[1] "F" "M"

$class
[1] "factor"
```

与向量的不同之处在于，因子向量的元素不能改成非因子水平的其他值，这样操作会产生缺失值 NA，如：

```
> y[3] <- "U"
Warning message:
In `[<-.factor`(`*tmp*`, 3, value = "U"):
  invalid factor level, NA generated
> y
[1] M    F    <NA> M    F
Levels: F M
```

除了 attributes()，了解 R 对象的数据结构经常使用 str() 函数。在应用中遇到陌生的 R 变量，可以先用此函数了解其结构，如：

```
> str(y)
 Factor w/ 2 levels "F","M": 2 1 NA 2 1
> m <- data.frame(a=1,b=2,c=3)
> str(m)
```

```
'data.frame':  1 obs. of  3 variables:
 $ a: num 1
 $ b: num 2
 $ c: num 3
```

1.3 数据索引

索引是一种排序结构，在数据库中建立索引是为了提高检索特定数据信息的效率。本节的数据索引是指检索并提取 R 对象中特定数据的方法。R 语言有两种索引体系：位置索引和名称索引。

1.3.1 位置索引

位置索引是指依据元素在数据结构中的位置检索并提取数据。它的用法是"[位置参数]"，其中位置参数（或称下标）可以是正整数、负整数或逻辑值。正整数表示返回此位置上的元素，负整数则表示返回除此位置以外的其他所有元素，逻辑值表示返回 TRUE 值对应位置的元素。如：

```
> x <- 1:5
> x[c(1,4)]
[1] 1 4
> x[c(-1,-4)]
[1] 2 3 5
> x[c(TRUE,FALSE,FALSE,TRUE,FALSE)]
[1] 1 4
```

上述使用逻辑值的例子并不实用。实践中，逻辑值通常用于提取满足给定条件的元素，如：

```
> x[x>=3]
[1] 3 4 5
```

还可以使用逻辑值对满足给定条件的元素进行替换，如：

```
> x[is.na(x)] <- 0
```

上式可以将 x 中所有的 NA 替换为 0。

有时候我们想知道满足给定条件的元素的位置（下标），这时可使用 which() 函数，如：

```
> x <- (1:5)^2
> x
[1]  1  4  9 16 25
> which(x > 9)
[1] 4 5
```

矩阵和数据框是二维数据，使用位置索引时需要给出行、列两个下标，如：

```
> x <- matrix(1:9, ncol = 3)
> x[1:2,1:2]
     [,1] [,2]
[1,]    1    4
[2,]    2    5
```

上例提取的是前两行和前两列构成的子矩阵。如果行或列的位置不给出索引值，则代表提取所有的行或列，如：

```
> x[,2]
[1] 4 5 6
```

上例表示提取第 2 列所有元素。因为数据框的每一列通常代表一个变量的所有样本值，所以对数据框按列索引的方式很常见。

列表是一维数据结构，可以使用向量索引的方式提取列表元素，如：

```
> x <- list(c(1,2,2,5),
+           matrix(1:4,2,2),
+           "This is the 3rd element of the list")
> x[1]
[[1]]
[1] 1 2 2 5

> x[3]
[[1]]
[1] "This is the 3rd element of the list"
```

但需要注意的是，返回的结果也是一个列表。x[1]是只有一个元素的列表，其元素是一个数值向量；x[3]也是只有一个元素的列表，其元素是一个字符向量。① 如果希望返回结果与列表元素的类型相同，则需要使用双方括号"[[]]"，如：

```
> x[[1]]
[1] 1 2 2 5
> x[[3]]
[1] "This is the 3rd element of the list"
```

如果 R 对象是嵌套结构，可以使用连续索引的方式提取内层元素，如：

```
> x[[1]][4]
[1] 5
> x[[2]][,2][1]
[1] 3
```

1.3.2 名称索引

如果被索引的对象有名称属性，可以使用名称索引检索或提取对应的元素。名称索引的使用方法与位置索引类似，将被检索元素名称用方括号"[]"括起来，如：

```
> x <- c(a=1,b=2,c=3)
> x["b"]
b
2
> x[c("a","c")]
a c
1 3
```

当被索引对象是数据框或列表时，最常用的索引方式是使用符号"$"，如：

```
> x <- list(a=1:3,b=rnorm(4),c=NULL)
> x$a
```

---

① 此字符向量的长度为 1。

```
[1] 1 2 3
> x$b
[1]  1.2657843 -0.6759055  0.9413321  0.3305747
> x$c
NULL
```

当使用"$"符号时，元素名称不需要加双引号。

1.4 函数

函数（function）是 R 语言的核心，是实现 R 各种功能的基本形式。前面我们已经见过使用函数生成向量、数据框、列表等对象，本节我们介绍函数的基本结构以及如何自定义简单函数。

1.4.1 自定义函数

R 软件中自定义函数的基本方式为：

```
> fun_name <- function(arg1, arg2, ...) {expression}
```

它由三个部分组成：函数名、参数列表和主体代码。fun_name 是自定义的函数名；arg1 和 arg2 等是函数参数，仅列出名称的参数是必需参数，若是可选参数，则需要以 arg=value 的方式给出缺省值；expression 是表达式，也称函数代码，这是函数的主体部分，通常最后一行表达式的计算结果是函数返回值，也可以使用 return（value）设定函数的返回值。如：

```
> myfun1 <- function(x) x^2 + x + 1
> myfun1(2)
[1] 7
```

这是一个简单的计算一元二次方程的函数，代码只有一个表达式。另一个例子：将给定的 x 插入到向量 y 的指定位置，位置参数是一个可选参数，缺省值为 1，若小于 1 则默认插入到向量的起始位置，若大于向量 y 的长度则默认插入到向量 y 的最后。如：

```
> myfun2 <- function(x,y,pos = 1) {
+   if (pos <= 1) return(c(x,y))
+   if (pos >= length(y)) return(c(y,x))
+   c(y[1:(pos-1)],x,y[pos:length(y)])
+ }
> a <- 1:6
> myfun2(9,a)
[1] 9 1 2 3 4 5 6
> myfun2(9,a,pos=10)
[1] 1 2 3 4 5 6 9
> myfun2(9,a,pos=4)
[1] 1 2 3 9 4 5 6
```

1.4.2 函数中的变量

函数运行时 R 会创建一个单独的函数运行环境（execution environment），函数中变量的创建、赋值、运算都在函数运行环境中进行，它可以读取函数创建环境（通常是全局环境（global environment））中的变量，除非显式设定，否则它不能改变函数运行环境之外的变量取值。如：

```
> myfun3 <- function(x,y) {
+   z <- x + y + x*y
+   z
+ }
> x <- 5
> y <- 6
> z <- 8
> myfun3(2,3)
[1] 11
```

在执行命令 myfun3(2,3) 时，根据输入参数设置，myfun3 运行环境中变量 x 和 y 的取值分别是 2 和 3，在运行环境中创建了变量 z，取值为 11。这三个变量只存在于函数运行环境，当函数运行结束时，函数运行环境随之消失，全局环境中 x、y、z 变量的取值不受函数运行过程的影响，如图 1-4 所示。

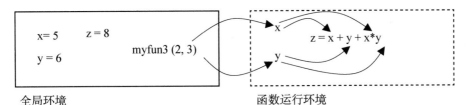

图 1-4　函数运行环境及变量传递

在函数 myfun3() 中增加一行代码，改变如下：

```
> myfun4 <- function(x,y) {
+   y <- x + z
+   z <- x + y + x*y
+   z
+ }
> myfun4(2,3)
[1] 32
```

当函数运行至 y<-x+z 时，由于运行环境中没有变量 z，它会自动从函数的创建环境（这里是全局环境）中寻找，找到后将 z 的取值 8 代入运行环境进行运算，此时运行环境中 z 变量并不存在，直到下一行代码执行，对 z 进行赋值的同时，在运行环境中创建变量 z，最后返回 z 的取值 32，函数运行结束，函数运行环境随之消失。使用 RStudio 的函数调试功能，在函数 myfun4() 的主体代码中增加一行 browser()，就可以查看全局环境及函数运行环境情况，如图 1-5 所示。

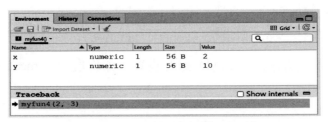

图 1-5（a）　全局环境及其对象

图 1-5（b-1）　函数运行环境及其对象 1

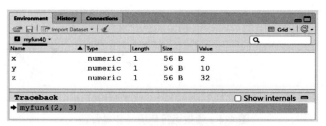

图 1-5（b-2） 函数运行环境及其对象 2

1.4.3 查看函数代码

函数本身也是对象，对象名就是函数名，这意味着我们可以按照其他对象的操作方式，直接输入函数名（不带括号）得到其取值。一般情况下我们可以使用这种方式查看函数的源代码，如生成因子变量的 factor()函数的源代码为[①]：

```
> factor  #因为篇幅关系,省略了主体代码部分
function (x = character(), levels, labels = levels, exclude = NA, ordered
= is.ordered(x), nmax = NA) {
  ...
}
<bytecode: 0x0000019bcebe88f0>
<environment: namespace:base>
```

但对于 c()或 sum()等函数，输入函数名后的返回结果却是：

```
> c
function (...)  .Primitive("c")
> sum
function (..., na.rm = FALSE)  .Primitive("sum")
```

因为这些函数是 R 内部的一类特殊函数，它们使用.Primitive()直接调用 C 代码，没有 R 代码显示。

R 语言中还有一类泛型函数（generic function），它根据第一个输入参数的类型调用不同的方法（method）进行运算，如均值函数 mean()：

---

① 此时工作空间中不能有与函数同名的自定义变量，否则会返回自定义的变量值。

```
> mean
function (x, ...)
UseMethod("mean")
<bytecode: 0x0000019bcb6ebcf0>
<environment: namespace:base>
```

其中 UseMethod（"mean"）表明它是一个泛型函数。我们可以使用 methods() 函数查看泛型函数所包含的方法：

```
> methods(mean)
[1] mean.Date      mean.default   mean.difftime  mean.POSIXct
[5] mean.POSIXlt
see '?methods' for accessing help and source code
```

可以看出，mean()函数包含 5 个方法（也就是 5 个函数）。如果 x 的类型是"Date"，则 mean（x）调用 mean.Date()函数进行计算；如果 x 的类型不属于"Date""difftime""POSIXct"以及"POSIX1t"这四种之一，则调用 mean.default()函数进行计算。得知具体方法名后，可以查看这些方法的源代码：

```
> mean.default    #省略了主体代码部分
function (x, trim = 0, na.rm = FALSE, ...)
{
    ...
}
<bytecode: 0x0000019bcb6f8b70>
<environment: namespace:base>
```

plot()函数也是泛型函数：

```
> plot
function (x, y, ...)
UseMethod("plot")
<bytecode: 0x00000185c5460ae8>
<environment: namespace:graphics>
> methods(plot)
 [1] plot.acf*           plot.data.frame*    plot.decomposed.ts*
 [4] plot.default        plot.dendrogram*    plot.density*
 [7] plot.ecdf           plot.factor*        plot.formula*
[10] plot.function       plot.hclust*        plot.histogram*
```

```
[13] plot.HoltWinters*      plot.isoreg*        plot.lm*
[16] plot.medpolish*        plot.mlm*           plot.ppr*
[19] plot.prcomp*           plot.princomp*      plot.profile.nls*
[22] plot.raster*           plot.spec*          plot.stepfun
[25] plot.stl*              plot.table*         plot.ts
[28] plot.tskernel*         plot.TukeyHSD*
see '?methods' for accessing help and source code
```

可以发现，plot 的方法中很多名称后带有星号，这些不能用直接输入函数名的方法查看源代码[1]，此时可使用 getAnywhere() 函数查看，如：

```
> plot.acf
错误：找不到对象'plot.acf'
> getAnywhere(plot.acf) #省略了函数代码输出
```

1.5 程序包

程序包是 R 函数和数据集的集合。R 软件的各种功能都要依赖程序包中提供的函数来实现。安装 R 软件时，系统已经安装了软件运行以及基本功能所需的程序包。在 R 的 CRAN 镜像网站中，还存储着大量的可选程序包，目前数量已达 15 500 多个，它们由 R 志愿者提供，涉及领域广泛，极大地丰富了 R 的功能。学会检索、安装以及加载这些程序包也是学习 R 语言的重要部分。

1.5.1 检索程序包

大量的可选程序包在为我们使用 R 软件带来方便的同时，也增加了另一烦恼：如何从成千上万的程序包中找到自己所需要的？这里介绍两种途径：任务视图（Task Views）及 R 网站搜索（R site search）

---

① 也不能带星号输入，因为星号在 R 语言中是乘积运算符。

1.5.1.1 任务视图

任务视图是某一专业领域内所用程序包的一个概述,它告诉我们实现某一任务可以使用哪些程序包,以及每一程序包所能实现的主要功能。目前在 CRAN 镜像网站上的任务视图数量是 41,其中与空间计量直接相关的有 Econometrics、Spatial 和 SpatialTemporal。Econometrics 任务视图主要介绍了计量经济学领域所使用的程序包,具体涉及传统线性回归、微观计量经济学、工具变量、面板数据模型、时间序列数据及模型等细分领域,为计量经济分析人员选择程序包提供了方便;在 Spatial 任务视图中,将与空间分析相关的程序包分为空间数据的类型、空间数据的导入和导出、空间数据操作、可视化及空间数据分析等五个领域进行了详细介绍,从事空间数据分析的 R 用户可以根据需要安装相应的程序包;SpatialTemporal 任务视图则介绍了与时空数据分析相关的程序包。详细情况请读者登录 R 官方网站,选择就近的 CRAN 镜像网站后点击左侧栏目列表中的 Task Views 查看。

1.5.1.2 R 网站搜索

除了任务视图,R 网站搜索还提供对任务视图、帮助手册及程序包说明文档等内容的搜索功能。点击 CRAN 镜像网站左侧栏目列表中的 Search,选择 search.r-project.org 即可打开搜索页面。在新打开页面的搜索框中输入关键词,点击 Search 进行搜索。两个或多个关键词用空格隔开,如果要求搜索结果含有输入的所有关键词,则选择搜索框下方的 Matching all words,如搜索框输入 spatial panel,则表示搜索同时包含 spatial 和 panel 两个词的文档。如果要求搜索结果含有所输入关键词中的任意一个,则选择搜索框下方的 Matching any words,如此时搜索框输入 spatial panel,则表示搜索包含 spatial 或 panel 的文档。

1.5.2 安装程序包

RStudio 软件提供了丰富的程序包管理工具。点击 RStudio 用户界面右下部分的 Packages 标签（见图 1-3），可以看到当前系统中已经安装的程序包列表。同时标签下有程序包安装（Install）、更新（Update）和搜索功能。安装程序包之前，建议先设定 CRAN 镜像网站，RStudio 默认使用它自己的镜像网站，一般速度较慢。设定 CRAN 镜像网站的方法是：点击 RStudio 窗口菜单栏中的 Tools/Global Options...，在弹出窗口中点击左侧 Packages，如图 1-6 所示，点击右侧 Change...将 Primary CRAN repository 改成国内 CRAN 镜像网站即可。

图 1-6　RStudio 设置对话框

设置镜像网站后，点击 Packages 标签下的 Install 功能键，弹出如图 1-7 所示的对话框，在中间 Packages 下的空白框中输入要安装的程序包名称后点击 Install 即可。RStudio 有自动提示功能，随着名称的输入会显示相应的程序包，看到要安装的程序包后可以用鼠标或方向键直接选择。

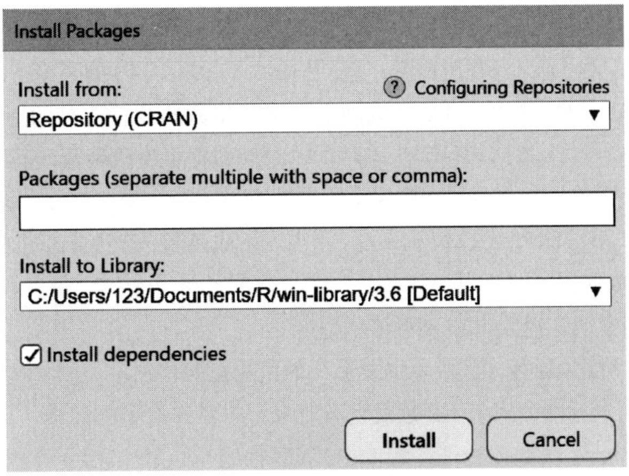

图 1-7　程序包安装对话框

1.5.3　加载程序包

程序包安装后存储在本地磁盘上，但其中的函数并不能直接使用，需要先执行加载过程，将其读入内存，命令格式如下：

```
> library(package)
```

其中 package 是要加载的程序包名称。

如果使用 RStudio 软件，也可以在用户界面 Packages 标签下的搜索栏中输入程序包名称，找到所需的程序包后点击名称左侧的小方框，显示勾选标记后即表示加载成功。此外，使用 search() 函数可以查看当前系统中已经加载的程序包：

```
> search()
 [1] ".GlobalEnv"         "tools:rstudio"       "package:stats"
 [4] "package:graphics"   "package:grDevices"   "package:utils"
 [7] "package:datasets"   "package:methods"     "Autoloads"
[10] "package:base"
```

◆ 关　键　代　码 ◆

```
y <- 6 > 3    #赋值运算，将"6>3"的判断结果（TRUE）赋值给变量 y
c(1,2,2,5)    #连接函数，将 1，2，2，5 四个数连接成一个向量
```

class(TRUE)　#类型函数，返回 TRUE 的类型，即 logical
　　length(c(1,2,2,5))　#长度函数，返回向量 c(1,2,2,5)的长度，即 4
　　matrix(1:6,2)　#矩阵生成函数，返回由 1 至 6 组成的 2 行 3 列的矩阵
　　data.frame(x1=c(1,2),x2=c("a","b"))　#数据框生成函数,返回由 x1 和 x2 构成的数据框
　　list(c(1,2,2,5),matrix(1:6,2))　#列表生成函数，返回由向量 c(1,2,2,5)和矩阵 matrix(1:6,2)构成的列表
　　x[x>3]　#数据索引，返回 x 中大于 3 的值
　　which(x>9)　#数据索引，返回 x 中大于 9 的值所在的位置
　　x$a　#数据索引，返回列表 x（必须是列表对象）中名称为 a 的元素
　　x[is.na(x)] <-0　#数据处理，将 x 中 NA 替换成 0
　　getAnywhere(plot.acf)　#查看源代码函数，返回函数 plot.acf 的源代码
　　library(spatialreg)　#加载程序包函数，加载 spatialreg 程序包

本章 R 操作视频请扫描以下二维码观看：

（推荐在 WIFI 环境下观看）

第 2 章 传统回归模型

本章概要

空间计量经济模型的主要特点是在传统回归模型的基础上增加了变量间的空间依赖关系，因此经典线性回归模型的相关理论与应用也构成了空间计量经济分析的基础。本章重点内容包括 R 语言中的模型设定、参数估计及诊断检验。通过本章的学习，我们应该理解 R 公式设定中各种符号的含义，熟练掌握估计函数及检验函数中的参数设定，能够解释估计结果，能够根据检验结果进行统计推断。

2.1 模型形式

线性回归模型是传统计量经济分析的基础与核心，它描述了被解释变量和解释变量之间的线性依赖关系，模型形式为：

$$y_i = \beta_1 x_{i1} + \cdots + \beta_K x_{iK} + \varepsilon_i, i=1,\cdots,n \tag{2.1}$$

其中，$x_{i1},\cdots,x_{iK}$ 表示 K 个解释变量的第 i 个观测值，$\beta_1,\cdots,\beta_K$ 是待估参数（或称回归系数），ε_i 为随机误差项，n 是样本容量。模型的矩阵形式可写成：

$$\boldsymbol{y} = \boldsymbol{X\beta} + \boldsymbol{\varepsilon} \tag{2.2}$$

其中，$\boldsymbol{y}$ 是由被解释变量观测值组成的 $n\times 1$ 向量，$\boldsymbol{y}=(y_1,\cdots,y_n)'$；$\boldsymbol{X}=(\boldsymbol{x}_1,\cdots,\boldsymbol{x}_n)'$ 为 $n\times K$ 解释变量矩阵，$\boldsymbol{x}_i=(x_{i1},\cdots,x_{iK})'$，$i=1,\cdots,n$；$\boldsymbol{\varepsilon}$ 是 $n\times 1$ 随机误差向量。通常 $\boldsymbol{X}$ 矩阵的第一列为常数 1，对应于模型中的截距项，其余每一列对应于一个解释变量的 n 个样本观测值。

线性回归模型有五个经典假定条件（威廉·H. 格林，2013），分别为：

① 线性（linearity），因变量 y 是 $x_1,\cdots,x_K$ 的线性函数，如模型（2.1）所示。

② 满秩（full rank），X 矩阵列满秩，解释变量之间不存在完全的线性关系。

③ 外生性（exogeneity），$E(\varepsilon_i|x_{j1},\cdots,x_{jK})=0$，也称条件均值独立假设，要求解释变量与随机误差项不相关。

④ 同方差和无自相关（homoscedasticity and nonautocorrelation），每个随机误差项 ε_i 的方差都是 $\sigma^2<\infty$，且随机误差项两两之间不相关。

⑤ 正态分布（normal distribution），随机误差项服从正态分布，$\varepsilon\sim N(\mathbf{0},\sigma^0\mathbf{I})$。

在给定的假定条件下，以解释变量为条件对模型（2.1）两边求期望，可得线性回归方程：

$$E(y|x_1,\cdots,x_K)=\beta_1 x_1+\cdots+\beta_K x_K \quad (2.3)$$

它反映了解释变量变化对因变量条件均值的影响。因此，传统线性回归模型也称均值回归模型。

2.2　参数估计

2.2.1　OLS 估计

为了估计模型（2.2）中的未知参数 $\boldsymbol{\beta}$，最常用的方法是普通最小二乘法（ordinary least squares，OLS）。令 $\hat{\boldsymbol{\beta}}$ 表示参数 $\boldsymbol{\beta}$ 的 OLS 估计量，$\boldsymbol{e}=\boldsymbol{y}-\hat{\boldsymbol{y}}=\boldsymbol{y}-\boldsymbol{X}\hat{\boldsymbol{\beta}}$ 表示残差，其中 $\hat{\boldsymbol{y}}=\boldsymbol{X}\hat{\boldsymbol{\beta}}$ 为 y 的拟合值。普通最小二乘法的基本原理是选择 $\hat{\boldsymbol{\beta}}$ 使得残差平方和最小，即：

$$\min_{\hat{\boldsymbol{\beta}}}\boldsymbol{e}'\boldsymbol{e}=\min_{\hat{\boldsymbol{\beta}}}(\boldsymbol{y}-\boldsymbol{X}\hat{\boldsymbol{\beta}})'(\boldsymbol{y}-\boldsymbol{X}\hat{\boldsymbol{\beta}}) \quad (2.4)$$

由一阶必要条件：

$$\frac{\mathrm{d}}{\mathrm{d}\hat{\boldsymbol{\beta}}}(\boldsymbol{y}-\boldsymbol{X}\hat{\boldsymbol{\beta}})'(\boldsymbol{y}-\boldsymbol{X}\hat{\boldsymbol{\beta}})=0 \quad (2.5)$$

可得 $\boldsymbol{\beta}$ 的 OLS 估计量为：

$$\hat{\boldsymbol{\beta}} = (\boldsymbol{X}'\boldsymbol{X})^{-1}\boldsymbol{X}'\boldsymbol{y} \quad (2.6)$$

随机误差项方差 σ^2 的 OLS 估计量为：

$$\hat{\sigma}^2 = \frac{\boldsymbol{e}'\boldsymbol{e}}{n-K} = \frac{\boldsymbol{y}'\boldsymbol{M}\boldsymbol{y}}{n-K} \quad (2.7)$$

其中，对称幂等矩阵为 $\boldsymbol{M} = \boldsymbol{I} - \boldsymbol{X}(\boldsymbol{X}'\boldsymbol{X})^{-1}\boldsymbol{X}'$，也被称为投影残差阵。

2.2.2 ML 估计

普通最小二乘估计原理简单，计算方便，但严格的假定条件限制了其应用。尽管广义最小二乘法（generalized least squares，GLS）以及非线性最小二乘法（nonlinear least squares，NLS）放松了部分经典假定条件，拓展了最小二乘法的应用范围，但随着经验研究中数据类型的多样化以及模型形式的复杂化，尤其是在空间计量经济模型的估计中，研究人员更多地采用了极大似然估计或广义矩估计。

极大似然估计的基本原理是样本似然函数极大化。假定模型（2.1）的随机误差项 $\varepsilon_i \sim N(0, \sigma^2)$，$i=1,\cdots,n$，则样本 y_i 的条件概率密度函数为：

$$f(y_i | \boldsymbol{x}_i', \boldsymbol{\beta}, \sigma^2) = \frac{1}{\sqrt{2\pi\sigma^2}} \exp\left(-\frac{(y_i - \boldsymbol{x}_i'\boldsymbol{\beta})^2}{2\sigma^2}\right) \quad (2.8)$$

假定 $\{y_1, \cdots, y_n\}$ 独立同分布，则样本数据的联合条件概率密度函数为：

$$L(\boldsymbol{\beta}, \sigma^2; \boldsymbol{y}, \boldsymbol{X}) = \prod_{i=1}^{n} f(y_i | \boldsymbol{x}_i', \boldsymbol{\beta}, \sigma^2) = \left(\frac{1}{\sqrt{2\pi\sigma^2}}\right)^n \exp\left(-\frac{\sum_{i=1}^{n}(y_i - \boldsymbol{x}_i'\boldsymbol{\beta})^2}{2\sigma^2}\right)$$

$$(2.9)$$

式（2.9）也被称为模型（2.1）的似然函数（likelihood function）。极大似然估计就是选择 $(\boldsymbol{\beta}, \sigma^2)$ 使得似然函数（2.9）达到极大值。因为对数变换是一种单调变换，所以实际应用中通常最大化对数似然函数：

$$\max_{\boldsymbol{\beta},\,\sigma^2} \ln L\left(\boldsymbol{\beta}, \sigma^2; \boldsymbol{y}, \boldsymbol{X}\right) = \max_{\boldsymbol{\beta},\,\sigma^2}\left(-\frac{n}{2}\ln(2\pi) - \frac{n}{2}\ln\left(\sigma^2\right) - \frac{1}{2\sigma^2}\sum_{i=1}^{n}\left(y_i - \boldsymbol{x}_i'\boldsymbol{\beta}\right)^2\right)$$

(2.10)

由一阶必要条件可得模型（2.1）的 ML 估计量为：

$$\tilde{\boldsymbol{\beta}} = \left(\boldsymbol{X}'\boldsymbol{X}\right)^{-1}\boldsymbol{X}'\boldsymbol{y}, \quad \tilde{\sigma}^2 = \frac{\boldsymbol{e}'\boldsymbol{e}}{n} \quad (2.11)$$

比较式（2.6）、式（2.7）和式（2.11）可以看出，对于经典线性回归模型，在随机误差项服从正态分布的假定条件下，模型参数 $\boldsymbol{\beta}$ 的 OLS 估计量和 ML 估计量完全一样；随机误差项方差 σ^2 的估计量有所不同，OLS 估计量 $\hat{\sigma}^2$ 对自由度的损失做了调整，ML 估计量 $\tilde{\sigma}^2$ 则没有考虑；但在大样本情况下，即 $n\to\infty$ 时，两个估计量趋于相同。因此，经典线性回归模型的估计通常采用普通最小二乘法。但在更多情况下，如模型非线性或多方程模型，极大化过程不存在解析解，ML 估计的优势就更加突显：只需给出随机误差项的分布假定，即可得到样本数据的联合条件概率密度函数，再借助计算机的数值优化程序，最大化对数似然函数得到参数估计量的数值解。可以证明，ML 估计量的大样本性质良好，具有一致性、渐近正态性和渐近有效性（威廉·H. 格林，2013）。

2.2.3　R 语言中的 OLS 估计

在 R 中对模型进行 OLS 估计的函数是 ls()，其基本用法是：

```
result <- lm (formula, data)
```

其中，参数 formula 指模型形式；data 指包含模型所用变量的数据集，通常是数据框（data.frame）格式，不过 data 并不是必需参数，如果省略，那么系统将在当前环境下搜寻模型中包含的变量。估计结果存储在列表对象 result 中。

公式（formula）是 R 中的一种对象类型，用于存储待估计的模型形式。模型（2.1）的表达形式为：

```
y ~ x1 + x2 + … + xk
```

其中，"～"是公式对象的基本分隔符，相当于模型中的等号。"～"左边为被解释变量，右边为解释变量，多个解释变量之间用"+"分割。":"也是公式中常用的分割符，用来表示变量的交互项，如：

```
y ~ x1 + x2 + x1:x2
```

表示除 x1 和 x2 外，模型还包含 x1 和 x2 的交叉乘积项。需要特别注意的是，公式中的一些符号与算术运算符相同，但含义不同于算术运算，如：

```
y ~ x1*x2
```

等同于：

```
y ~ x1 + x2 + x1:x2
```

如果要使用符号的算术运算功能，需要将其置于函数 I() 中。例如，以下三种模型表示的结果相同：

```
y ~ x1 + x1:x2
y ~ x1 + I(x1*x2)
y ~ x1*x2 - x2
```

第三个表达式中的"-"表示从模型中剔除某个解释变量。R 默认回归模型中含有截距项，强制过原点回归的模型代码为：

```
y ~ x1 + x2 + x3 - 1
```

另一个需要注意的公式符号是"^"，其算术运算功能是求幂，但在 R 公式中它表示模型含有到指定幂数的所有交互项，如：

```
y ~ (x1 + x2 + x3)^3
```

意思是

```
y ~ x1 + x2 + x3 + x1:x2 + x1:x3 + x2:x3 + x1:x2:x3
```

如果使用其算术运算功能，需要使用函数 I()，如：

```
y ~ x1 + I(x1^2) + x2 + x3
```

表示 y 是 x1 的二次函数。

R 公式中支持常用运算函数，如全对数模型：

```
log(y) ~ log(x1) + log(x2) + log(x3)
```

可直接使用 log() 函数对变量做对数变换。

R 公式中常使用的符号及其含义见表 2-1。

表 2-1　R 公式中的符号及其含义

符号	含义	代码举例
~	基本分隔符，左边被解释变量，右边解释变量	y~x1+x2
+	分割模型中的不同解释变量	y~x1+x2
:	解释变量的交互项	y~x1+x2+x1:x2
*	解释变量及其交互项	y~x1*x2，等同于 y~x1+x2+x1:x2
^	解释变量及其到指定幂数的所有交互项①	y~(x1+x2)^2，等同于 y~x1+x2+x1:x2
−	从模型中剔除相应解释变量	y~x1*x2−x2，等同于 y~x1+x1:x2
.	数据框或原模型中的所有解释变量	y~.
1	截距项，过原点回归时使用	y~x1+x2−1 y~1
|	扩展分隔符，左边为原模型，右边为工具变量（含原模型中的外生解释变量）	y~x1+x2|z1+x2，等同于 y~x1+x2|.−x1+z2
I()	括号中的符号按算术运算符使用	y~x1+I(x1^2)+x2 y~x1+I(x2+x3)
log()	对数变换	log(y)~log(x1)+x2

注：①R 会自动省略公式中重复的项，如 y~(x1+x2)^3，结果等同于 y~(x1+x2)^2。

2.2.4　OLS 估计举例

下面我们以巴尔的摩市（Baltimore）的房价数据来说明普通最小二乘估计在 R 中的实现。数据集中包含了房屋成交价格（PRICE）、房间数量（NROOM）、房龄（AGE）、是否有空调（AC）、建筑面积（LOTSZ）等房屋特征变量。以房屋成交价格为被解释变量，其他房屋特征变量为解释变量，构建多元线性回归模型并进行 OLS 估计，代码如下：

```
> setwd("W:/Examples/baltimore")
> hprice <- read.csv("baltim.csv",header = TRUE)
```

```
> names(hprice)
 [1] "STATION" "PRICE"   "NROOM"   "DWELL"   "NBATH"   "PATIO"
 [7] "FIREPL"  "AC"      "BMENT"   "NSTOR"   "GAR"     "AGE"
[13] "CITCOU"  "LOTSZ"   "SQFT"    "X"       "Y"
> fm <- PRICE ~ NROOM + AC + AGE + LOTSZ
> hprice_lm <- lm(fm,data = hprice)
> class(hprice_lm)
[1] "lm"
> mode(hprice_lm)
[1] "list"
> names(hprice_lm)
 [1] "coefficients"  "residuals"  "effects"  "rank"
 [5] "fitted.values" "assign"     "qr"       "df.residual"
 [9] "xlevels"       "call"       "terms"    "model"
```

OLS 估计结果存储在 hprice_lm 中，其类型是 lm，实际上也是一个列表对象，它包含的信息有系数、残差、效应、秩、拟合值等。对于感兴趣的信息，可以使用列表元素提取符号"$"获得。例如，hprice_lm$coefficients 可以得到回归系数向量，hprice_lm$residuals 可以得到残差向量等。此外，R 还提供一些函数用于提取回归结果中的信息，其中最常用的是 summary() 函数：

```
> summary(hprice_lm)

Call:
lm(formula = fm, data = hprice)

Residuals:
    Min      1Q  Median      3Q     Max
-40.043  -7.336  -1.448   5.359 112.551

Coefficients:
             Estimate Std. Error t value Pr(>|t|)
(Intercept)   9.92689    5.26427   1.886 0.060741 .
NROOM         5.22746    1.01504   5.150 6.07e-07 ***
AC           10.39550    2.96711   3.504 0.000563 ***
AGE          -0.20964    0.06310  -3.322 0.001057 **
LOTSZ         0.15220    0.01609   9.457  < 2e-16 ***
```

Signif. codes: 0 '***' 0.001 '**' 0.01 '*' 0.05 '.' 0.1 ' ' 1

Residual standard error: 16.1 on 206 degrees of freedom
Multiple R-squared: 0.5439,   Adjusted R-squared: 0.535
F-statistic: 61.42 on 4 and 206 DF, p-value: < 2.2e-16

summary()函数详细列出了回归结果信息，它包括四个部分：第一，估计回归模型所使用的函数；第二，残差序列的基本描述性统计量；第三，回归系数及显著性检验；第四，部分模型诊断检验统计量。从以上结果可以看出，除截距项外，房价模型的回归系数都在1%的检验水平下显著，表明房间数量、是否有空调、房龄以及建筑面积都是房价的显著影响因素。其中，房龄与房价负相关，其他变量都与房价正相关，与经验常识一致。拟合优度R^2为0.5439，调整的R^2是0.535，表明模型的四个解释变量可以解释房价变动的54.39%。残差标准误（residual standard error）表明模型拟合值与实际房价的平均误差为16.1。检验回归方程整体显著性的F统计量为61.42，p值远小于0.01，表明回归方程整体上显著，可以结合模型的其他指标进一步分析。summary的结果也是一个列表对象，如果需要，可以提取其中的元素用于进一步的分析计算：

```
> hprice_sum <- summary (hprice_lm)
> class (hprice_sum)
[1] "summary.lm"
> mode (hprice_sum)
[1] "list"
> names (hprice_sum)
 [1] "call"          "terms"        "residuals"     "coefficients"
 [5] "aliased"       "sigma"        "df"            "r.squared"
 [9] "adj.r.squared"                 "fstatistic"    "cov.unscaled"
> (R2 <- hprice_sum$r.squared)
[1] 0.5439049
> (sigma <- hprice_sum$sigma)
[1] 16.09636
> (fstat <- hprice_sum$fstatistic)
```

```
    Value      numdf     dendf
 61.41505    4.00000   206.00000
```

表 2-2 给出了更多的提取回归结果信息的函数。

表 2-2　提取回归结果信息的函数

函数	用途与返回对象
summary()	输出标准回归结果，返回结果为"summary.lm"类型的列表对象
coef()	提取回归系数，返回结果为系数向量
resid()	提取模型残差序列，返回结果为残差值向量
fitted()	提取拟合值序列，返回结果为拟合值向量
deviance()	提取残差平方和，返回数值结果
logLik()	提取模型对数似然函数值，返回数值结果
vcov()	提取回归系数的协方差矩阵，返回结果为矩阵
AIC()	计算赤池信息准则（akaike information criterion），返回数值结果
BIC()	计算施瓦茨贝叶斯准则（schwarz bayesian criterion），返回数值结果

2.3　诊断检验

尽管 summary() 函数提供了有关模型诊断的部分信息，如拟合优度、回归参数显著性等，但这些都基于模型形式和随机误差项满足 OLS 估计的经典假设条件。任何违背经典假定条件的情形都可能导致相关的统计推断失效。因此，有必要对回归模型做进一步的诊断与检验，主要包括残差诊断检验、回归系数检验及模型形式检验等。

2.3.1　残差诊断检验

进行残差诊断主要是检验模型随机误差项是否满足条件均值独立、同方差、无自相关和服从正态分布等假定条件。使用 R 代码：

```
> par(mfrow=c(2,2))
> plot(hprice_lm)
```

可以得到四幅评价残差特征的图形,见图 2-1。代码中 par()函数的作用是将接下来生成的图形以 2×2 的形式显示在一张图中。

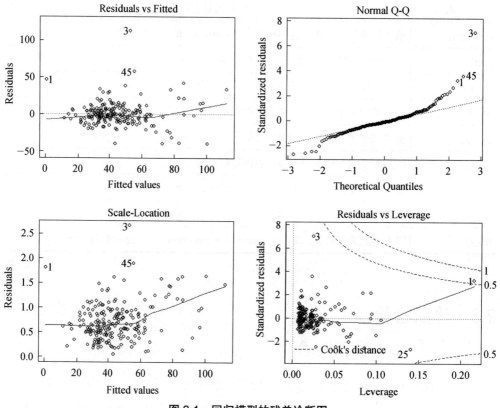

图 2-1 回归模型的残差诊断图

第一幅图（左上）是残差和拟合值的散点图。如果随机误差项满足条件均值独立假定，残差应该围绕零均值线随机波动，且与拟合值不呈现任何关系，即平滑曲线近似于水平线，否则意味着模型的随机误差项可能与解释变量相关。本例中，平滑曲线近似于水平线，但也有几个异常值点需要注意，如第 1、3、45 个观测值。

第二幅图（右上）是正态 QQ 图。如果随机误差项服从正态分布，则标准化残差的分位数与正态分布的对应分位数相等，即图中所有点都应该落在虚线所示的 45°线上。本例中，两端分位点明显偏离 45°线，表明残差序列不服从正态分布。

第三幅图（左下）是标准化残差绝对值的平方根 $\sqrt{|\hat{\varepsilon}_i|}$ 和拟合值的散点图，称为尺度位置图（scale-location），它是同方差性的诊断图。如果随机误差具有同方差性，那么图中的点应该随机分布在某一水平线周围。本例似乎不满足同方差性假定。图中最高点对应残差的最大值点，也是值得关注的异常值点。

第四幅图（右下）是标准化残差和杠杆力（leverage）的散点图。一个样本点 i 的杠杆力定义为帽子矩阵（也称投影矩阵）$H = X(X'X)^{-1}X'$ 的主对角线元素 h_{ii}。由 $\text{Var}(\hat{\varepsilon}_i | X) = \sigma^2(1-h_{ii})$ 可知，一个样本点的杠杆力越大，对应残差的方差越小，残差值接近于 0 的概率越大。但杠杆力仅受解释变量的影响，实际残差值还受到因变量取值的影响。因此，图中越靠右且越接近零水平线的点，对提高估计的精度越有利；而越靠右且离零水平线越远的点，代表具有高杠杆力的异常值点，对回归模型的影响较大，值得特别关注。图中标示 1 和 0.5 的虚线为库克距离（Cook's distance）的等高线。库克距离衡量了剔除某个观测值后对回归系数的影响，样本点所处的库克距离线越高，代表该观测值对回归系数的影响越大，如图中标示的第 1 个观测值点，它既是高杠杆力点，也是异常值点。

除了诊断图，残差正态性的统计检验还可以使用 shapiro.test() 函数，代码为：

```
> shapiro.test (resid (hprice_lm))

    Shapiro-Wilk normality test

data: resid (hprice_lm)
W = 0.8594, p-value = 5.057e-13
```

根据 p 值可以在任一常用显著性水平下拒绝正态性原假设，与正态 QQ 图结论一致。

lmtest 包和 car 包中还有大量的函数，可用于诊断回归模型。建议读者使用时加载 AER 包，R 会同时自动加载 lmtest、car 以及 sandwich 等包。基础包及扩展包中常用于回归残差诊断的函数见表 2-3。

表 2-3 残差诊断检验函数

函数	用途
plot()	生成残差诊断图
hatvalues()	计算帽子矩阵（投影矩阵）$H = X(X'X)^{-1}X'$
shapiro.test()	正态性检验
gqtest()	Goldfeld-Quandt 异方差检验
bptest()	Breusch-Pagan 异方差检验
bgtest()	Breusch-Godfrey 自相关检验
Box.test()	Box-Pierce 和 Ljung-Box 相关性检验

注：需加载 AER 包，同时 lmtest 包和 car 包等会被自动加载。

随机误差项的异方差检验方法主要有 Breusch-Pagan（BP）检验和 White 检验。它们的基本原理都是：如果随机误差项同方差，则其方差应不随解释变量而变化，以残差平方为因变量的方差方程统计上不显著。二者的区别在于：Breusch-Pagan 检验中方差方程的解释变量为原模型的解释变量，而 White 检验中的方差方程还包括解释变量的平方项以及交叉乘积项。在 R 语言中，BP 检验可使用 lmtest 包中的 bptest()函数，其基本用法为：

```
> bptest(formula, varformula = NULL, data = list())
```

其中，参数 formula 是指回归方程或"lm"类型的回归结果对象；varformula 是方差方程中的解释变量，此参数若省略则默认使用回归方程中的解释变量；参数 data 用于指定包含公式变量的数据框，此参数若省略则从当前工作环境中寻找式中的变量。例如：

```
> library(AER)
载入需要的程辑包:car
载入需要的程辑包:carData
载入需要的程辑包:lmtest
载入需要的程辑包:zoo

载入程辑包:'zoo'
```

```
The following objects are masked from 'package:base':

    as.Date, as.Date.numeric
```

载入需要的程辑包:sandwich
载入需要的程辑包:survival

```
> bptest(hprice_lm)

    studentized Breusch-Pagan test

data:  hprice_lm
BP = 9.8873, df = 4, p-value = 0.04237
```

由 p 值可以看出，在 5%的显著性水平下，模型具有异方差。虽然 bptest() 函数默认计算的是 Breusch-Pagan 统计量，我们可以利用 varformula 参数指定方差方程为 White 检验式，从而实现 White 检验。代码为：

```
> bptest(hprice_lm, varformula = ~ NROOM + AC + AGE + LOTSZ +
+          I(NROOM^2) + I(AGE^2) + I(LOTSZ^2), data = hprice)
#未含交互项，未含 AC 的平方项

    studentized Breusch-Pagan test

data:  hprice_lm
BP = 12.397, df = 7, p-value = 0.08822
```

由 p 值可知，在 5%的显著性水平下，模型不具有异方差。注意，White 检验与 Breusch-Pagan 检验结论并不一致，但 Breusch-Pagan 检验的 p 值为 0.042，接近检验水平 5%，差异并不大，因此可以认为模型不存在异方差；也可以基于 2.3.2 节提到的异方差一致标准差进行统计推断，结论更为稳健。

随机误差项的自相关检验常用方法是 Breusch-Godfrey（BG）检验，其基本思想是：检验以残差为因变量的辅助回归式中，残差滞后项的系数是否联合显著。检验统计量可以通过 lmtest 包中的 bgtest() 函数计算，其基本用法为：

```
> bgtest(formula, order = 1, data = list())
```

其中，formula 是必需参数，可以是待检验的回归方程，或是 "lm" 类型的回归结果对象；order 是可选参数，用于指定待检验的最大阶数，默认为一阶自相关检验；data 也是可选参数，用于指定包含公式变量的数据框。

```
> bgtest(hprice_lm)

    Breusch-Godfrey test for serial correlation of order up to 1

data:  hprice_lm
LM test = 13.355, df = 1, p-value = 0.0002578
> bgtest(hprice_lm, order = 2)

    Breusch-Godfrey test for serial correlation of order up to 2

data:  hprice_lm
LM test = 17.05, df = 2, p-value = 0.0001985
```

根据检验结果中的 p 值，可以在1%的显著性水平上拒绝无自相关原假设。注意，自相关检验又称序列相关检验，常用于时间序列数据，对于截面数据，更适合的检验方法是第4章介绍的空间自相关检验。

2.3.2 回归系数检验

基础包或扩展包中与回归系数检验有关的函数见表2-4。

表 2-4　回归系数检验函数

函数	用途
confint()	计算回归参数的置信区间
coefci()	计算回归参数的置信区间，可以选择稳健协方差矩阵
coeftest()	回归系数的显著性检验
linearHypothesis()	回归系数的线性约束检验

2.3.2.1　置信区间估计

由于 summary() 函数只给出每个系数的点估计值，获得回归系数的置信区间需要使用 coefint() 函数：

```
> confint(hprice_lm)
                  2.5%         97.5%
(Intercept)  -0.4518580   20.30563656
NROOM         3.2262629    7.22864987
AC            4.5457019   16.24529644
AGE          -0.3340516   -0.08522275
LOTSZ         0.1204682    0.18392291
```

推荐使用 lmtest 包中的 coefci() 函数计算回归系数的置信区间，其基本用法为：

```
> coefci(x, parm = NULL, level = 0.95, vcov. = NULL)
```

其中 x 是必需参数，指定回归结果对象。其余参数都是可选参数，parm 用于指定计算置信区间的系数，可以用数值向量或变量名向量，默认计算所有系数的置信区间；level 用于指定置信度，默认为 95%；vcov 用于指定系数的协方差矩阵，默认使用 vcov(x)（见表 2-2），如果指定，可以是一个矩阵对象，也可以是 sandwich 包中 sandwich、vcovHC、vcovCL 或 vcovHAC 等计算协方差矩阵的函数[①]。比如，使用异方差一致（heroskedasticity-consistent，HC）协方差矩阵构造 95% 置信区间：

```
> coefci(hprice_lm, vcov = vcovHC)
                  2.5%         97.5%
(Intercept)  -3.1482361   23.00201474
NROOM         2.1239162    8.33099653
AC            2.8005461   17.99045224
AGE          -0.4582507    0.03897634
LOTSZ         0.1033710    0.20102015
```

使用异方差自相关一致（heteroskedasticity and autocorrelation consistent，HAC）协方差矩阵构造置信区间：

```
> coefci(hprice_lm, vcov = vcovHAC)
```

[①] 因为有此选项，所以推荐使用 coefci() 函数计算回归系数的置信区间。

```
              2.5%         97.5%
(Intercept)  -4.7889652   24.64274380
NROOM         2.2052261    8.24968666
AC            3.4133237   17.37767466
AGE          -0.3829630   -0.03631133
LOTSZ         0.1006696    0.20372155
```

2.3.2.2 显著性检验

summary()函数给出的显著性检验结果，依据 OLS 协方差矩阵计算，在模型存在异方差或自相关时，检验结果无效，此时需要使用 HC 协方差矩阵或 HAC 协方差矩阵进行检验，代码为：

```
> coeftest(hprice_lm, vcov = vcovHC)

t test of coefficients:

             Estimate   Std. Error   t value   Pr(>|t|)
(Intercept)  9.926889   6.631913     1.4968    0.135966
NROOM        5.227456   1.574165     3.3208    0.001062  **
AC          10.395499   3.852282     2.6985    0.007542  **
AGE         -0.209637   0.126101    -1.6625    0.097942  .
LOTSZ        0.152196   0.024765     6.1457    4.056e-09 ***
---
Signif. codes:  0 '***' 0.001 '**' 0.01 '*' 0.05 '.' 0.1 ' ' 1

> coeftest(hprice_lm, vcov = vcovHAC)

t test of coefficients:

             Estimate   Std. Error   t value   Pr(>|t|)
(Intercept)  9.926889   7.464117     1.3299    0.1850060
NROOM        5.227456   1.532924     3.4101    0.0007813 ***
AC          10.395499   3.541471     2.9354    0.0037099 **
AGE         -0.209637   0.087914    -2.3846    0.0180057  *
LOTSZ        0.152196   0.026135     5.8235    2.189e-08 ***
---
Signif. codes:  0 '***' 0.001 '**' 0.01 '*' 0.05 '.' 0.1 ' ' 1
```

2.3.2.3 线性约束检验

显著性检验的原假设为 $H_0: \beta_k = 0$,更一般的情形,我们希望检验 $H_0: \beta_k = c$,c 为任一常数,或者检验多个回归系数之间的关系,如 $H_0: \beta_i + \beta_k = c$ 等。car 包中的 linearHypothesis()函数可以检验单个或多个线性约束,其基本用法为:

```
> linearHypothesis(model, hypothesis.matrix, rhs = NULL, vcov = NULL)
```

其中,参数 model 是回归结果对象(这里不能是公式对象),vcov 参阅函数 coeftci()中的参数说明,参数 hypothesis.matrix 和 rhs 用于指定线性约束形式。模型(2.1)的一般线性约束可以写成:

$$R\beta = r \tag{2.12}$$

其中,$\beta = (\beta_1, \cdots, \beta_K)'$ 是 $K \times 1$ 系数向量,R 是 $q \times K$ 矩阵,r 是 $q \times 1$ 向量,q 表示约束条件的个数。比如 $K=4$ 时,单一约束条件为:

$$\beta_2 + \beta_3 = 1 \tag{2.13}$$

对应于

$$R = [0\ 1\ 1\ 0], r = 1 \tag{2.14}$$

参数可设定为:

```
hypothesis.matrix = c(0,1,1,0),rhs = 1
```

联合约束条件为:

$$\beta_1 = \beta_4, \beta_2 + \beta_3 = 1 \tag{2.15}$$

对应于

$$R = \begin{bmatrix} 1 & 0 & 0 & -1 \\ 0 & 1 & 1 & 0 \end{bmatrix}, r = \begin{bmatrix} 0 \\ 1 \end{bmatrix} \tag{2.16}$$

参数可设定为:

```
hypothesis.matrix = matrix(c(1,0,0,-1,0,1,1,0), ncol = 4, byrow = TRUE), rhs = c(0,1)
```

rhs 为零向量时可以省略。linearHypothesis()函数还允许使用字符向量直接表示系数约束，此时系数使用对应的变量名代替。比如房价回归模型中，若检验联合约束：截距项为 0 且有无空调（AC）的系数是房间数量（NROOM）的系数的 2 倍，代码为：

```
> linearHypothesis(hprice_lm, c("(Intercept) = 0", "2*NROOM = AC"))
Linear hypothesis test

Hypothesis:
(Intercept) = 0
2 NROOM - AC = 0

Model 1: restricted model
Model 2: PRICE ~ NROOM + AC + AGE + LOTSZ

  Res.Df   RSS Df Sum of Sq     F  Pr(>F)
1    208 54441
2    206 53373  2      1068 2.061  0.1299
```

其约束矩阵的等价形式为：

```
> linearHypothesis(hprice_lm, hypothesis.matrix =
+       matrix(c(1,0,0,0,0,0,2,-1,0,0), ncol = 5, byrow = TRUE))
Linear hypothesis test

Hypothesis:
(Intercept) = 0
2 NROOM - AC = 0

Model 1: restricted model
Model 2: PRICE ~ NROOM + AC + AGE + LOTSZ

  Res.Df   RSS Df Sum of Sq     F Pr(>F)
1    208 54441
2    206 53373  2      1068 2.061 0.1299
```

2.3.2.4 非线性约束检验

回归系数的非线性约束检验可以使用 nlWaldTest 包中的 nlWaldtest() 函

数，其基本用法为：

```
> nlWaldtest(obj = NULL, texts, coeff = NULL, Vcov = NULL)
```

其中，obj 为估计结果对象，此时 coeff 和 Vcov 可省略，默认为 coeff=coef（obj），Vcov=vcov（obj）；如果 obj 省略，则必须由 coeff 和 Vcov 分别给出系数估计值和协方差矩阵。非线性约束形式由 texts 给出，形式为字符向量，如 texts=c（"b[1]^b[2]=1"，"b[3]=2"），或 texts= "b[1]^b[2]=1；b[3]=2"，系数向量 b 的顺序应与模型回归系数的顺序相同。例：

```
> library(nlWaldTest)
> nlWaldtest(hprice_lm, texts = c("b[1] = 0", "b[3]/b[2] = 2"))

    Wald Chi-square test of restrictions on model parameters

data:  hprice_lm
Chisq = 4.1153, df = 2, p-value = 0.1278
```

2.3.3 模型形式检验

lmtest 包提供了大量函数用于模型形式的诊断检验，本节主要介绍以下三类：嵌套模型检验、非嵌套模型检验以及回归方程设定误差检验（regression equation specification error test，RESET）。相关检验函数见表 2-5。

表 2-5　模型形式检验函数

函数	用途
waldtest()	嵌套模型的沃尔德（Wald）检验
lrtest()	嵌套模型的似然比（LR）检验
coxtest()	非嵌套模型的 Cox 检验
jtest()	非嵌套模型的 Davidson-MacKinnon J 检验
encomptest()	非嵌套模型的包容性（Encompassing）检验
resettest()	拉姆齐（Ramsey）的回归方程设定误差检验

2.3.3.1 嵌套模型检验

所谓嵌套模型，是指一个模型是另一个模型的特殊情形。在假设检验中，如果对备择假设所对应的模型施加原假设约束即可得到原假设模型，此时我们说原假设模型嵌套在备择假设模型中。waldtest()函数通过估计两个模型，利用残差平方和计算 F（或 Chisq）统计量及对应的 p 值，从而实现模型比较与选择。其基本用法为：

```
> waldtest(object,...)
```

其中，参数 object 指模型 1，"..."用于指定模型 2。这里模型 2 的输入方式有四种：

① 省略，此时函数默认模型 2 仅含截距项，相当于模型 1 的整体显著性检验。

```
> waldtest(hprice_lm)
Wald test

Model 1: PRICE ~ NROOM + AC + AGE + LOTSZ
Model 2: PRICE ~ 1
  Res.Df Df      F    Pr(>F)
1    206
2    210 -4 61.415 < 2.2e-16 ***
---
Signif. codes:  0 '***' 0.001 '**' 0.01 '*' 0.05 '.' 0.1 ' ' 1
```

② 数值向量，模型 2 是剔除模型 1 中对应位置的解释变量后的模型。

```
> waldtest(hprice_lm, 2:3)
Wald test

Model 1: PRICE ~ NROOM + AC + AGE + LOTSZ
Model 2: PRICE ~ NROOM + LOTSZ
  Res.Df Df      F    Pr(>F)
1    206
2    208 -2 20.458 7.864e-09 ***
---
Signif. codes:  0 '***' 0.001 '**' 0.01 '*' 0.05 '.' 0.1 ' ' 1
```

③ 字符向量，含义同②，此时用解释变量的名称向量。如②的等价形式：

```
> waldtest(hprice_lm, c("AC","AGE"))
```

④ 公式对象，在模型 1 的基础上增减解释变量即可得到模型 2。例：

```
> waldtest(hprice_lm, . ~ . + I(LOTSZ^2))
Wald test

Model 1: PRICE ~ NROOM + AC + AGE + LOTSZ
Model 2: PRICE ~ NROOM + AC + AGE + LOTSZ + I(LOTSZ^2)
  Res.Df Df      F    Pr(>F)
1    206
2    205  1 7.1431 0.008131 **
---
Signif. codes:  0 '***' 0.001 '**' 0.01 '*' 0.05 '.' 0.1 ' ' 1
```

注意，公式中增加的解释变量如果不在模型 1 中，那么可以使用 data 参数指定它所在的数据框，缺省时会在当前工作环境中查找。

waldtest()的判定规则是：如果 p 值小于给定的检验水平 α，那么拒绝约束条件，接受备择假设模型。这里备择假设模型是指嵌套模型（即"大"模型），原假设模型则被称为"被嵌套"模型。在①和②中，模型 2 嵌套在模型 1 中，约束条件是相应的解释变量系数为 0，根据 p 值可知结论是拒绝约束条件，接受模型 1。而在④中，模型 1 嵌套在模型 2 中，约束条件是 LOTSZ^2 的系数为 0，根据 p 值，结论是拒绝约束条件，接受模型 2。

实际上，嵌套模型检验属于系数的线性约束检验，在计量分析中也被称为冗余变量检验或缺失变量检验。除了 waldtest()函数，lrtest()函数也可以用于嵌套模型检验，两者功能和用法相同，区别仅在于 lrtest()使用似然比统计量，这里不再赘述。

2.3.3.2 非嵌套模型检验

所谓非嵌套模型，顾名思义，是指两模型不具有包含关系，任一模型不能由另一模型施加约束条件得到。如：

$$\begin{aligned}\text{Model 1:} \quad Y &= X\beta + \varepsilon_1 \\ \text{Model 2:} \quad Y &= Z\gamma + \varepsilon_2\end{aligned} \quad (2.17)$$

属于非嵌套模型。lmtest 包提供了 coxtest()、jtest()和 encomptest()三个函数用于非嵌套模型的检验。

coxtest()函数使用的是 Cox 检验,其基本思想是:如果模型 1 使用了正确的解释变量,则模型 2 中的解释变量对模型 1 的拟合值不具有解释能力,否则可以说模型 1 并未包含正确的解释变量。Cox 检验进行两个辅助回归,一是用模型 1 的拟合值对模型 2 的解释变量做回归,二是用模型 2 的拟合值对模型 1 的解释变量做回归,并分别检验辅助回归式中解释变量的联合显著性。例:

```
> mod1 <- hprice_lm
> mod2 <- lm(PRICE ~ NBATH + NSTOR + GAR + PATIO, data = hprice)
> coxtest(mod1, mod2)
Cox test

Model 1: PRICE ~ NROOM + AC + AGE + LOTSZ
Model 2: PRICE ~ NBATH + NSTOR + GAR + PATIO
              Estimate     Std. Error   z value   Pr(>|z|)
fitted(M1) ~ M2-41.814     4.7071       -8.8831   < 2.2e-16    ***
fitted(M2) ~ M1-55.340     4.6481       -11.9059  < 2.2e-16    ***
---
Signif. codes:  0 '***' 0.001 '**' 0.01 '*' 0.05 '.' 0.1 ' ' 1
```

检验结果显示两个辅助回归式的解释变量都具有显著性,说明两个模型都不是最好的。

jtest()使用的是罗素·戴维森(Russell Davidson)和詹姆斯·G. 麦金农(James G. MacKinnon)提出的 J 检验,其基本思想与 Cox 检验类似:如果模型 1 已经包含正确的解释变量,则再加入模型 2 的拟合值,应该是不显著的;反过来也是如此。因此,J 检验也是估计两个辅助回归式,一个是在模型 1 中加入模型 2 的拟合值,另一个是在模型 2 中加入模型 1 的拟合值,并分别检验辅助回归式中拟合值的显著性。上例使用 J 检验,结果为:

```
> jtest(mod1, mod2)
J test

Model 1: PRICE ~ NROOM + AC + AGE + LOTSZ
Model 2: PRICE ~ NBATH + NSTOR + GAR + PATIO
                Estimate   Std. Error   t value   Pr(>|t|)
M1 + fitted(M2)  0.55010    0.083484    6.5893   3.657e-10 ***
M2 + fitted(M1)  0.65824    0.078701    8.3638   9.281e-15 ***
---
Signif. codes:  0 '***' 0.001 '**' 0.01 '*' 0.05 '.' 0.1 ' ' 1
```

encomptest()使用的是包容性检验（encompassing test）。不同于前两种检验，包容性检验首先将模型 1 和模型 2 合并为一个包容模型（称为模型 E），这样模型 1 和模型 2 都被嵌套在模型 E 中，然后分别用模型 1 和模型 2 对模型 E 做嵌套模型检验。例：

```
> encomptest(mod1, mod2)
Encompassing test

Model 1: PRICE ~ NROOM + AC + AGE + LOTSZ
Model 2: PRICE ~ NBATH + NSTOR + GAR + PATIO
Model E: PRICE ~ NROOM + AC + AGE + LOTSZ + NBATH + NSTOR + GAR + PATIO
          Res.Df Df     F      Pr(>F)
M1 vs. ME    202 -4 10.838 5.582e-08 ***
M2 vs. ME    202 -4 17.716 1.759e-12 ***
---
Signif. codes:  0 '***' 0.001 '**' 0.01 '*' 0.05 '.' 0.1 ' ' 1
```

2.3.3.3 模型设定误差检验

拉姆齐的 RESET 检验常用于检验潜在的模型设定错误，如将非线性模型误设为线性模型。其基本思想是：如果模型设定有误，则在模型中加入因变量拟合值（或解释变量）的高次幂应具有统计显著性，否则可以认为模型设定正确。lmtest 包中 resettest()函数的基本用法为：

```
> resettest(formula, power = 2:3, type = c("fitted", "regressor",
 "princomp"), data = list())
```

其中，formula 可以是公式对象或估计结果对象，如果是公式，可以用 data 参数指定变量所在的数据框；power 用于指定新增变量的幂数，可以是单一数值或数值向量；type 用于指定具体的新增变量，"fitted"表示被解释变量的拟合值，"regressor"表示原模型的解释变量，"princomp"表示解释变量矩阵的第一主成分，缺省值是被解释变量的拟合值。例：

```
> resettest(hprice_lm, power = 2)

    RESET test

data: hprice_lm
RESET = 2.0992, df1 = 1, df2 = 205, p-value = 0.1489

> resettest(hprice_lm, power = 2, type = "regressor")

    RESET test

data: hprice_lm
RESET = 5.4523, df1 = 4, df2 = 202, p-value = 0.0003451
```

注意，RESET 检验的原假设是模型设定正确，因此如果检验结果中 p 值大于检验水平可以得出检验结论，但拒绝原假设时并不能得到正确的模型设定形式。

关 键 代 码

```
f1<-y~x1+x2    #将二元线性回归模型储存到公式变量 f1 中
y~x1+x2+x1：x2    #含 x1 和 x2 的交互项的回归模型设定
result<-lm(f1, data)    #模型估计，估计结果储存在列表变量 result 中
summary(result)    #显示估计结果，包含回归系数及显著性检验、模型诊断检验统计量等
coef(result)    #提取估计结果中的系数向量
resid(result)    #提取估计结果中的残差向量
logLik(result)    #提取回归模型的对数似然函数值
bptest(result)    #异方差检验
bgtest(result)    #自相关检验
```

```
linearHypothesis(result,c("(Intercept)=0","x1+x2=1"))    #回归系数的线性
```
约束检验,本例是两个约束条件的联合检验,一个是截距项为 0,另一个是 x1 和 x2 的系数和为 1

本章 R 操作视频请扫描以下二维码观看:

(推荐在 WIFI 环境下观看)

第 3 章 空间权重矩阵设置

> **本章概要**
>
> 空间权重矩阵设置是空间计量经济分析的基础，其目的在于明确界定研究对象间的空间关联。这种空间关联可以来自地理位置关系，也可以来自经济联系程度，甚至来自社会互动关系。本章重点内容包括 R 语言中空间权重矩阵的结构、基于地理邻接和地理距离创建空间权重矩阵、基于自定义的空间关系创建空间权重矩阵，以及空间权重矩阵的导入与导出等。通过本章的学习，我们应该能够理解 R 语言中两种空间权重矩阵类型的区别与联系，熟练掌握创建各种空间权重矩阵的函数，并且能够根据需要调整空间权重中的位置关系和权重大小。

空间位置是经济个体的重要属性。在空间经济问题分析中，变量间的相关性与观测个体的空间位置紧密相关。根据 Tobler（1970）"地理学第一定律"，距离越近，观测个体间的空间相关性越强。因此，计量经济分析有必要将空间位置信息纳入模型，否则会导致分析偏误，这是空间计量经济模型与传统计量经济模型的主要区别。

3.1 R 语言中的空间权重矩阵结构

空间权重矩阵反映了观测个体的空间位置信息，它主要包含两层含义：一是邻居关系，二是权重大小。对于空间权重矩阵 W：

$$W = \begin{bmatrix} w_{11} & w_{12} & \cdots & w_{1n} \\ w_{21} & w_{22} & \cdots & w_{2n} \\ \vdots & \vdots & \ddots & \vdots \\ w_{n1} & w_{n2} & \cdots & w_{nn} \end{bmatrix} \qquad (3.1)$$

其中，n 代表观测个体的数量。从矩阵的每一行来看，$(w_{i1}, w_{i2}, \cdots, w_{in})$ 中的非零元素对应个体 i 的邻居，非零元素的具体数值则代表权重大小。比如 $w_{ij}=1$，表示个体 j 是个体 i 的邻居，1 反映了个体 j 与个体 i 的联系程度。如果矩阵的第 i 行全部为 0，则表示个体 i 没有邻居，是一座"孤岛"，这种情况通常出现在基于邻接关系创建的空间权重矩阵中，此时为避免模型估计过程出错或无法运行，可以选择基于 K 近邻或地理距离的空间权重矩阵，也可以为"孤岛"直接添加合适的邻居对象。

R 语言中使用两种类型的列表对象来表示空间权重矩阵。第一种是 nb 类型的邻居列表对象，它的长度为 n，列表的每个元素是一个整数向量，对应该观测个体的邻居对象。如邻居列表对象 w.queen：

```
> class(w.queen)
[1] "nb"
> head(w.queen)
[[1]]
[1] 2 3

[[2]]
[1] 1 3

[[3]]
[1]  1  2  4  5  6 15 16

[[4]]
[1]  3  5 16 27

[[5]]
[1]  3  4  6  7  8 27 28 30

[[6]]
[1] 3 5 7
```

其类型是"nb"，第一个地区有两个邻居，分别为地区 2 和地区 3；地区 2 也有两个邻居，分别为地区 1 和地区 3；以此类推。可以看出，邻居列表（nb 类型对象）仅表明每个观测个体的邻居是谁，即空间权重矩阵的第一层含义，并没有给出每个邻居的权重大小。

第二种表示空间权重矩阵的列表对象是 listw 类型。它是一个嵌套列表结构，如图 3-1 所示，其中第二个元素 neighbours 是一个子列表，等同于一个 nb 类型的邻居列表对象；第三个元素 weights 也是一个子列表，其中包含了赋予每个邻居的权重值。

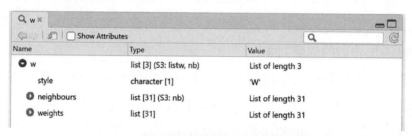

图 3-1　listw 类型空间权重矩阵的数据结构

因此，在 R 语言中创建空间权重矩阵时，通常先确定邻居关系，即确定与个体 i 具有什么关系的个体属于 i 的邻居，由此生成 nb 类型的邻居列表对象，再通过设置权重大小，将 nb 对象转换成 listw 类型的列表对象。确定邻居关系通常使用 Rook 邻接、Queen 邻接、K 近邻或阈值距离等准则。设置权重通常依据二进制（即 0-1）、地理距离、经济距离或技术距离等准则，其中二进制准则属于等权重设置，地理距离和经济距离等准则往往是变权重设置，"距离"越远，相关性越弱。

3.2　基于地理邻接关系的空间权重矩阵创建

基于地理邻接关系创建空间权重矩阵又可分为一阶邻接和高阶邻接两种。实际应用中通常使用一阶邻接关系，此时，一般有 Rook 邻接和 Queen 邻接两种方法确定两个地区之间的邻居关系。Rook 邻接即所谓的"车"准则,表示两个地区有共同边界即为邻居;而 Queen 邻接即所谓的"后"准则,除了包括有共同边界的邻近地区,还包括有共同顶点的邻近地区。这是借鉴了国际象棋中的类似行棋方法。邻居关系确定后,如果两个地区相邻,则空间权重矩阵元素为 1,否则为 0,即:

$$w_{ij} = \begin{cases} 1, & j \in N(i) \\ 0, & j \notin N(i) \end{cases} \quad (3.2)$$

其中,$N(i)$ 为地区 i 的邻居集。基于地理邻接关系的空间权重矩阵不局限于一阶,也可以设定更高阶的邻接矩阵,如二阶邻接权重矩阵,此时一个地区的邻居集不仅包括一阶近邻,还包括邻居的邻居。从空间溢出效应角度来看,若使用一阶邻接关系的空间权重矩阵,则特定地区的初始变化会首先影响到一阶近邻,随后由一阶近邻将这种影响传递到二阶近邻;若使用二阶邻接关系的空间权重矩阵,则意味着特定地区的初始变化会直接影响到一阶近邻和二阶近邻。因此,可根据研究对象空间溢出效应的实际特点确定一阶或高阶邻接的空间权重矩阵。

在 R 语言中创建空间权重矩阵需要先导入地图文件。通常,地区边界及其相关关系以 shapefiles 的形式表示,它由三个具有不同扩展名的规定文件组成,分别为 shp、shx 和 dbf。shp 文件存储了文件的几何特征,如各地区的中心坐标和它们的边界;shx 文件存储了几何特征的指标;dbf 文件存储了各种特征的属性信息,包括变量名称、地区编号等。为了方便读取地图文件,我们可将 R 的工作目录设为地图文件所在的文件夹,以美国哥伦布市(Columbus)的地图为例:

```
> setwd("W:/Examples/ch3spmat/columbus")
> library(rgdal)
> columbus <- readOGR("columbus.shp")
OGR data source with driver: ESRI Shapefile
Source: "W:\Examples\ch3spmat\columbus\columbus.shp", layer: "columbus"
```

```
with 49 features
It has 20 fields
Integer64 fields read as strings:  COLUMBUS_ COLUMBUS_I POLYID
```

地图文件导入后，即可查看数据的相关属性：

```
> class(columbus)
[1] "SpatialPolygonsDataFrame"
attr(,"package")
[1] "sp"
```

数据类型为"SpatialPolygons"，即面数据，其边界形状如图 3-2 所示，其中"*"标出了每个地区的中心位置：

```
> plot(columbus)
> center <- coordinates(columbus)
> points(center, pch = '*')
```

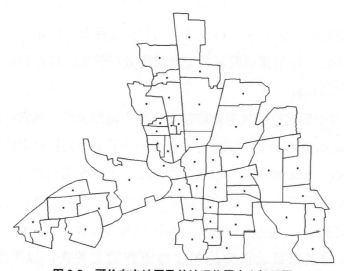

图 3-2　哥伦布市地图及其地理位置中心标示图

创建空间权重矩阵所需的函数包含在 spdep 程序包中。因此，首先需要加载此程序包：

```
> library(spdep)
```

基于空间面数据（SpatialPolygons）创建 nb 类型邻居列表对象的 R 函数是 poly2nb()，其用法是：

```
> poly2nb(pl, row.names = NULL, queen = TRUE)
```

其中，pl 是指空间面状类型的数据对象；row.names 是字符向量，用于指定地区代码，默认是用自然数序列；queen 的缺省值是 TRUE，表示只要有一个共同边界点即视为邻居，设置为 FALSE 则两地区间需要有多个共同边界点才视为邻居。需要注意的是，这里仅要求有多个共同边界点，并不意味着必须有共同的边界线。

哥伦布市一阶邻接空间权重矩阵为：

```
> nb.columbus <- poly2nb(columbus)
> class(nb.columbus)
[1] "nb"
> summary(nb.columbus)
Neighbour list object:
Number of regions: 49
Number of nonzero links: 236
Percentage nonzero weights: 9.829238
Average number of links: 4.816327
Link number distribution:

 2  3  4  5  6  7  8  9 10
 5  9 12  5  9  3  4  1  1
5 least connected regions:
0 5 41 45 46 with 2 links
1 most connected region:
19 with 10 links
> str(nb.columbus)    #省略了部分输出结果
List of 49
 $ : int [1:2] 2 3
 $ : int [1:3] 1 3 4
 $ : int [1:4] 1 2 4 5
 ...
 - attr(*, "class")= chr "nb"
 - attr(*, "region.id")= chr [1:49] "0" "1" "2" "3" ...
 - attr(*, "call")= language poly2nb(pl = columbus)
 - attr(*, "type")= chr "queen"
 - attr(*, "sym")= logi TRUE
```

从 nb.columbus 的数据结构可以看出，它是一个长度为 49 的列表，列表的每一个元素对应一个地区的邻居向量，如果某个地区是孤岛，则列表的对应元素为 0。必要时，我们可以使用 1.3 节介绍的方法，直接提取或修改列表中的某个元素，从而对孤岛或特殊地区的邻居进行调整。

使用 plot() 函数，可以将空间权重矩阵的邻接关系以图形方式显示，其用法为：

```
> plot(x, coords, col = "black", points = TRUE, add = FALSE,
       arrows = FALSE, length = 0.1, xlim = NULL, ylim = NULL, ...)
```

其中，x 是空间权重矩阵；coords 是地区坐标矩阵；其他参数同一般作图参数。哥伦布市一阶邻接空间权重矩阵如图 3-3 所示，两地区中心点间有连线表示两地区相邻，具有邻接关系：

```
> plot(columbus)
> plot(nb.columbus, coords = center, col = "red", add = TRUE)
```

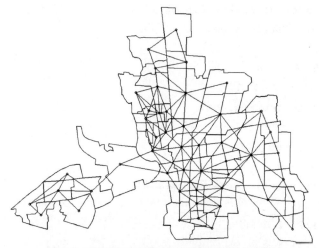

图 3-3　哥伦布市邻接空间权重矩阵的关系图

如 3.1 节所述，nb 类型的空间权重矩阵实际只包含邻居关系信息，R 语言中进行空间分析所使用的空间权重矩阵类型为 listw，将 nb 类型转换为 listw 类型的函数为 nb2listw()，其用法为：

```
> nb2listw(neighbours, glist = NULL, style = "W", zero.policy = NULL)
```

其中，neighbours 是 nb 类型的邻居列表对象；glist 是权重列表，style 是权重类型，这两个参数共同决定了空间权重数值。glist 使用缺省值 NULL。style 设定为"B"表示每个邻居的权重值是 1，style 设定为"W"（缺省值）表示将权重进行标准化，"C"表示矩阵是全局标准化的，"U"等于"C"除以邻居的数量，"S"是 Tiefelsdorf 等（1999）提出的方差稳定编码方案。zero.policy 缺省值为 NULL，即采用系统的缺省值；设定为 FALSE，则存在孤岛时停止运行并报错；设定为 TRUE 则意味着允许空间权重矩阵中存在全为零的行。例：

```
> lw.columbus <- nb2listw(nb.columbus)
> str(lw.columbus)  # 邻居列表和权重列表省略了部分输出结果
List of 3
 $ style    : chr "W"
 $ neighbours:List of 49
  ..$: int [1:2] 2 3
  ..$: int [1:3] 1 3 4
  ..$: int [1:4] 1 2 4 5
  ...
  ..- attr(*, "class")= chr "nb"
  ..- attr(*, "region.id")= chr [1:49] "0" "1" "2" "3" ...
  ..- attr(*, "call")= language poly2nb(pl = columbus)
  ..- attr(*, "type")= chr "queen"
  ..- attr(*, "sym")= logi TRUE
 $ weights  :List of 49
  ..$: num [1:2] 0.5 0.5
  ..$: num [1:3] 0.333 0.333 0.333
  ..$: num [1:4] 0.25 0.25 0.25 0.25
  ...
  ..- attr(*, "mode")= chr "binary"
  ..- attr(*, "W")= logi TRUE
  ..- attr(*, "comp")=List of 1
  .. ..$ d: num [1:49] 2 3 4 4 8 2 4 6 8 4 ...
 - attr(*, "class")= chr [1:2] "listw" "nb"
 - attr(*, "region.id")= chr [1:49] "0" "1" "2" "3" ...
 - attr(*, "call")= language nb2listw(neighbours=nb.columbus)
```

函数 poly2nb() 仅适用于空间面数据，对于空间点数据（SpatialPoints），基于邻接关系创建空间权重矩阵需要使用函数 tri2nb()。此函数的内部运算过程为，首先利用德劳内（Delaunay）三角剖分算法构造多边图形，然后再生成邻接空间权重矩阵。如巴尔的摩市房屋位置数据生成的邻接空间权重矩阵如图 3-4 所示，生成过程为：

```
> setwd("W:/Examples/ch3spmat/baltimore")
> library(rgdal)
> baltim <- readOGR("baltim.shp")
OGR data source with driver: ESRI Shapefile
Source: "W:\Examples\ch3spmat\baltimore\baltim.shp",
layer: "baltim"
with 211 features
It has 17 fields
> class(baltim)
[1] "SpatialPointsDataFrame"
attr(,"package")
[1] "sp"
> coords.baltim <- coordinates(baltim)
> nb.baltim <- tri2nb(baltim)
> plot(nb.baltim, coords = coords.baltim) # 生成图 3-4
```

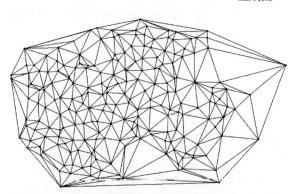

图 3-4　巴尔的摩市房屋邻接空间权重矩阵的关系图

基于德劳内三角剖分算法生成的巴尔的摩市房屋位置的多边图形如图 3-5 所示：

```
> library(deldir)
deldir 0.1-25
```

```
> poly.baltim <- deldir(coords.baltim[,1],coords.baltim[,2])
> plot(poly.baltim, wlines="tess", wpoints="real")  # 生成图3-5
```

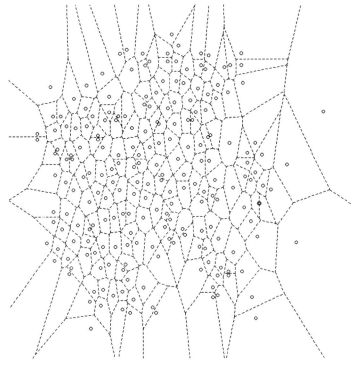

图 3-5 巴尔的摩市房价的德劳内三角划分图

3.3 基于地理距离关系的空间权重矩阵创建

除了基于邻接关系的空间权重矩阵，常见的还有基于地理距离关系的空间权重矩阵。地理距离既可以作为确定邻居关系的准则，也可以作为确定权重大小的准则。本节首先考虑以地理距离确定邻居关系，基于地理距离的权重设置见 3.4 节。

3.3.1 K 近邻准则

所谓 K 近邻是指距离最近的 K 个邻居。此准则适用于点数据，如果使用面数据则需要给出每个区域的中心坐标。由此准则生成的邻居列表不存在"孤岛"，每个地区的邻居个数都是 K。生成 K 近邻矩阵的 R 函数是 knearneigh()，其用法为：

```
> knearneigh(x, k = 1, longlat = NULL)
```

其中，x 是二维点坐标矩阵，或是空间点数据对象；k 是最近邻个数，默认值为 1；longlat 是逻辑参数，若设置为 TRUE 则表示点坐标为经纬度，此时计算大圆距离，单位是千米，如果 x 是空间点数据对象，则自动从中提取 longlat 参数值。

以巴尔的摩市房价数据为例：

```
> kn2.baltim <- knearneigh(baltim, k = 2)
> class(kn2.baltim)
[1] "knn"
> str(kn2.baltim)
List of 5
 $ nn       : int [1:211, 1:2] 96 5 4 2 7 10 5 12 195 6 ...
 $ np       : int 211
 $ k        : num 2
 $ dimension: int 2
 $ x        : num [1:211, 1:2] 907 922 920 923 918 900 918 907 ...
  ..- attr(*, "dimnames")=List of 2
  .. ..$: NULL
  .. ..$: chr [1:2] "coords.x1" "coords.x2"
 - attr(*, "class")= chr "knn"
 - attr(*, "call")= language knearneigh(x = baltim, k = 2)
> head(kn2.baltim$nn)
     [,1] [,2]
[1,]  96   16
[2,]   5    4
[3,]   4    7
[4,]   2    3
[5,]   7    2
[6,]  10   70
```

注意，函数 knearneigh() 生成一个长度为 5 的列表对象 kn2.baltim，类型为 knn，它的第一个元素 nn 是 211×2 的矩阵，211 是房屋样本数，2 是设定的最近邻居数 K。由提取出的矩阵前六行可以看出，第 1 栋房屋的两个最近邻居分别为第 96 栋和第 16 栋，第 2 栋房屋的两个最近邻居分别为第 5 栋和第 4 栋。

由函数 knn2nb() 可得到 nb 类型的邻居列表对象：

```
> nb.k2.baltim <- knn2nb(kn2.baltim)
> summary(nb.k2.baltim)
Neighbour list object:
Number of regions: 211
Number of nonzero links: 422
Percentage nonzero weights: 0.9478673
Average number of links: 2
Non-symmetric neighbours list
Link number distribution:

  2
211
211 least connected regions:
1 2 3 4 5 6 7 8 9 10 11 12 13 14 15 16 17 18 19 20 21 22 23 24 ...208 209 210 211 with 2 links
211 most connected regions:
1 2 3 4 5 6 7 8 9 10 11 12 13 14 15 16 17 18 19 20 21 22 23 24 ...208 209 210 211 with 2 links
```

3.3.2 距离阈值准则

使用距离阈值确定邻居关系通常设定距离最大值 d，当地区间距离小于 d 时，认为两地区为邻居关系，否则权重值为 0。根据此准则生成 nb 邻居列表对象的函数为 dnearneigh()，其用法为：

```
> dnearneigh(x, d1, d2, row.names = NULL, longlat = NULL)
```

其中，x 是点坐标构成的二维矩阵，或是空间点数据对象；d1 是距离下限，d2 是距离上限，通常 d1 设置为 0，d2 即为距离最大值 d；row.names 与 poly2nb()

中的同名参数相同；longlat 是逻辑参数，如果二维矩阵 x 中的点坐标代表经纬度，则设置为 TRUE，此时距离的单位是千米，如果 x 是空间点数据对象，则 longlat 的参数值自动忽略。

函数 dnearneigh() 的参数中，d2 不容易确定，设定值太大会使得每个地区的邻居数过多，设定值太小则可能会出现"孤岛"。一种"客观"的设定方式是确保每个地区至少有一个邻居。此时，d2 应为所有地区与其第一个最近邻居间距离的最大值，计算过程为：首先令 $K=1$，利用函数 knearneigh() 和 knn2nb() 生成最近邻居列表，然后利用函数 nbdists() 计算最近邻居间的距离，并取计算结果的最大值。此过程的相应代码为：

```
> nb.k1.baltim <- knn2nb(knearneigh(baltim))
> d.max <- max(unlist(nbdists(nb.k1.baltim, coords.baltim)))
> d.max
[1] 21.31901
```

距离阈值一旦确定，即可利用函数 dnearneigh() 生成 nb 邻居列表对象：

```
> nb.d.baltim <- dnearneigh(baltim, 0, d.max)
> summary(nb.d.baltim)
Neighbour list object:
Number of regions: 211
Number of nonzero links: 7874
Percentage nonzero weights: 17.68604
Average number of links: 37.31754
Link number distribution:

 1  7 11 12 13 15 16 17 18 20 21 22 23 24 25 26 27 28 29
 1  1  1  1  2  1  2  2  8  3  3  3  5  6  2  5  8  3  6
30 31 32 33 34 35 36 37 38 39 40 41 42 43 44 45 46 47 48
 3  6  6  7  1  7  3  2  5  3  6  9  2 10  6  7  6  4  6
49 50 51 52 53 54 55 56 57
 5  6  7  7  8  6  6  3  1
1 least connected region:
102 with 1 link
1 most connected region:
75 with 57 links
```

3.4 自定义的空间权重矩阵创建

前两节介绍的邻接关系、K 近邻以及阈值距离等是用来确定邻居关系的准则，本节重点介绍权重大小的设置。

3.4.1 反距离空间权重矩阵

基于邻接关系创建的空间权重矩阵认为空间之间的联系仅与两地之间是否相邻有关，且认为某地对其邻居的影响程度均相同，但根据地理学第一定律：任何事物与其他周围事物之间均存在联系，而距离较近的事物总比距离较远的事物联系更为紧密。因此，我们假设空间效应强度取决于距离，即距离越近空间效应越强，距离越远空间效应越弱，并据此构建反距离空间权重矩阵，它的元素设定形式（王守坤，2013）为：

$$w_{ij} = \begin{cases} \beta_{ij}^b / d_{ij}^a, & i \neq j \\ 0, & i = j \end{cases} \quad (3.3)$$

其中，d_{ij} 表示地区 i 和地区 j 的地理中心之间的距离；β_{ij} 为两地区公共边界的长度占地区 i 边界总长度的比例；a 和 b 分别为外生的距离摩擦系数和边界共享效应系数，多数情况下，将边界共享效应系数 b 设置为 0。常见的反距离空间权重矩阵有两种形式：

第一，假定空间效应仅发生在拥有共同边界的情况下（陈继勇等，2010），令 $a=1$，$b=0$，则元素设定形式为：

$$w_{ij} = \begin{cases} 1/d_{ij}, & i \neq j \\ 0, & i = j \end{cases} \quad (3.4)$$

第二，令 $a=2$，$b=0$，则元素设定形式为：

$$w_{ij} = \begin{cases} 1/d_{ij}^2, & i \neq j \\ 0, & i = j \end{cases} \quad (3.5)$$

即采用地区 i 与地区 j 间距离的平方来构造权重矩阵，与仅采用距离值的空间权重矩阵相比，随着距离的增加，其空间效应衰减得更快。

在 spdep 程序包中，没有明确的函数用于创建反距离空间权重矩阵，但是可以通过函数 nb2listw()中的 glist 参数来指定权重。我们以公式（3.4）的形式及哥伦布市的地理数据为例说明：在 R 中创建反距离空间权重矩阵的基本步骤。①以 nb 邻居列表对象为基础，计算邻居间的距离：

以哥伦布市的 Queen 邻接为例：

```
> dist.columbus <- nbdists(nb.columbus, center, longlat = TRUE)
> str(dist.columbus)
List of 49
 $ : num [1:2] 65.1 64
 $ : num [1:3] 65.1 77.1 37.5
 $ : num [1:4] 64 77.1 60.7 57.9
 ...
 - attr(*, "class")= chr "nbdist"
 - attr(*, "call")= language nbdists(nb = nb.columbus, coords = center, longlat = TRUE)
```

②计算距离列表的倒数（即反距离）：

```
> invdist.columbus <- lapply(dist.columbus, function(x) 1/x)
> head(invdist.columbus)
[[1]]
[1] 0.01535081 0.01562961


[[2]]
[1] 0.01535081 0.01297097 0.02668973


[[3]]
[1] 0.01562961 0.01297097 0.01647175 0.01727034


[[4]]
[1] 0.02668973 0.01647175 0.01327525 0.02857813


[[5]]
[1] 0.01727034 0.01327525 0.01224042 0.01765425
```

```
[5] 0.01281282 0.01972951 0.01626299 0.01200555

[[6]]
[1] 0.01224042 0.01666031
```

③以距离的倒数对象为权重，将 nb 邻居列表转换成 listw 类型的空间权重矩阵对象：

```
> lw2.columbus <- nb2listw(nb.columbus, glist = invdist.columbus)
> str(lw2.columbus)
List of 3
 $ style    : chr "W"
 $ neighbours:List of 49
  ..$: int [1:2] 2 3
  ..$: int [1:3] 1 3 4
  ...
 $ weights  :List of 49
  ..$: num [1:2] 0.496 0.504
  ..$: num [1:3] 0.279 0.236 0.485
  ...
 ..- attr(*, "mode")= chr "general"
 ..- attr(*, "glist")= chr [1:79] "list(c(0.0153508103591463, 0.0156296112581833), " ...
 ..- attr(*, "glistsym")= logi TRUE
 .. ..- attr(*, "d")= num 0
 ..- attr(*, "W")= logi TRUE
 ..- attr(*, "comp")=List of 1
 .. ..$ d: num [1:49] 0.031 0.055 0.0623 0.085 0.1213 ...
 - attr(*, "class")= chr [1:2] "listw" "nb"
 - attr(*, "region.id")= chr [1:49] "0" "1" "2" "3" ...
 - attr(*, "call")= language nb2listw(neighbours = nb.columbus, glist = invdist.columbus)
```

3.4.2 经济距离空间权重矩阵

众所周知，地理并不是产生空间效应的唯一因素，像经济发展水平、社会环境甚至不同的风俗习惯都会使不同地区之间产生相互影响。因此，仅以地理经纬差异建立空间权重矩阵来研究空间效应是相对粗糙的，许多学者建立基于经济距离的权重矩阵来描述这种效应。如林光平等（2006）假设相邻地区间经济发展水平的差异程度越小，其经济上相互联系的强度就越大，建立了基于地区差异的经济距离空间权重矩阵。

通常，我们建立基于经济距离的空间权重矩阵是基于空间单元的某项产生空间效应的经济指标的绝对差异，取值为该经济指标之差绝对值的倒数，其基本形式为：

$$w_{ij} = \begin{cases} \dfrac{1}{|X_i - X_j|}, & i \neq j \\ 0, & i = j \end{cases} \tag{3.6}$$

其中，X_i 表示所选择的形成空间权重矩阵的经济变量，可以是 GDP、人力资本量或外商投资额等。这种设定形式表明，两地区间经济变量的差异越小，其空间效应的强度越大，与反距离空间权重矩阵的设定思想相似。

根据公式（3.6）的元素设定形式，有 $w_{ij}=w_{ji}$，表示空间单元 i 对 j 的影响与空间单元 j 对 i 的影响是相同的。然而，现实中却是经济发展水平较高的地区对经济发展水平较低的地区产生更强的空间影响与辐射作用，比如北京对河北经济发展的影响强度明显大于河北对北京的影响强度。考虑到这方面的影响，有学者如朱平芳、张征宇等（2011）根据不同空间单元经济变量的相对差异来构建基于经济距离的空间权重矩阵，其元素设定形式如下：

$$w_{ij} = \begin{cases} \dfrac{X_i}{\sum_{k \in J_i} X_k}, & i\text{和}j\text{有共同的边界} \\ 0, & i\text{和}j\text{无共同的边界或} i = j \end{cases} \tag{3.7}$$

其中，X_i 表示所选择的形成空间权重矩阵的经济变量，J_i 是所有与空间单元 i 有共同边界的空间单元的集合。

还有学者将地理距离空间权重矩阵与经济距离空间权重矩阵结合起来，建立了新形式的经济距离权重矩阵（叶阿忠等，2015），具体形式为：

$$W = W_d \, diag\left(\overline{Y}_1/\overline{Y}, \overline{Y}_2/\overline{Y}, \cdots, \overline{Y}_n/\overline{Y}\right) \tag{3.8}$$

其中，W_d 表示省会城市间的地理距离空间权重矩阵，$\overline{Y}_i = \dfrac{1}{t_1-t_0+1}\sum_{t=t_0}^{t_1}Y_{it}$ 表示考察期内 i 省物质资本存量的平均值，$\overline{Y} = \dfrac{1}{n(t_1-t_0+1)}\sum_{i=1}^{n}\sum_{t=t_0}^{t_1}Y_{it}$ 表示考察期内总物质资本存量的均值，$diag(\ldots)$ 为对角矩阵。可以看出，一个地区的物质资本存量占总量的比重越大（$\overline{Y}_i/\overline{Y} > \overline{Y}_j/\overline{Y}$），其对周边地区的影响也越大。

在 R 语言中建立经济距离空间权重矩阵的步骤如下：首先依据式（3.6）或式（3.7）计算空间单元两两之间的经济距离，生成 $n×n$ 经济距离矩阵，其中 n 是空间单元个数；然后依据距离阈值将矩阵主对角线及超出阈值范围的元素设置为 0；最后使用函数 mat2listw() 将经济距离矩阵转换成空间权重矩阵。函数 mat2listw() 的基本用法为：

```
> mat2listw(x, row.names = NULL, style = "M")
```

其中，x 是非负定的方阵，矩阵元素中不能含有 NA，可以是稀疏矩阵的形式；row.names 用于设定空间单元的代码或编号，默认用自然数编号；style 的缺省值为"M"，保持矩阵中的初始权重值不变，如果需要将空间权重矩阵行标准化，可令 style = "W"。

以哥伦布市各地区的收入为例，建立基于收入距离的空间权重矩阵过程如下：

```
> income <- columbus@data$INC
> inc.dist <- diag(length(income))
> for (i in 1:length(income)) {
+     inc.dist[i,] <- 1/abs(income[i] - income)
+ }
> summary(as.vector(inc.dist))
   Min.   1st Qu.   Median    Mean   3rd Qu.    Max.
 0.0376   0.1127    0.1950    Inf    0.4558     Inf
> diag(inc.dist) <- 0
> inc.dist[inc.dist>=1] <- 0  # 阈值为 1
> lw.incdist <- mat2listw(inc.dist)
```

```
> summary(lw.incdist)
Characteristics of weights list object:
Neighbour list object:
Number of regions: 49
Number of nonzero links: 2106
Percentage nonzero weights: 87.71345
Average number of links: 42.97959
Link number distribution:

37 38 41 42 43 44 45 46 47 48
 1  1  8 17  8  4  1  3  2  4
1 least connected region:
27 with 37 links
4 most connected regions:
4 20 40 42 with 48 links

Weights style: M
Weights constants summary:
   n   nn      S0       S1       S2
M 49 2401 519.3165 428.0225 23258.15
```

3.5 从外部文件导入空间权重矩阵

我们还可以用 Geoda 建立空间权重矩阵，然后将它读入 R 以进行后续的空间分析。

3.5.1 在 Geoda 中创建邻接空间权重矩阵并导入 R

3.5.1.1 在 Geoda 中创建邻接空间权重矩阵

我们以中国省级区域地图为例进行说明。首先，将省级地图文件加载到 Geoda。这里需要注意，地图文件中包括香港、澳门、台湾等地区，而一般研究通常由于数据可得性会剔除某些地区，此时可点击 Geoda 工具条中的"表格"图标选择需要分析的地区，将选中地区另存为 shp 文件，再次打开刚保存的 shp 文件进行相关操作即可。

在 Geoda 中创建空间权重矩阵可以点击菜单栏中的工具/空间权重管理，或直接点击工具条中的 W 图标，打开空间权重管理对话框。接下来点击创建，打开创建空间权重文件对话框，依次选择 ID 变量、邻接方式（Queen 邻接或 Rook 邻接）和邻接的阶数，点击创建即可生成扩展名为 gal 的空间权重文件。空间权重文件实质上是简单的文本文件，可以用文本文件编辑器（如记事本）打开。它包含每个对象的邻居数目及其标识符，该格式于 20 世纪 80 年代由诺丁汉大学的几何算法实验室提出，并在纳入 SpaceStat 之后通过 spdep 得到广泛的应用。SpaceStat 的一个创新之处在于添加了标题行，一般以数字 0 开始，之后是空间单元的数量、创建的权重文件名称以及 ID 变量的名称。对于每个空间单元，在其 ID 之后列出邻居的数量，然后下一行列出其邻居的 ID，如图 3-6 所示。

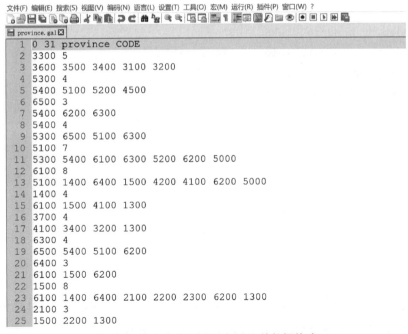

图 3-6　Geoda 邻接空间权重文件数据格式

3.5.1.2 将邻接空间权重矩阵读入 R 中

将 Geoda 邻接空间权重文件读入 R 的函数是 read.gal()，其用法为：

```
> read.gal(file, region.id = NULL, override.id = FALSE)
```

其中，file 是空间权重文件；region.id 是空间单元代码，默认使用自然数按顺序编码；override.id 是逻辑参数，设定为 TRUE 时将覆盖 GAL 文件中的 ID 变量。

```
> setwd("W:/Examples/ch3spmat/province")
> nb.province <- read.gal("province.gal")
Error in read.gal("province.gal") : GAL file IDs and region.id differ
```

R 在读入文件时报错，因为函数 read.gal() 中默认 ID 是自然数序列，但 GAL 文件中的 ID 变量是地区代码（CODE）。为了使 ID 值保持一致，需要设置参数 override.id = TRUE，如下所示：

```
> nb.province <- read.gal("province.gal", override.id = TRUE)
> summary(nb.province)
Neighbour list object:
Number of regions: 31
Number of nonzero links: 136
Percentage nonzero weights: 14.15193
Average number of links: 4.387097
1 region with no links:
4600
Link number distribution:

0 2 3 4 5 6 7 8
1 4 5 8 3 6 2 2
4 least connected regions:
2300 1100 1200 3100 with 2 links
2 most connected regions:
6100 1500 with 8 links
```

从中可看出，代码为 4600 的地区（海南省）的邻居数为 0，为避免孤岛，将 4400（广东省）和 4500（广西省）设定为其邻居：

```
> code <- attr(nb.province, "region.id")
> which(code=="4600")
[1] 21
> nb.province[21]
[[1]]
[1] 0
```

nb.province 使用的是自然数序列编号，需要确定相关省份代码在列表中的位置。

```
> which(code=="4400")
[1] 30
> which(code=="4500")
[1] 23
> nb.province[[21]] <- c(23L, 30L)
> nb.province[21]
[[1]]
[1] 23 30
> summary(nb.province)
Neighbour list object:
Number of regions: 31
Number of nonzero links: 138
Percentage nonzero weights: 14.36004
Average number of links: 4.451613
Link number distribution:

2 3 4 5 6 7 8
5 5 8 3 6 2 2
5 least connected regions:
2300 1100 1200 4600 3100 with 2 links
2 most connected regions:
6100 1500 with 8 links
```

一旦建立了邻居列表对象，使用 nb2listw()函数即可得到 listw 类型的空间权重对象：

```
> lw.province <- nb2listw(nb.province)
> names(lw.province)
[1] "style"     "neighbours" "weights"
```

```
> names(attributes(lw.province))
[1] "names"     "class"      "region.id" "call"
[5] "GeoDa"
> summary(unlist(lw.province$weights))
    Min.  1st Qu.  Median   Mean  3rd Qu.   Max.
  0.1250  0.1667  0.2000  0.2246  0.2500  0.5000
```

nb2listw()函数默认对权重进行行标准化处理，权重矩阵各元素值在单位 1 除以最大和最小邻居数之间变化，每个地区的权重和为 1。需要注意的是，尽管行标准化处理对同一个地区的邻居没有影响，但从空间整体来看，它为邻居较少的地区分配的权重大于邻居较多的地区，这也许会无意中增加边缘地区在整个空间中的作用。

3.5.2　在 Geoda 中创建地理空间权重矩阵并导入 R

3.5.2.1　在 Geoda 中创建距离空间权重矩阵

创建地理空间权重矩阵与创建邻接权重矩阵相似，将地图文件加载到 Geoda，点击工具条中的 W 图标，在创建空间权重文件窗口中选择基于距离空间权重标签，设置 ID 变量、距离度量方式及度量方法即可。基于距离创建的权重文件的扩展名为 gwt，它也是文本文件，除了第一行的地区个数、ID 变量等信息外，其余信息以稀疏矩阵的三列式给出，如图 3-7 所示。

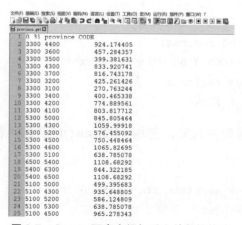

图 3-7　Geoda 距离空间权重文件数据格式

3.5.2.2 将地理距离空间权重矩阵读入 R

读取 gwt 文件需要使用 read.gwt2nb() 函数，其用法为：

```
> read.gwt2nb(file, region.id = NULL)
```

其中，file 是 gwt 文件；region.id 是地区代码，需要注意的是，若 gwt 文件中的地区代码不是自然数序号则必须指定 region.id，否则函数会报错：

```
> nb.d.province <- read.gwt2nb("province.gwt")
Error in read.gwt2nb("province.gwt"): !anyNA(regodij) is not TRUE
此外: Warning message:
In read.gwt2nb("province.gwt"): region.id not named CODE
```

本例中，由于创建空间权重文件的 ID 变量是 CODE，因此必须将 region.id 参数值设定为同一变量。我们使用读取 GAL 文件时得到的 ID 变量为：

```
> CODE <- attr(nb.province,"region.id")
> nb.d.province <- read.gwt2nb("province.gwt",
+                              region.id = CODE)
> class(nb.d.province)
[1] "nb"  "GWT"
> summary(nb.d.province)
Neighbour list object:
Number of regions: 31
Number of nonzero links: 344
Percentage nonzero weights: 35.79605
Average number of links: 11.09677
Link number distribution:

 1  2  4  5  6  7  9 10 11 12 13 14 15 16 17 18 20
 1  2  1  1  2  1  2  3  1  3  1  5  2  3  1  1  1
1 least connected region:
6500 with 1 link
1 most connected region:
4200 with 20 links
> str(nb.d.province)
List of 31
 $ : int [1:10] 8 13 15 16 18 25 26 27 29 30
```

```
  $: int [1:6] 5 15 21 22 23 28
  ...
 - attr(*, "class")= chr [1:2] "nb" "GWT"
 - attr(*, "region.id")= chr [1:31] "3300" "5300" "6500" "5400" ...
 - attr(*, "neighbours.attrs")= chr NA
 - attr(*, "weights.attrs")= chr NA
 - attr(*, "GeoDa")=List of 3
  ..$ dist   :List of 31
  .. ..$: num [1:10] 817 457 834 775 804 ...
  .. ..$: num [1:6] 639 1060 1066 576 750 ...
  ...
  ..$ shpfile: chr "province"
  ..$ ind    : chr "CODE"
 - attr(*, "call")= language read.gwt2nb(file = "province.gwt", region.id = CODE)
 - attr(*, "n")= int 31
 - attr(*, "sym")= logi TRUE
```

3.5.3 运用导入的 GWT 文件创建反距离空间权重矩阵

GWT 权重文件中含有两地之间的距离，将 nb 邻居列表对象转换成 listw 对象时可以创建反距离权重。首先利用 attr() 函数从 GWT 文件中提取距离列表，计算距离列表的倒数，然后通过 glist 参数传递权重：

```
> ndists <- attr(nb.d.province,"GeoDa")$dist
> length(ndists)
[1] 31
> invdist.province <- lapply(ndists, function(x) 1/x)
> lw.invdist.province <- nb2listw(nb.d.province,
+                                 glist = invdist.province)
> summary(unlist(lw.invdist.province$weights))
    Min.   1st Qu.   Median    Mean   3rd Qu.    Max.
  0.02339  0.04686  0.06779  0.09012  0.10271  1.00000
```

注意，最大权重为 1，这是因为转换时默认将权重行标准化，只有 1 个邻居的地区，行标准化后权重值为 1。

关 键 代 码

```
columbus <- readOGR("columbus.shp")   #导入 shp 格式的地图文件
center <- coordinates(columbus)   #生成各地区中心点的坐标矩阵
nb.columbus <-poly2nb(columbus)   #基于地理邻接关系创建 nb 类型的空间权重矩阵
dist.columbus <-nbdists(nb.columbus,center)   #基于中心点坐标计算邻居间的
地理距离
lw.columbus <-nb2listw(nb.columbus)   #将 nb 类型的空间权重矩阵转换成 listw
类型
kn2 <-knearneigh(center,2)   #生成二阶近邻矩阵,这里 center 是二维坐标矩阵,应
用中可以使用空间点数据对象,但不能直接使用空间面数据对象,如 center 直接替换为 columbus
则程序会报错
nb2.columbus <- knn2nb(kn2)   #基于 K 近邻创建 nb 类型的空间权重矩阵
nb.d.columbus <- dnearneigh(center,d1,d2)   #基于地理距离创建 nb 类型的空间
权重矩阵,其中 center 可以替换成空间点数据对象,但不能是空间面数据对象,d1 是距离下限,
d2 是距离上限
read.gal("name.gal",override.id=TRUE)   #导入 Geoda 创建的 gal 格式的空间权
重矩阵
read.gwt2nb("name.gwt",region.id=NULL)   #导入 Geoda 创建的 gwt 格式的空间
权重矩阵
```

本章 R 操作视频请扫描以下二维码观看:

(推荐在 WIFI 环境下观看)

第 4 章　空间自相关及其检验

> **本章概要**
>
> 　　空间自相关是指某变量取值在空间上呈现出的系统性变化规律。比如，一个地区的取值高，周边地区的取值也高；或者一个地区的取值低，而周边地区的取值却高。识别和检验这种空间自相关是空间统计分析的起点。本章重点内容包括：单变量全局空间自相关的计算与检验，单变量局部空间自相关的计算与检验，双变量空间相关指数的计算。通过本章的学习，我们应该能够利用 R 语言计算全局莫兰指数并且绘制莫兰散点图，能够计算局部莫兰指数并绘制 LISA 图，理解并正确解释空间自相关的计算及检验结果。

空间自相关是指某变量取值在空间上呈现出的系统性变化规律，如相邻地区的变量取值相似意味着正的空间自相关，而相邻地区的变量取值截然相反则意味着负的空间自相关。空间自相关通常产生于空间单元间的相互依赖，它是事物和现象本身所固有的属性，是地理空间现象和空间过程的本质特征。正如 Goodchild 等（1992）所说，几乎所有的数据都具有空间依赖性，正是这种空间依赖性导致传统的计量经济分析有偏。由此可见，空间相关性检验是空间计量分析的关键。

4.1　单变量全局空间自相关检验

空间自相关的测度或检验与所分析的空间范围和尺度相关，通常分为全局空间自相关和局部空间自相关两类。全局空间自相关是指将所有空间单元的空间关系及变量取值考虑在内,用一个值来综合表现所有观测值的空间自相关性。局部空间自相关衡量的则是某个特定空间观测值与其他观测值的相关性。与全局空间自相关的单一计算结果不同,每个空间单元都可得到一个局部空间自相关值,这些值与全局空间自相关成比例。因此,局部空间自相关可以看作全局空间自相关在空间单元上的分解,表明了变量取值在该观测值周边的空间聚集程度。

度量全局空间自相关的两个主要指标是 Moran's I 统计量和 Geary's C 统计量。

4.1.1 Moran's I 统计量

Moran's I 统计量也称莫兰指数,其计算公式为:

$$I = \frac{\sum_{i=1}^{n}\sum_{j=1}^{n}w_{ij}(y_i-\bar{y})(y_j-\bar{y})}{S^2\sum_{i=1}^{n}\sum_{j=1}^{n}w_{ij}} \tag{4.1}$$

其中,n 是空间单元总数,w_{ij} 是空间权重,y_i 是第 i 个地区的观测值,$\bar{y}=\frac{1}{n}\sum_{i=1}^{n}y_i$,$S^2=\frac{1}{n}\sum_{i=1}^{n}(y_i-\bar{y})^2$。可以看出,Moran's I 统计量的形式与皮尔逊相关系数一致,区别在于这里将两个变量间的关系转换成同一变量与其空间滞后项之间的关系。

全局 Moran's I 统计量的取值范围为[-1,1],其值大于 0 时表明数据呈现空间正自相关,且越接近 1,空间正自相关程度越强;其值小于 0 时为空间负自相关,且越接近-1,空间负自相关程度越强。

Moran's I 统计量不仅可以用来度量空间自相关程度,还可以用来检验空间自相关的统计显著性。统计量的期望为 $E(I)=-1/(n-1)$,方差取决于随机假设(y 服从均匀分布)还是正态假设(y 服从正态分布),检验统计量为

$z = (I - E(I))/\sqrt{Var(I)}$,检验原假设是不存在空间自相关。因此,拒绝原假设意味着在给定的显著性水平下空间观测值之间存在自相关。

在 R 中计算并检验空间自相关的函数是 spdep 程序包中的 moran.test(),其用法是:

```
> moran.test(x, listw, randomization = TRUE, alternative = "greater",
zero.policy = NULL, ...)
```

其中,x 是待检验的空间观测值向量;listw 是空间权重对象;randomization 缺省值是 TRUE,表示在随机假设下计算统计量的方差,如果设定为 FALSE 则基于正态分布假设计算统计量的方差;alternative 指备择假设的形式,在 "greater"(缺省值)、"less"和"two.sided"三者之间选择。

下面以美国哥伦布市的犯罪数据为例,说明 Moran's I 全局空间自相关检验的步骤及结果。

首先,将示例数据和地图文件读入 R:

```
> library(spdep)
> columbus <- st_read("columbus.shp")
Reading layer `columbus' from data source `W:\Examples\ch4moran\columbus\columbus.shp' using driver `ESRI Shapefile'
Simple feature collection with 49 features and 20 fields
geometry type:  POLYGON
dimension:      XY
bbox:           xmin: 5.874907 ymin: 10.78863 xmax: 11.28742 ymax: 14.74245
geographic CRS: WGS 84
```

这里用 sf 程序包中的 st_read()函数读取 shp 文件,加载 spdep 程序包时系统会自动加载 sf 程序包。使用 st_read()函数导入的文件类型是 sf 和 data.frame:

```
> class(columbus)
[1] "sf"         "data.frame"
```

sf 类型的空间数据对象可以直接使用 plot()函数绘制变量的空间分布图,如图 4-1 所示。另外,ggplot2 程序包中的 geom_sf()函数也可以用来绘制 sf

类型的空间数据的分位数图或热力图等。当然空间面数据类型的数据对象也可以使用 geom_polygon()函数绘图，只是数据处理相对复杂一些，详细情况请参考函数的帮助文档。这里推荐使用 sf 类型的空间数据对象。

```
> plot(columbus["CRIME"])
```

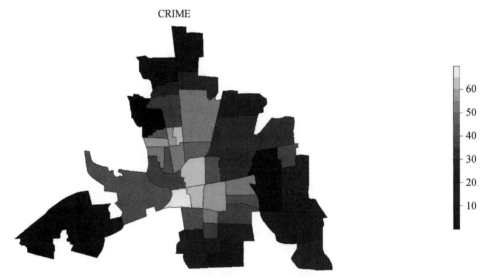

图 4-1　哥伦布市犯罪数据的空间分布

从犯罪数据的空间分布可以看出，犯罪数量较高的地区集中在城市中心区域，而城市边缘地区的犯罪数量较少，犯罪数量呈现正的空间自相关性。下面根据 Moran's I 及其 z 统计量对空间自相关的统计显著性进行检验。首先基于第 3 章的方法，构建邻居列表对象，进而生成 listw 类型的空间权重对象：

```
> nb <- poly2nb(columbus)
> summary(nb)
Neighbour list object:
Number of regions: 49
Number of nonzero links: 236
Percentage nonzero weights: 9.829238
Average number of links: 4.816327
Link number distribution:

 2  3  4  5  6  7  8  9 10
```

```
 5  9 12  5  9  3  4  1  1
5 least connected regions:
1 6 42 46 47 with 2 links
1 most connected region:
20 with 10 links
> lw <- nb2listw(nb)
```

利用 moran.test()函数进行检验，结果如下：

```
> moran.test(columbus$CRIME,lw)

    Moran I test under randomisation

data: columbus$CRIME
weights: lw

Moran I statistic standard deviate = 5.5894,
p-value = 1.139e-08
alternative hypothesis: greater
sample estimates:
Moran I statistic      Expectation         Variance
      0.500188557     -0.020833333      0.008689289
```

结果显示，这是基于随机假设计算出的 Moran's I 统计量的值，其值为 0.5002（经四舍五入，下同），期望为-0.0208，方差为 0.0087，标准化后的 z 值为 5.5894，相应的 p 值为 1.139e-8。因此在所有常用的显著性水平下，我们有理由相信哥伦布市的犯罪数量呈现显著的空间正相关性。

还要注意以下几点：

第一，moran.test 的检验是基于正态或随机假设进行的，参数 randomisation 默认的是随机假设，可设置 randomisation=FALSE 进行基于正态假设的检验：

```
> moran.test(columbus$CRIME,lw,randomisation=FALSE)

    Moran I test under normality

data: columbus$CRIME
weights: lw
```

```
Moran I statistic standard deviate = 5.6303,
p-value = 8.994e-09
alternative hypothesis: greater
sample estimates:
Moran I statistic        Expectation         Variance
       0.500188557      -0.020833333      0.008563413
```

可以看到,基于正态假设的犯罪数量仍能通过 1% 的显著性水平检验,表明其存在空间正相关性。

第二,moran.test 默认的是单侧检验,若要进行双侧检验,则必须设置参数 alternative="two.sided":

```
> moran.test(columbus$CRIME,lw,alternative="two.sided")

    Moran I test under randomisation

data:  columbus$CRIME
weights: lw

Moran I statistic standard deviate = 5.5894,
p-value = 2.279e-08
alternative hypothesis: two.sided
sample estimates:
Moran I statistic        Expectation         Variance
       0.500188557      -0.020833333      0.008689289
```

可以发现,单侧检验和双侧检验除 p 值外,其余的均相同,单侧检验的 p 值是双侧检验的 0.5 倍。

第三,考虑到很多实际应用会使用变量的对数形式,也可对变量的对数形式进行 Moran's I 检验。log(CRIME) 基于正态假设的 Moran's I 检验结果如下所示:

```
> moran.test(log(columbus$CRIME),lw,randomisation=FALSE)

    Moran I test under normality
```

```
data: log(columbus$CRIME)
weights: lw

Moran I statistic standard deviate = 0.51899,
p-value = 0.3019
alternative hypothesis: greater
sample estimates:
Moran I statistic      Expectation         Variance
      0.027193518      -0.020833333      0.008563413
```

可以看到，log(CRIME)的 Moran's I 为 0.0272，z 值为 0.5190，p 值为 0.3019，不能通过显著性检验，表明 log(CRIME)不存在空间自相关性。此外，log（CRIME）和 CRIME 的 Moran's I 的期望和方差相同，这也表明 Moran's I 统计量的期望和方差由空间权重决定，与变量无关。

4.1.2 Geary's C 统计量

Geary's C 统计量由 Getis 和 Ord（1992）提出，其计算公式为：

$$C = \frac{(n-1)\sum_{i=1}^{n}\sum_{j=1}^{n}w_{ij}(y_i-y_j)^2}{2\left(\sum_{i=1}^{n}\sum_{j=1}^{n}w_{ij}\right)\sum_{i=1}^{n}(y_i-\overline{y})^2} \tag{4.2}$$

由公式（4.2）可以看出，Geary's C 衡量的是空间观测值两两之间的差，在无空间自相关的假设下，此差值大小变化应无规律可循。标准化之后，Geary's C 的期望值为 1。检验时，样本值显著小于 1 则表明存在空间正自相关，样本值显著大于 1 则表明存在空间负自相关。显然，Geary's C 与 Moran' I 存在负相关关系：空间正自相关性越强，Geary's C 越小，而 Moran' I 越大。

以哥伦布市犯罪数据为例，基于一阶邻接空间权重进行空间自相关的 Geary's C 检验结果如下：

```
> geary.test(columbus$CRIME,lw)

    Geary C test under randomisation
```

```
data: columbus$CRIME
weights: lw

Geary C statistic standard deviate = 4.7431,
p-value = 1.053e-06
alternative hypothesis: Expectation greater than statistic
sample estimates:
Geary C statistic        Expectation         Variance
     0.540528203         1.000000000         0.009384264
```

与 Moran's I 检验的结果类似，Geary's C 统计量的值为 0.5405，z 值为 4.7431，p 值为 1.053e-06，在 1% 的显著性水平下显著，表明哥伦布市的犯罪数据具有很强的空间正相关性。

类似地，geary.test() 也可通过设置参数 randomisation 和 alternative 分别进行基于正态假设的检验和双边检验，所得结论与 Moran's I 检验的结论一致。

4.2 单变量局部空间自相关检验

4.2.1 局部 Moran's I 指数

全局空间自相关指标用单一数值衡量空间整体特征，即使空间正自相关显著，也并不意味着所有空间个体与其邻居之间都具有正相关关系。因此，每个空间个体的相关性特征就显得很有意义。Anselin（1995）提出了局部空间联系的测度指标：LISA（local indicator of spatial association），它是全局空间相关性测度指标（如 Moran's I 或 Geary's C）的空间分解，即局部空间相关指标的和等于未标准化的全局空间相关指标。LISA 值不仅能够反映每个空间个体与其周边邻居的相关性特征，还能用来识别"集群区"——高值或低值集聚区，以及"热点区"——与周边邻居取值完全不同的地区。

局部 Moran's I 指数定义为：

$$I_i = \frac{(y_i - \bar{y})}{S^2} \sum_{j \neq i} w_{ij}(y_j - \bar{y}) \qquad (4.3)$$

其中 S^2 同公式（4.1）中的定义。正的 I_i 表示一个高值被高值包围的地区，或者一个低值被低值包围的地区；负的 I_i 表示一个高值被低值包围的地区，或者一个低值被高值包围的地区。

局部 Moran's I 指数的期望为：

$$E(I_i) = -\frac{1}{n-1} \sum_{j=1}^{n} w_{ij} \qquad (4.4)$$

可以构造 z 统计量对局部空间相关性进行检验，从统计上识别空间集群。在 R 中，计算局部 Moran's I 指数并进行统计检验的函数是 localmoran()，美国哥伦布市犯罪数据的局部 Moran's I 指数检验结果如下：

```
> lisa <- localmoran(columbus$CRIME, lw)
> str(lisa)
 'localmoran' num [1:49, 1:5] 0.73682 0.52878 0.09385 0.00482 0.30361 ...
 - attr(*, "dimnames")=List of 2
  ..$: chr [1:49] "1" "2" "3" "4" ...
  ..$: chr [1:5] "Ii" "E.Ii" "Var.Ii" "Z.Ii" ...
 - attr(*, "call")= language localmoran(x = columbus$CRIME, listw = lw)
> head(lisa)
        Ii          E.Ii        Var.Ii     Z.Ii        Pr(z>0)
1  0.736818491  -0.02083333  0.4769225  1.09709892  0.1362991
2  0.528777013  -0.02083333  0.3112215  0.98519031  0.1622653
3  0.093850742  -0.02083333  0.2283710  0.23998421  0.4051712
4  0.004820967  -0.02083333  0.2283710  0.05368336  0.4785937
5  0.303606125  -0.02083333  0.1040952  1.00558383  0.1573079
6 -0.181570517  -0.02083333  0.4769225 -0.23275149  0.5920228
```

Ii 为每个地区的局部 Moran's I 指数，E.Ii 为局部 Moran's I 指数的期望值，Var.Ii 为局部 Moran's I 指数的方差，Z.Ii 为标准化之后的局部 Moran's I 指数的 z 值，Pr（z>0）是单侧检验的 p 值，默认 alternative 的参数值为"greater"，可以使用"two.sided"进行双侧检验。

在 5%显著性水平下，p 值小于 0.05 的地区呈现显著空间自相关性。查看局部空间相关性显著的区域：

```
> sgnf <- which(lisa[,"Pr(z > 0)"] < 0.05)
> str(sgnf)
 Named int [1:16] 11 12 14 15 16 23 25 28 29 30 ...
 - attr(*, "names")= chr [1:16] "11" "12" "14" "15" ...
> sgnf
11 12 14 15 16 23 25 28 29 30 31 32 36 39 40 46
11 12 14 15 16 23 25 28 29 30 31 32 36 39 40 46
```

结果显示两行数字是因为 which() 函数的返回结果是带名称属性的对象，第一行名称对应的是地区 ID，第二行整数对应的是 LISA 矩阵中 p 值小于 0.05 的行。因为本例中的地区 ID 用的是自然数序列，所以结果显示了两行完全相同的数字。

在 R 中也可以利用 ggplot2 程序包的绘图函数将 LISA 结果显示在地图上。以局部空间自相关的显著性水平为例，首先利用 cut() 函数将 LISA 的 p 值按显著性水平分组，加入 columbus 数据框中：

```
> columbus$pr <- cut(lisa[,"Pr(z > 0)"],
+                    breaks = c(0,0.01,0.05,0.1,1))
> str(columbus$pr)
 Factor w/ 4 levels "(0,0.01]","(0.01,0.05]",..: 4 4 4 4 4 4 4 4 4 ...
> head(columbus$pr)
[1] (0.1,1] (0.1,1] (0.1,1] (0.1,1] (0.1,1] (0.1,1]
Levels: (0,0.01] (0.01,0.05] (0.05,0.1] (0.1,1]
```

加载 ggplot2 程序包并绘制地图，结果如图 4-2 所示：

```
> library(ggplot2)
> ggplot(columbus) +
  geom_sf(aes(fill = pr)) +
  scale_fill_discrete(type=c("red","orange","green","lightgrey")) +
  theme(axis.text=element_blank(),
        axis.ticks=element_blank(),
        panel.grid=element_blank())
```

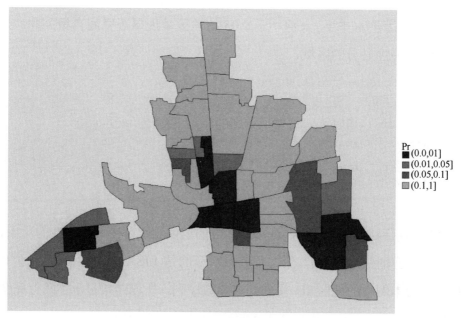

图 4-2 局部空间自相关的显著性水平分布

4.2.2 莫兰散点图

还可以使用莫兰散点图研究变量的局部空间特征，其中每个点的横坐标为变量的观测值，纵坐标为变量的空间滞后值，即周边邻居的加权平均值。全局 Moran's I 是这些散点回归线的斜率，反映了观测变量与其空间滞后项之间的线性关系，如图 4-3 所示。另外，图中变量均值点处的两条虚线将图形分成四个象限。第Ⅰ象限对应 HH（High-High）地区，本地变量观测值高于平均值，周边邻居的加权平均值也高于平均值；第Ⅱ象限对应 LH（Low-High）地区，本地变量观测值低于均值，但周边邻居的加权值却高于均值；第Ⅲ象限对应 LL（Low-Low）地区，本地变量观测值与周边邻居的加权值都低于变量的均值；第Ⅳ象限对应 HL（High-Low）地区，本地变量观测值高于均值，但周边邻居的加权值却低于均值。位于第Ⅰ和第Ⅲ象限意味着空间正自相关，而位于第Ⅱ和第Ⅳ象限则意味着空间负自相关。

在图 4-3 中，横轴是各地区的犯罪数量，纵轴是犯罪数量的空间滞后项，即每个空间单元周边邻居的犯罪数量。两条虚线分别代表均值线，它们将图形分成四个象限。图中大部分点落在第Ⅰ和第Ⅲ象限，表明变量存在空间正自相关。

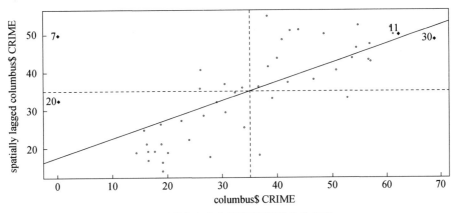

图 4-3　哥伦布市犯罪数量的莫兰散点图

莫兰散点图由 spdep 程序包中的 moran.plot()函数实现，它的参数设置是变量名，紧跟着 listw 类别的空间权重对象：

```
> moran.plot(columbus$CRIME,lw)
```

4.3　双变量莫兰指数

空间自相关衡量的是本地变量与其空间滞后项之间的相关性。在很多研究中，本地变量的取值不仅与周边邻居同一变量的取值相关，还与周边邻居其他变量的取值相关。比如本地房价不仅受到周边地区房价的影响，还受到周边地区犯罪率的影响。因此，研究本地房价与周边邻居犯罪率的相关性也具有实际意义。

与单变量 Moran's I 的计算方式相似，双变量莫兰指数的计算公式为：

$$I_2 = \frac{\sum_{i=1}^{n}\sum_{j=1}^{n}w_{ij}(y_i-\bar{y})(x_j-\bar{x})}{S_y S_x \sum_{i=1}^{n}\sum_{j=1}^{n}w_{ij}} \tag{4.5}$$

其中

$$S_y = \sqrt{\frac{1}{n}\sum_{i=1}^{n}(y_i - \overline{y})^2}, S_x = \sqrt{\frac{1}{n}\sum_{i=1}^{n}(x_i - \overline{x})^2}$$

R 中没有可以直接计算双变量莫兰指数的函数，需要根据公式（4.5）逐步运算。以美国哥伦布市的房价和犯罪数据为例，研究周边犯罪率与当地房价的关系，此双变量莫兰指数的计算过程如下：

首先计算房价和犯罪率两变量的离差。

```
> dhoval <- columbus$HOVAL - mean(columbus$HOVAL)
> dcrime <- columbus$CRIME - mean(columbus$CRIME)
```

然后计算犯罪率的空间滞后变量。注意，lag.listw()函数的第一个参数是 listw 类型的空间权重对象，第二个参数是要计算的变量。

```
> slag.dcrime <- lag.listw(lw, dcrime)
```

最后计算双变量莫兰指数。

```
> numerator <- sum(dhoval*slag.dcrime)
> denominator <- sqrt(sum(dhoval^2))*sqrt(sum(dcrime^2))
> (I2 <- numerator/denominator)
[1] -0.2406126
```

双变量莫兰散点图如图 4-4 所示。

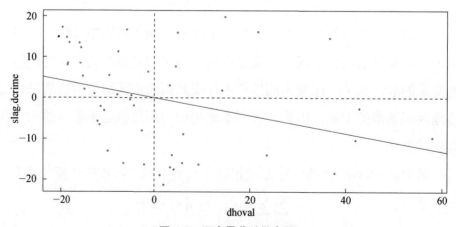

图 4-4　双变量莫兰散点图

```
> plot(dhoval,slag.dcrime)
> abline(h=0,v=0,lty=2)   #标出零值线
> abline(lm(slag.dcrime~dhoval))   #标出回归线
```

关 键 代 码

```
moran.test(columbus$CRIME,lw.columbus)   #基于空间权重矩阵 lw.columbus 计算 columbus 中变量 CRIME 的莫兰指数,并给出空间自相关检验的结果
geary.test(columbus$CRIME, lw.columbus)   #空间自相关的 Geary 检验
moran.plot(columbus$CRIME,lw.columbus)   #绘制莫兰散点图
lag.listw(lw.columbus, columbus$CRIME)   #生成变量 CRIME 的空间滞后变量
lisa<-localmoran(columbus$CRIME, lw.columbus)   #计算局部莫兰指数并储存在变量 lisa 中
columbus$pr< cut(lisa[, "Pr(z>0)"], breaks=c(0,0.01,0.05,0.1,1))   #将局部莫兰指数检验的 p 值按(0,0.01]、(0.01,0.05]、(0.05,0.1]、(0.1,1]分成四组,并将分组结果命名为 pr,储存到 columbus 数据框中
{ggplot(columbus)+
geom_sf(aes(fill = pr))+
scale_fill_discrete(type=c("red","orange","green","lightgrey")+
theme(axis.text=element_blank(),axis.ticks=element_blank(),panel.grid=clement_blank())}   #绘制 LISA 图
```

本章 R 操作视频请扫描以下二维码观看：

（推荐在 WIFI 环境下观看）

第 5 章 空间滞后模型

本章概要

基本的截面数据空间计量模型包括空间滞后模型（spatial lag model，SLM）、空间误差模型（spatial error model，SEM）和空间杜宾模型（spatial Durbin model，SDM）。三种空间计量模型的主要区别在于所反映的空间相关的形式不同：空间滞后模型的空间相关体现在模型的因变量上；空间误差模型的空间相关体现在模型的随机误差项（即不可观测的影响因素）上；空间杜宾模型的空间相关不仅体现在因变量上，还体现在因变量和自变量的双变量空间关系上。本章首先介绍空间滞后模型，重点内容包括建立并估计空间滞后模型的一般过程、解释回归结果、对空间效应进行分解等。通过本章的学习，我们应该掌握空间滞后模型的相关理论，能够处理空间权重矩阵中的"地区编号""孤岛"等问题，熟悉估计函数中各种参数的设定，能够基于估计结果计算核心解释变量的直接效应和间接效应，理解并解释各种估计和计算结果的经济含义。

5.1 模型创建

空间滞后模型是在传统线性回归模型的基础上加入被解释变量的空间滞后项，其模型表达式为：

$$y = \rho W y + X\beta + \varepsilon, \ \varepsilon \sim N\left[0, \ \sigma^2 I\right] \tag{5.1}$$

其中，$y = (y_1, y_2, \cdots, y_n)'$ 为被解释变量，X 为解释变量矩阵，$\beta = (\beta_1, \beta_2, \cdots, \beta_k)'$

为参数向量，ε 为随机误差项，ρ 为空间自回归系数，$\boldsymbol{W}$ 为空间权重矩阵，$\boldsymbol{Wy}$ 为空间滞后项。因为空间滞后项类似于时间序列分析中的时间滞后项，所以空间滞后模型也称空间自回归模型（spatial autoregressive model，SAR）。

空间自回归系数 ρ 反映了被解释变量 y 的空间自相关性，但不同于空间自相关系数。首先，空间自回归系数的值不一定位于[-1,1]区间；其次，ρ 的值与模型中所包含的其他解释变量有关，它衡量的是在控制其他解释变量不变的情况下，周边邻居因变量对本地因变量的影响。

5.2 模型估计

在空间滞后模型中，存在被解释变量 y 的空间滞后项，它是内生变量，与随机误差项相关，由此普通最小二乘估计（OLS）将不再适用，目前最常用的估计方法是极大似然估计（ML）。

首先，模型（5.1）可变形为：
$$(I-\rho W)y = X\beta + \varepsilon$$
$$y = (I-\rho W)^{-1} X\beta + (I-\rho W)^{-1}\varepsilon \tag{5.2}$$

因此，有
$$E(y) = (I-\rho W)^{-1} X\beta \tag{5.3}$$
$$E\left((y-E(y))(y-E(y))^T\right) = \sigma^2(I-\rho W)^{-1}(I-\rho W)^{-T} = \sigma^2\boldsymbol{\Omega} \tag{5.4}$$

于是，可以构造 y 的对数似然函数为：
$$\ln L = C - \frac{1}{2}\ln|\sigma^2\boldsymbol{\Omega}| - \frac{1}{2\sigma^2}\left[y-(I-\rho W)^{-1}X\beta\right]' \times \boldsymbol{\Omega}^{-1}\left\{y-(I-\rho W)^{-1}X\beta\right\} \tag{5.5}$$

因为
$$|\sigma^2\boldsymbol{\Omega}| = \sigma^{2n}\left|(I-\rho W)^{-1}(I-\rho W)^{-T}\right| = \sigma^{2n}|(I-\rho W)|^{-2} \tag{5.6}$$

所以，最终有对数似然函数：

$$\ln L = C - \frac{n}{2}\ln\sigma^2 + \ln\left|(I-\rho W)\right| - \frac{1}{2\sigma^2}\left[y-(I-\rho W)^{-1}X\beta\right]' \times$$
$$(I-\rho W)'(I-\rho W)\left[y-(I-\rho W)^{-1}X\beta\right]$$
$$= C - \frac{n}{2}\ln\sigma^2 + \ln\left|(I-\rho W)\right| -$$
$$\frac{1}{2\sigma^2}\left[(I-\rho W)y - X\beta\right]'\left[(I-\rho W)y - X\beta\right] \quad (5.7)$$

C 是与参数无关的常数，根据对数似然函数的一阶极值条件，最大化式(5.7)，即可得到参数 σ^2、β、ρ 的估计值。

直接最大化式（5.7）比较困难，根据一阶极值条件，参数 ρ 的集中对数似然函数为：

$$\ln L(\rho) = \kappa + \ln\left|I-\rho W\right| - (n/2)\ln\left[S(\rho)\right]$$
$$S(\rho) = e(\rho)'e(\rho) = e_0'e_0 - 2\rho e_0'e_d + \rho^2 e_d'e_d$$
$$e(\rho) = e_0 - \rho e_d$$
$$e_0 = y - X\beta_0 \quad (5.8)$$
$$e_d = Wy - X\beta_d$$
$$\beta_0 = (X'X)^{-1}X'y$$
$$\beta_d = (X'X)^{-1}X'Wy$$

这样就可以将多变量极值函数转变为单变量极值函数，很容易求得 ρ 的极大似然估计值，然后代入 $\beta_0 - \rho\beta_d$ 和 $(1/n)(e_0 - \rho e_d)'(e_0 - \rho e_d)$，即可得到 β 和 σ^2 的极大似然估计值。

在 R 中，估计空间滞后模型的函数是 spatialreg 程序包中的 lagsarlm()，其用法是：

```
> lagsarlm(formula, data = list(), listw, Durbin = FALSE, method =
"eigen", ...)
```

其中，formula 是模型公式（详见 2.2.3 节），注意这里公式中不需要加入因变量的空间滞后项；data 是公式所涉及变量的数据框，如果省略，则在当前工作空间中需有对应的变量；listw 是空间权重对象①；Durbin 是估计空间杜宾模型时使用的参数，详见第 7 章；通过参数 method 的设定可以选择计算方法，默认设置是"eigen"，即通过特征根计算雅可比行列式再进行极大似然估计，另外两种方法"spam"和"Matrix_J"要求权重矩阵严格对称，分别对应"B"和"C"型的空间权重对象。常用的空间权重矩阵进行了行标准化且不一定严格对称，一般选用默认的"eigen"方法即可。

5.3 应用举例

本节以政府支持对科技创新的影响为例，说明空间滞后模型的估计及检验过程。政府对科技创新的支持包括直接支持和间接支持两种。直接支持，如政府对科技创新活动直接给予财政拨款，这有助于企业降低创新成本和风险；间接支持，如政府制定并实施的有利于科技创新的政策制度等，这有助于引导社会资金流向企业的科技创新，从而促进科技创新的发展。从空间角度来看，政府对当地科技创新的支持一方面通过示范效应带动邻近地区科技创新的发展，另一方面通过技术溢出和要素流动等途径提高邻近地区的科技发展水平。基于此，本节以 2016 年中国 285 个地级及以上城市的数据为样本，建立空间模型，分析政府支持对科技创新的直接影响以及空间溢出效应。

根据数据可得性，本节选用"城市创新力指数"来衡量科技创新（inno）②，用各城市财政支出中科学技术支出占比来衡量政府支持（gov）。控制变量包括：以城市人均 GDP 来衡量的经济发展水平（pgdp），以第二产业和第三产业的比值来衡量的产业结构（stru），以城市固定资产投资占 GDP 比重来衡量

---

① 估计空间滞后模型时通常需要给出这三个参数值，其他参数使用缺省值。
② "城市创新力指数"来源于复旦大学产业发展研究中心等编制的《中国城市和产业创新力报告 2017》，这份报告计算了 2005—2016 年全国 338 个城市的创新力指数。作为示例，本节仅选取其中 2016 年 285 个城市的数据。

的投资水平（inv），以实际利用外商投资额来衡量的对外开放水平（fdi）。所构建的空间滞后模型形式如下：

$$\log(inno)_i = \rho W \log(inno)_i + \beta gov_i + \alpha_0 + \alpha_1 pgdp_i + \alpha_2 stru_i + \alpha_3 inv_i + \alpha_4 fdi_i + \varepsilon_i \tag{5.9}$$

其中，ρ 是空间自回归系数，反映了因变量的空间效应，即周边科技创新发展水平对本地科技创新发展水平的影响；β 是政府支持的系数，反映了本地政府支持对本地科技创新的即期影响；$\boldsymbol{\alpha} = (\alpha_0, \alpha_1, \cdots, \alpha_4)'$ 是截距项及控制变量的系数。

首先设定工作文件目录，加载程序包并导入数据文件：

```
> setwd("W:/Examples/ch5sar")
> library(spdep)
> library(rgdal)
> cities <- readOGR("cities285.shp")
OGR data source with driver: ESRI Shapefile
Source: "W:\Examples\ch5sar\cities285.shp", layer: "cities285"
with 285 features
It has 1 fields
Integer64 fields read as strings:  QUUA
> dataset <- read.csv("dataset.csv")
```

本例所使用的 shp 文件中，各地区的编号是 0 至 284，与各地区的位置编号 1 至 285 不一致，调整空间权重矩阵时容易出问题，因此，使用函数 spChFIDs() 重新设置各地区的编号代码：

```
> cities <- spChFIDs(cities, as.character(cities@data$QUUA))
```

生成一阶邻接的邻居列表对象：

```
> nb <- poly2nb(cities)
> summary(nb)
Neighbour list object:
Number of regions: 285
Number of nonzero links: 1410
Percentage nonzero weights: 1.735919
Average number of links: 4.947368
```

```
6 regions with no links:
3309 4601 4602 6301 6501 6502
Link number distribution:

 0  1  2  3  4  5  6  7  8  9 10
 6  4 22 34 40 59 69 27 15  8  1
4 least connected regions:
3710 5104 5305 5307 with 1 link
1 most connected region:
1409 with 10 links
```

由描述性统计可以看出，有 6 个"孤岛"城市，分别为：

```
> (zero.nb <- which(card(nb)==0))  # 确定"孤岛"城市的下标位置
[1]  90 223 224 278 284 285
> dataset$city[zero.nb]  # 列出"孤岛"城市名称
[1] 舟山市    海口市    三亚市    西宁市    乌鲁木齐市    克拉玛依市
```

为了避免估计过程中无邻居城市的影响，给所有"孤岛"城市添加距离最近的城市作为其邻居：

```
> knn1 <- knearneigh(coordinates(cities))
> for (i in 1:length(zero.nb)) {
+   nb[[zero.nb[i]]] <- knn1$nn[zero.nb[i]]
+ }
> summary(nb)
Neighbour list object:
Number of regions: 285
Number of nonzero links: 1416
Percentage nonzero weights: 1.743306
Average number of links: 4.968421
Link number distribution:

 1  2  3  4  5  6  7  8  9 10
10 22 34 40 59 69 27 15  8  1
10 least connected regions:
3309 3710 4601 4602 5104 5305 5307 6301 6501 6502 with 1 link
1 most connected region:
1409 with 10 links
```

根据第 4 章的方法,模型因变量的空间自相关检验结果为:

```
> lw <- nb2listw(nb)
> moran.test(log(dataset$inno), lw)

    Moran I test under randomisation

data:  log(dataset$inno)
weights: lw

Moran I statistic standard deviate = 8.6511, p-value <
2.2e-16
alternative hypothesis: greater
sample estimates:
Moran I statistic       Expectation          Variance
     0.343666873       -0.003521127       0.001610608
```

Moran's I 指数为 0.3437,z 统计量为 8.6511,p 值为 2.2e-16,表明科技创新存在显著的空间自相关。普通最小二乘回归模型残差的空间自相关检验也表明存在显著的空间自相关,因此有必要建立空间回归模型进行分析。

```
> fm <- log(inno) ~ gov + pgdp + stru + inv + fdi
> ols <- lm(fm, data = dataset)
> moran.test(resid(ols),lw)

    Moran I test under randomisation

data:  resid(ols)
weights: lw

Moran I statistic standard deviate = 4.7343, p-value =
1.099e-06
alternative hypothesis: greater
sample estimates:
Moran I statistic       Expectation          Variance
     0.186079570       -0.003521127       0.001603849
```

空间滞后模型的估计结果为:

```
> library(spatialreg)
> slm <- lagsarlm(fm, data = dataset, lw)
> class(slm)
[1] "sarlm"
> names(slm)
 [1]  "type"             "dvars"            "rho"
 [4]  "coefficients"     "rest.se"          "LL"
 [7]  "s2"               "SSE"              "parameters"
[10]  "logLik_lm.model"  "AIC_lm.model"     "method"
[13]  "call"             "residuals"        "opt"
[16]  "tarX"             "tary"             "y"
[19]  "X"                "fitted.values"    "se.fit"
[22]  "similar"          "ase"              "rho.se"
[25]  "LMtest"           "resvar"           "zero.policy"
[28]  "aliased"          "listw_style"      "interval"
[31]  "fdHess"           "optimHess"        "insert"
[34]  "trs"              "LLNullLlm"        "timings"
[37]  "f_calls"          "hf_calls"         "intern_classic"
> summary(slm)

Call:lagsarlm(formula = fm, data = dataset, listw = lw)

Residuals:
     Min        1Q      Median       3Q        Max
 -3.71577   -0.59018   0.06275   0.58364    2.57531

Type: lag
Coefficients: (asymptotic standard errors)
              Estimate       Std. Error     z value    Pr(>|z|)
(Intercept)   6.1540e-01     2.8445e-01     2.1635     0.030505
gov           1.7571e+01     3.8152e+00     4.6056     4.112e-06
pgdp          1.5726e-05     2.7146e-06     5.7932     6.906e-09
stru         -3.4620e-01     1.6101e-01    -2.1501     0.031547
inv          -5.7006e-01     2.0378e-01    -2.7974     0.005152
fdi           2.5412e-03     3.9006e-04     6.5149     7.276e-11

Rho: 0.24605, LR test value: 16.967, p-value: 3.8037e-05
Asymptotic standard error: 0.058447
```

```
       z-value: 4.2097, p-value: 2.5569e-05
Wald statistic: 17.722, p-value: 2.5569e-05

Log likelihood: -417.1753 for lag model
ML residual variance (sigma squared): 1.0789, (sigma: 1.0387)
Number of observations: 285
Number of parameters estimated: 8
AIC: 850.35, (AIC for lm: 865.32)
LM test for residual autocorrelation
test value: 2.2926, p-value: 0.12999
```

从估计结果可以看到，空间自回归系数 Rho 为 0.2461，LR 检验的 p 值为 3.8037e-05，渐近 z 检验的 p 值为 2.5569e-05，Wald 检验的 p 值也是 2.5569e-05，因此空间自回归系数显著不为 0，周边邻居科技创新水平的提高能显著提高本地科技创新发展水平。政府支持（gov）的系数为 1.7571e+01，显著性检验的 p 值为 4.112e-06，表明政府支持对本地创新存在显著的即期影响。政府支持的空间效应分解见 5.4 节。

模型的残差检验表明残差序列不存在空间自相关：

```
> moran.test(resid(slm), lw)

    Moran I test under randomisation

data:  resid(slm)
weights: lw

Moran I statistic standard deviate = 1.1146, p-value =
0.1325
alternative hypothesis: greater
sample estimates:
Moran I statistic       Expectation          Variance
     0.041142893       -0.003521127       0.001605866
```

5.4 模型回归系数的解释

在一般线性回归中,因为假设模型是线性的且各观测值相互独立,模型的回归系数代表了被解释变量对解释变量的偏导数,即:

$$\beta = \frac{\partial y_i}{\partial x_i} \quad (5.10)$$

所以,模型回归系数可以解释为其他因素保持不变时解释变量变化 1 个单位导致的因变量 y 的变化。然而,在空间滞后模型中,地区 i 的解释变量 x_i 的变化不仅对本地区的因变量 y_i 有影响,而且通过模型的空间滞后项对邻近地区的因变量 y_j 产生影响。因此,空间回归模型中的参数不能如一般线性回归模型的参数一样直接解释。

5.4.1 直接效应与间接效应理论

考虑本章空间滞后模型的一般形式:

$$y = \rho W y + \iota_n \alpha + X\beta + \varepsilon \quad (5.11)$$

在这里我们将常数项的向量 ι_n 及与其相关的参数 α 引入模型,描述向量 y 均值不为 0 的情形。模型进一步可以写成:

$$y = (I_n - \rho W)^{-1} \iota_n \alpha + (I_n - \rho W)^{-1} X\beta + (I_n - \rho W)^{-1} \varepsilon \quad (5.12)$$

$$y = \sum_{r=1}^{k} S_r(W) X_r + (I_n - \rho W)^{-1} \iota_n \alpha + (I_n - \rho W)^{-1} \varepsilon \quad (5.13)$$

其中,

$$S_r(W) = (I_n - \rho W)^{-1} \beta_r = \frac{\partial E(y)}{\partial x_r} = \begin{bmatrix} \frac{\partial E(y_1)}{\partial x_{1r}} & \cdots & \frac{\partial E(y_1)}{\partial x_{nr}} \\ \vdots & \ddots & \vdots \\ \frac{\partial E(y_n)}{\partial x_{1r}} & \cdots & \frac{\partial E(y_n)}{\partial x_{nr}} \end{bmatrix} \quad (5.14)$$

因此,一个解释变量的变化所产生的影响对各个地区来说是不同的。当地区数很多时，完整报告矩阵（5.14）是不现实的。那么，该如何总结这种影响呢？Lesage 和 Pace（2009）提出了一种总结这种效应的方法，他们把 $S_r(W)$ 矩阵的行和称为一个地区所接受的总效应，把列和称为一个地区所发出的总效应，行和或列和的均值称为平均总效应[①]；把矩阵主对角线元素的均值称为平均直接效应，而平均间接效应由平均总效应和平均直接效应之差来定义。具体定义如下：

① 平均直接效应（average direct impact，ADI），表示本地解释变量 x_r 的变化对本地被解释变量 y 的平均效应，通过计算矩阵 $S_r(W)$ 主对角线上元素的均值得到：

$$\text{ADI} = n^{-1}\sum_{i=1}^{n}\frac{\partial E(y_i)}{\partial x_{ir}} = n^{-1}tr\left[S_r(W)\right] \qquad (5.15)$$

② 所接受的平均总效应（average total impact to an observation，ATITO），表示所有地区解释变量 x_r 的变化对本地被解释变量 y 的平均效应，通过计算矩阵行和的均值得到：

$$\text{ATITO} = n^{-1}\sum_{i=1}^{n}\sum_{j=1}^{n}S_r(W)_{ij} = n^{-1}\sum_{i=1}^{n}\sum_{j=1}^{n}\frac{\partial E(y_i)}{\partial x_{jr}} \qquad (5.16)$$

③ 所发出的平均总效应（average total impact from an observation，ATIFO），表示某地区解释变量 x_r 的变化对所有地区被解释变量 y 的平均效应，通过计算矩阵列和的均值得到：

$$\text{ATIFO} = n^{-1}\sum_{j=1}^{n}\sum_{i=1}^{n}S_r(W)_{ij} = n^{-1}\sum_{j=1}^{n}\sum_{i=1}^{n}\frac{\partial E(y_i)}{\partial x_{jr}} \qquad (5.17)$$

因为 ATITO 与 ATIFO 在数值上相等，所以两者统称为平均总效应（average total impact，ATI）。

④ 平均间接效应（average indirect impact，AII），平均总效应与平均直接效应之差，即：

$$\text{AII} = \text{ATI} - \text{ADI} \qquad (5.18)$$

[①] 可以证明，矩阵行和的均值与列和的均值相等。

表示本地解释变量 x_r 的变化对所有其他地区被解释变量 y 的平均效应,即解释变量的空间溢出效应。

5.4.2 直接效应和间接效应计算

在 R 中,可利用 spatialreg 程序包中的 impacts()函数直接计算出各变量的平均直接效应、平均间接效应和平均总效应,并得到各效应的显著性水平,其用法是:

```
> impacts(obj, tr, listw = NULL, R = NULL, ...)
```

其中,obj 是 sarlm 类型的空间模型估计结果;tr 是由空间权重矩阵各次幂的迹所组成的向量,可由 trW()函数计算得到;listw 是 listw 类型的空间权重对象(注意,tr 和 listw 两个参数只需给出一个即可,通常情况下使用 listw 参数,与估计模型时使用的空间权重对象相同);R 是计算空间效应分布时进行模拟抽样的次数,此参数不能使用缺省值,否则无法对各空间效应进行显著性检验。使用 5.3 节的估计结果,计算各解释变量的空间效应,结果如下:

```
> imps <- impacts(slm, listw = lw, R = 1000)
> class(imps)
[1] "lagImpact"
> names(imps)
[1] "res"  "sres"
> summary(imps, zstats = TRUE, short = TRUE)
Impact measures (lag, exact):
      Direct           Indirect          Total
gov   1.782113e+01     5.484329e+00      2.330546e+01
pgdp  1.594988e-05     4.908464e-06      2.085835e-05
stru  -3.511205e-01    -1.080548e-01     -4.591753e-01
inv   -5.781649e-01    -1.779262e-01     -7.560910e-01
fdi   2.577324e-03     7.931532e-04      3.370477e-03

========================================================
Simulation results (asymptotic variance matrix):
========================================================
Simulated standard errors
```

```
            Direct          Indirect        Total
    gov     3.797488e+00    1.916079e+00    5.007270e+00
    pgdp    2.808688e-06    1.463179e-06    3.500467e-06
    stru    1.611570e-01    6.075385e-02    2.130206e-01
    inv     2.042132e-01    8.122013e-02    2.678611e-01
    fdi     4.173453e-04    2.890116e-04    6.224478e-04

Simulated z-values:
            Direct          Indirect        Total
    gov     4.735713        2.882429        4.694529
    pgdp    5.663758        3.313799        5.929612
    stru    -2.200003       -1.791841       -2.175410
    inv     -2.877035       -2.214177       -2.864784
    fdi     6.173141        2.777668        5.428744

Simulated p-values:
            Direct          Indirect        Total
    gov     2.1829e-06      0.00394622      2.6722e-06
    pgdp    1.4809e-08      0.00092038      3.0365e-09
    stru    0.0278066       0.07315840      0.0295994
    inv     0.0040143       0.02681661      0.0041729
    fdi     6.6947e-10      0.00547505      5.6752e-08
```

impacts()函数计算结果是 lagImpact 类型的列表对象，它含有两个子列表：res 和 sres。res 是长度为 3 的列表，分别对应直接效应（direct）、间接效应（indirect）和总效应（total）三个向量；sres 也是长度为 3 的列表，它是直接效应、间接效应和总效应对应的模拟抽样值，用来计算各效应的标准差、z 统计量和 p 值。使用 summary()函数可以得到各效应的描述性统计以及显著性检验结果。需要注意的是，使用 summary()函数时需要设定参数 zstats=TRUE 才能在报告结果中显示各效应的标准误、z 统计量及 p 值。

从上面结果中可以看出，政府支持对科技创新的直接效应为 17.8211，间接效应为 5.4843，总效应为 23.3055，从模拟分布的 p 值可知各效应在 1%的统计水平下显著。因此，一个城市科技支出占财政支出比重增加 1%，可以使本地科技创新力指数增加 $e^{0.1782}-1 \approx 19.51\%$，使其他城市科技创新力指数增加

$e^{0.0548}-1 \approx 5.63\%$。需要注意的是,平均直接效应、平均间接效应和平均总效应是指政府支持的直接效应、间接效应和总效应在各城市之间的均值。显然,Lesage 和 Pace(2009)提出的测度指标在简化了报告结果的同时,也忽略了各地区之间的差异。

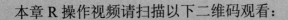

关 键 代 码

```
cities<-spChFIDs(cities,as.character(cities@data$QUUA))   #调整空间数
据对象中各地区的编号,函数要求设置的编号必须是字符型数据,这里将变量QUUA的数值转变成
了字符型作为编号
    card(nb)   #提取每个地区的邻居数量,返回值是一个向量
    slm<-lagsarlm(fm, data=dataset, lw)   #估计空间滞后模型,并将结果储存到变量
slm中,估计函数所需的三个主要参数分别是公式fm、数据集dataset和listw类型的空间权
重矩阵lw
    summary(slm)   #显示估计结果及相关统计量的值
    moran.test(resid(slm), lw)   #对模型残差进行空间自相关检验,验证模型的充分性
    imps<-impacts(slm, listw=lw, R=1000)   #计算空间滞后模型的直接效应、间接效
应和总效应
    summary(imps, zstats=TRUE, short=TRUE)   #显示空间效应的描述性统计及显著性
检验结果
```

本章 R 操作视频请扫描以下二维码观看:

(推荐在 WIFI 环境下观看)

第 6 章 空间误差模型

本章概要

实证研究中，影响因变量的不可观测的因素往往存在空间自相关，同时模型误设也可能导致随机误差带有空间自相关性，忽略这些问题可能使得参数估计无效甚至有偏，因此有必要建立空间误差模型来考虑随机误差项的空间相关。需要注意的是，这种空间相关的设定形式也使得空间误差模型无法像空间滞后模型那样计算核心解释变量的直接效应和间接效应，这极大地降低了空间误差模型对于空间效应研究者的应用价值，也是空间误差模型在实证研究中的应用明显少于空间滞后模型的原因之一。本章重点内容包括空间误差模型的极大似然估计、广义矩估计以及模型选择。通过本章的学习，我们应该掌握空间误差模型的估计函数及其参数设定，熟悉基于 OLS 回归残差的四种 LM 检验，并且能够根据检验结果在空间误差模型、空间滞后模型与空间杜宾模型之间做出选择。

从形式上来看，空间滞后模型通过加入因变量的空间滞后项，描述了因变量的空间溢出效应所导致的空间依赖。很多情况下，影响因变量的不可观测的因素也会具有空间依赖，此时可以通过设定随机误差项的空间自回归形式来体现。另外，模型误设也可能导致随机误差具有空间自相关，如遗漏变量、空间异质性等。这种描述随机误差项的空间自相关结构的模型就构成了空间误差模型。

6.1　模型创建

空间误差模型的表达式为：
$$y = X\beta + u,\ u = \lambda Wu + \varepsilon,\ \varepsilon \sim N\left(0,\ \sigma_\varepsilon^2 I\right) \tag{6.1}$$

其中，λ 为空间误差回归系数，表示邻近地区的误差冲击对本地区的影响；ε 为模型的新息，服从均值为 0 的多元正态分布；其他符号的含义同前所述。

根据模型假定可知：
$$\begin{aligned}&E(u) = 0 \\ &\text{Var}(u) = E(uu') = \sigma_\varepsilon^2 (I - \lambda W)^{-1} (I - \lambda W')^{-1} = \sigma_\varepsilon^2 \Omega\end{aligned} \tag{6.2}$$

因此，空间误差模型实质上是误差项含有自相关和异方差的传统回归模型，只是误差项中的自相关属于空间自相关，某地区发生的不确定性冲击会通过误差项的特殊协方差结构传递到相邻地区，而且这种冲击的传递也是随着距离的增加而衰减的。

6.2　模型估计

由传统回归模型的性质可知，当误差项不满足无自相关和同方差的经典假定条件时，普通最小二乘估计量虽具有无偏性和一致性，但不是有效估计。此时有效估计量为广义最小二乘（GLS）估计量，但 GLS 估计要求误差项的协方差阵已知，实际应用中通常是先估计 σ_ε^2 和 λ，再使用 GLS 估计，即可行广义最小二乘法（feasible generalized least squares，FGLS）。因此，估计空间误差模型的方法有极大似然估计和可行广义最小二乘估计。

6.2.1　极大似然估计

空间误差模型（6.1）的对数似然函数可写成（Lesage 和 Pace，2009）：

$$\ln L = -\frac{n}{2}\ln(\pi\sigma^2) + \ln|I - \lambda W| - \frac{e'e}{2\sigma_\varepsilon^2} \tag{6.3}$$

$$e = (I - \lambda W)(y - X\beta)$$

由极大似然估计的一阶极值条件可知，给定 λ：

$$\beta(\lambda) = \left[X(\lambda)'X(\lambda)\right]^{-1}X(\lambda)'y(\lambda) \tag{6.4}$$

$$\sigma_\varepsilon^2(\lambda) = \frac{e(\lambda)'e(\lambda)}{n} \tag{6.5}$$

其中，$X(\lambda) = X - \lambda WX$，$y(\lambda) = y - \lambda Wy$，$e(\lambda) = y(\lambda) - X(\lambda)\beta(\lambda)$。由此可得 λ 的集中对数似然函数：

$$\ln L(\lambda) = \kappa + \ln|I - \lambda W| - (n/2)\ln\left[e(\lambda)'e(\lambda)\right] \tag{6.6}$$

其中 κ 是与参数无关的常数。极大化式（6.6）即可得到 λ 的估计值，将此估计值代入式（6.4）和式（6.5）得到 β 和 σ_ε^2 的估计值，完成估计过程。

6.2.2 可行广义最小二乘估计

我们从最初的空间误差模型即式（6.1）出发。首先，可根据普通最小二乘法得到参数 β 的一致估计值 $\tilde{\beta}$（朱塞佩·阿尔比亚，2018）：

$$\tilde{\beta} = (X'X)^{-1}X'y \tag{6.7}$$

然后，将 $\tilde{\beta}$ 代入式（6.1）中，得到残差的估计为：

$$\hat{u} = y - X\tilde{\beta} \tag{6.8}$$

再将残差的估计值代入方程 $u = \lambda Wu + \varepsilon$ 中，得到参数 λ 的估计值 $\hat{\lambda}$。通过 $\hat{\lambda}$ 可将空间误差模型转化为如下形式：

$$(I - \hat{\lambda}W)y = (I - \hat{\lambda}W)X\beta + \varepsilon \tag{6.9}$$

最后，使用广义最小二乘法估计参数 β。

其中，最重要的就是得到参数 λ 的一致估计量，采用引入附加假定的广义矩估计（GMM）方法。假设以下三个条件均成立：

① $E(\varepsilon^4) < \infty$；

② 矩阵 W 和 $(I - \lambda W)^{-1}$ 都满足"绝对可加"；

③ 矩阵 $\boldsymbol{Q}_X = \lim_{n \to \infty} \boldsymbol{X'X}$，$\boldsymbol{Q}_1 = \lim_{n \to \infty} \boldsymbol{X'\Omega X}$，$\boldsymbol{Q}_2 = \lim_{n \to \infty} \boldsymbol{X'\Omega^{-1}X}$ 均为非奇异矩阵，其中 $\boldsymbol{\Omega} = (\boldsymbol{I} - \lambda \boldsymbol{W})^{-1}(\boldsymbol{I} - \lambda \boldsymbol{W'})^{-1}$。

空间误差模型（6.1）的标量形式可写成：
$$y_i = \boldsymbol{X}_i \boldsymbol{\beta} + u_i$$
$$u_i = \lambda \sum_{j=1}^{n} w_{ij} u_j + \varepsilon_i \tag{6.10}$$

定义：
$$\bar{u}_i = \sum_{j=1}^{n} w_{ij} u_j,\ \bar{\bar{u}}_i = \sum_{j=1}^{n} w_{ij} \bar{u}_j,\ \bar{\varepsilon}_i = \sum_{j=1}^{n} w_{ij} \varepsilon_j \tag{6.11}$$

因此，有：
$$u_i - \lambda \bar{u}_i = u_i - \lambda \sum_{j=1}^{n} w_{ij} u_j = \varepsilon_i \tag{6.12}$$
$$\bar{u}_i - \lambda \bar{\bar{u}}_i = \bar{\varepsilon}_i \tag{6.13}$$

根据式（6.12）和式（6.13）可推出 GMM 方法所需的三个矩条件。对式（6.12）和式（6.13）分别求平方和的平均数，可得到两个矩条件为：
$$\frac{1}{n} \sum_{i=1}^{n} (u_i - \lambda \bar{u}_i)^2 = \frac{1}{n} \sum_{i=1}^{n} \varepsilon_i^2 = E(\varepsilon_i^2) \tag{6.14}$$
$$\frac{1}{n} \sum_{i=1}^{n} (\bar{u}_i - \lambda \bar{\bar{u}}_i)^2 = \sum_{i=1}^{n} \frac{1}{n} \bar{\varepsilon}_i^2 = E(\bar{\varepsilon}_i^2) \tag{6.15}$$

再将式（6.12）和式（6.13）相乘并求平均数，即可得到第三个矩条件为：
$$\frac{1}{n} \sum_{i=1}^{n} (u_i - \lambda \bar{u}_i)(\bar{u}_i - \lambda \bar{\bar{u}}_i) = E(\varepsilon_i \bar{\varepsilon}_i) \tag{6.16}$$

根据模型的假设，有
$$E(\varepsilon_i^2) = \sigma_\varepsilon^2,\ E(\bar{\varepsilon}_i^2) = \sigma_\varepsilon^2 tr \frac{\boldsymbol{W'W}}{n},\ E(\varepsilon_i \bar{\varepsilon}_i) = 0 \tag{6.17}$$

将 $\hat{\boldsymbol{u}}$ 代入三个矩条件中，求解即可得到参数 λ 的一致估计量 $\hat{\lambda}$。然后，根据 $\hat{\lambda}$ 可估计空间误差模型的协方差矩阵，有：
$$\hat{\boldsymbol{\Omega}} = (\boldsymbol{I} - \hat{\lambda} \boldsymbol{W})^{-1}(\boldsymbol{I} - \hat{\lambda} \boldsymbol{W'})^{-1} \tag{6.18}$$

最后，通过广义最小二乘法估计参数 $\boldsymbol{\beta}$：
$$\hat{\boldsymbol{\beta}} = (\boldsymbol{X'\hat{\Omega}^{-1}X})^{-1} \boldsymbol{X'\hat{\Omega}^{-1}y} \tag{6.19}$$

6.3 应用举例

与空间滞后模型估计相似，R 语言中空间误差模型的极大似然估计函数是 spatialreg 程序包中的 errorsarlm()，其用法是：

```
> errorsarlm(formula, data = list(), listw, Durbin = FALSE, ...)
```

其中，formula 是模型公式，其设置与传统回归模型相同，详见 2.2.3 节；data 是公式中所涉及变量的数据框，若省略，则在当前工作空间中需要有对应的变量；listw 是空间权重对象[①]；Durbin 是估计空间杜宾误差模型（spatial Durbin error model，SDEM）时使用的参数，详见第 7 章。

空间误差模型的广义矩估计函数是 GMerrorsar()，其用法与 errorsarlm() 基本相同：

```
> GMerrorsar(formula, data = list(), listw, ...)
```

我们仍以第 5 章的数据为例，分析政府支持对科技创新的影响。因变量是以"城市创新力指数"来衡量的科技创新（inno），解释变量是以科学技术支出在财政支出中的占比来衡量的政府支持（gov），控制变量包括以城市人均 GDP 来衡量的经济发展水平（pgdp），以第二产业和第三产业的比值来衡量的产业结构（stru），以城市固定资产投资占 GDP 的比重来衡量的投资水平（inv），以实际利用外商投资额来衡量的对外开放水平（fdi）。所构建空间误差模型如下：

$$\begin{aligned}\log(inno) &= \beta gov + \alpha_0 + \alpha_1 pgdp + \alpha_2 stru + \\ &\quad \alpha_3 inv + \alpha_4 fdi + u \\ u &= \lambda Wu + \varepsilon\end{aligned} \quad (6.20)$$

首先设定工作目录，加载第 5 章的数据对象：

[①] 估计空间误差模型通常需要给出这三个参数值，其他参数使用缺省值。

```
> setwd("W:/Examples/ch6sem")
> load("W:/Examples/ch5sar/ch5sar.RData")
Loading required package: sp
> library(spdep)
> library(spatialreg)
```

采用极大似然法估计空间误差模型：

```
> sem <- errorsarlm(fm, data = dataset, listw = lw)
> class(sem)
[1] "sarlm"
> names(sem)
 [1]   "type"              "etype"             "lambda"
 [4]   "coefficients"      "rest.se"           "LL"
 [7]   "s2"                "SSE"               "parameters"
[10]   "logLik_lm.model"   "AIC_lm.model"      "coef_lm.model"
[13]   "tarX"              "tary"              "y"
[16]   "X"                 "method"            "call"
[19]   "residuals"         "opt"               "fitted.values"
[22]   "ase"               "se.fit"            "resvar"
[25]   "similar"           "lambda.se"         "LMtest"
[28]   "zero.policy"       "aliased"           "LLNullLlm"
[31]   "Hcov"              "Vs"                "interval"
[34]   "fdHess"            "optimHess"         "insert"
[37]   "trs"               "timings"           "f_calls"
[40]   "hf_calls"          "intern_classic"    "pWinternal"
[43]   "weights"           "emixedImps"
> summary(sem)

Call:errorsarlm(formula = fm, data = dataset, listw = lw)

Residuals:
      Min         1Q     Median         3Q        Max
-3.935876  -0.575320   0.097276   0.628892   2.581363

Type: error
Coefficients: (asymptotic standard errors)
          Estimate    Std. Error    z value    Pr(>|z|)
```

```
(Intercept)  9.9351e-01    3.1309e-01    3.1733    0.001507
gov          1.6559e+01    4.0221e+00    4.1170    3.839e-05
pgdp         1.9786e-05    2.8175e-06    7.0226    2.177e-12
stru        -5.2118e-01    1.6529e-01   -3.1531    0.001615
inv         -6.2601e-01    2.2524e-01   -2.7793    0.005447
fdi          2.2906e-03    3.9789e-04    5.7569    8.569e-09

Lambda: 0.35177, LR test value: 19.997, p-value: 7.756e-06
Asymptotic standard error: 0.072872
    z-value: 4.8272, p-value: 1.3846e-06
Wald statistic: 23.302, p-value: 1.3846e-06

Log likelihood: -415.6602 for error model
ML residual variance (sigma squared): 1.0513, (sigma: 1.0253)
Number of observations: 285
Number of parameters estimated: 8
AIC: 847.32, (AIC for lm: 865.32)
```

空间误差模型的极大似然估计结果是 sarlm 类型的列表对象，names()函数给出列表元素的名称，可以采用提取列表元素的方法得到。估计结果中的相关统计量由 summary()函数给出。可以看到，政府支持的系数为 16.559，在通常的检验水平下显著不为 0；误差项的空间自回归系数为 0.3518，似然比检验、渐近正态检验以及沃尔德检验都表明其显著不为 0。

空间误差模型的广义矩估计结果为：

```
> sem.gmm <- GMerrorsar(fm, data = dataset, listw = lw)
> class(sem.gmm)
[1] "gmsar"
> names(sem.gmm)
 [1] "type"         "lambda"       "coefficients"
 [4] "rest.se"      "s2"           "SSE"
 [7] "parameters"   "lm.model"     "call"
[10] "residuals"    "lm.target"    "fitted.values"
[13] "formula"      "aliased"      "zero.policy"
[16] "vv"           "optres"       "pars"
[19] "Hcov"         "legacy"       "lambda.se"
```

```
[22]    "arnoldWied"     "GMs2"           "scaleU"
[25]    "vcov"
> summary(sem.gmm)

Call:GMerrorsar(formula = fm, data = dataset, listw = lw)

Residuals:
     Min         1Q      Median         3Q         Max
  -4.23560   -0.50335    0.17069    0.71264    2.25562

Type: GM SAR estimator
Coefficients: (GM standard errors)
              Estimate      Std. Error      z value     Pr(>|z|)
(Intercept)  9.7400e-01    3.1165e-01      3.1253      0.001776
gov          1.7170e+01    4.0313e+00      4.2591      2.053e-05
pgdp         1.9625e-05    2.8257e-06      6.9450      3.785e-12
stru        -4.9885e-01    1.6649e-01     -2.9962      0.002734
inv         -6.2803e-01    2.2484e-01     -2.7932      0.005219
fdi          2.3192e-03    4.0081e-04      5.7864      7.191e-09

Lambda: 0.31365 (standard error): 0.15458 (z-value): 2.0291
Residual variance (sigma squared): 1.0708, (sigma: 1.0348)
GM argmin sigma squared: 1.0829
Number of observations: 285
Number of parameters estimated: 8
```

政府支持的系数为 17.170，在通常的检验水平下显著不为 0；误差项的空间自回归系数为 0.3137，显著不为 0，结果与极大似然估计基本相同。

6.4 模型选择

对比 5.3 节空间滞后模型和 6.3 节空间误差模型的估计结果可以看出，两个模型都能通过显著性检验，对数似然函数值显示两者几乎相同，空间误差模型的值稍大一点：

```
> logLik(slm)
'log Lik.' -417.1753 (df=8)
> logLik(sem)
'log Lik.' -415.6602 (df=8)
```

因此，从模型估计结果很难判断哪个模型更好。在空间滞后模型和空间误差模型之间进行选择，通常使用基于 OLS 残差的 LM 检验，包括 LM-Lag 检验、LM-Error 检验、稳健 LM-Lag 检验和稳健 LM-Error 检验四种。

LM-Lag 检验是在误差项不存在空间自相关时，检验因变量是否存在空间自相关。检验的原假设是因变量不存在空间自相关（对应传统非空间回归模型），备择假设是空间滞后模型。LM-Error 检验是在因变量不存在空间自相关时，检验误差项是否存在空间自相关。检验的原假设是误差项不存在空间自相关，对应的也是传统非空间回归模型，备择假设则是空间误差模型。稳健 LM-Lag 检验和稳健 LM-Error 检验是 Anselin 等（1996）对 LM-Lag 检验和 LM-Error 检验做出的改进，放松了检验的前提条件，即稳健 LM-Lag 检验不再要求误差项不存在空间自相关，稳健 LM-Error 检验不再要求因变量不存在空间自相关。

R 语言中进行 LM 检验的函数是 lm.LMtests()，其用法是：

```
> lm.LMtests(model, listw, test = "LMerr", ...)
```

其中，model 是 lm 类型的模型估计结果对象；listw 是空间权重对象，要求是行标准化的空间权重矩阵；test 是字符向量，可以在"LMerr" "LMlag" "RLMerr" "RLMlag"和"SARMA"之间进行选择，test="all"表示计算所有检验统计量。

上例中，基于 OLS 模型的 LM 检验结果为：

```
> restest <- lm.LMtests(ols, listw = lw, test = "all")
> summary(restest)
    Lagrange multiplier diagnostics for spatial
    dependence
data:
```

```
model: lm(formula = fm, data = dataset)
weights: lw

        statistic    parameter    p.value
LMerr   21.1320      1            4.287e-06  ***
LMlag   18.0695      1            2.130e-05  ***
RLMerr  4.6844       1            0.03044    *
RLMlag  1.6219       1            0.20283
SARMA   22.7539      2            1.146e-05  ***
---
Signif. codes:  0 '***' 0.001 '**' 0.01 '*' 0.05 '.' 0.1 ' ' 1
```

检验结果的判断过程为：先看 LMerr 和 LMlag，哪个显著就意味着选择哪个模型；如果两个都显著，再看 RLMerr 和 RLMlag，如果其中一个显著，则选择对应的模型；如果这两个也都显著，则需要考虑下一章要介绍的空间杜宾模型。本例中，LMerr 和 LMlag 都显著，而 RLMerr 显著但 RLMlag 不显著，所以 LM 检验结果显示应该选择空间误差模型。

◆ 关 键 代 码 ◆

```
sem<-errorsarlm(fm, data=dataset, listw=lw)   #估计空间误差模型，并将结果
储存到变量 sem 中，估计函数所需的三个主要参数分别是公式 fm、数据集 dataset 和 listw
类型的空间权重矩阵 lw
    summary(sem)   #显示估计结果及相关统计量的值
    sem.gmm<-GMerrorsar(fm, data=dataset, listw=lw)   #空间误差模型的广义矩估
计，并将结果储存到变量 sem.gmm 中，估计函数中的参数设定与极大似然估计函数
errorsarlm()相同
    restest<-lm.LMtests(ols, listw=lw, test="all")    #基于 OLS 估计结果计算模
型选择中的 LM 检验统计量
    summary(restest)   #显示检验统计量的计算结果及其对应的 $p$ 值
```

本章 R 操作视频请扫描以下二维码观看：

（推荐在 WIFI 环境下观看）

第 7 章 空间杜宾模型

> **本章概要**
>
> 空间滞后模型和空间误差模型分别模型化了因变量与误差项的空间自相关,但两个模型都没有考虑到双变量或多变量间的空间相关性。例如,当我们在探讨投资水平与地方产出的关系时,本地投资水平的提升不仅带动了本地产出的提升,还通过外部效应带动了周边地区产出的提升。此外,当我们在探讨环境品质与房价的关系时,本地环境的改善不仅带动了本地房价的上升,还通过外部效应带动了周边地区房屋增值。因此,产出与投资、房价与环境均存在明显的空间相关。为反映上述双变量间的空间相关性,通常需要在空间滞后模型的基础上加入解释变量的空间滞后项,构成空间杜宾模型。本章重点内容包括空间杜宾模型的估计以及空间效应的分解。通过本章的学习,我们应该掌握设定解释变量空间滞后项的方式,能够计算空间杜宾模型的直接效应和间接效应,理解空间效应在空间滞后模型和空间杜宾模型中的区别与联系。

7.1 模型创建

空间滞后模型和空间误差模型分别模型化了因变量与误差项的空间自相关,但两个模型都没有考虑到双变量或多变量间的空间相关性。例如,本地投资水平的提高不仅提高了本地的产出,还通过外部效应带动了周边地区产出的提升;本地环境的改善不仅提高了本地的房价,还通过外部效应使周边房屋增值。因此，产出与投资、房价与环境存在明显的空间相关。描述这种空间相关就需要在空间滞后模型或空间误差模型中增加自变量的空间滞后项，构成空间杜宾模型或空间杜宾误差模型。

空间杜宾模型的一般形式为：

$$y = \rho W_1 y + X\beta + W_2 X\theta + \varepsilon \tag{7.1}$$

其中，W_1 和 W_2 分别为因变量和自变量所对应的空间权重矩阵，二者可以相同也可以不同，通常情况下，我们假设 $W_1=W_2$ 以简化运算；θ 是参数向量，表示相邻地区的解释变量对因变量的即期边际影响；其余参数与之前所述含义相同。

空间杜宾模型也是带约束条件的空间误差模型。考虑空间误差模型：

$$y = X\beta + u, u = \lambda W u + \varepsilon \tag{7.2}$$

整理可得：

$$y - X\beta = \lambda W(y - X\beta) + \varepsilon$$
$$y = \lambda W y + X\beta + WX(-\lambda\beta) + \varepsilon \tag{7.3}$$

令 $\lambda=\rho$，$-\lambda\beta=\theta$，则式（7.3）即为空间杜宾模型。

Lesage 和 Pace（2009）提出了另一种使用空间杜宾模型的原因：模型不确定性。比如，我们面临空间滞后模型和空间误差模型的选择问题，两个模型的数据生成过程分别如式（7.4）和式（7.5）所示：

$$y_a = (I - \rho W)^{-1} X\beta + (I - \rho W)^{-1} \varepsilon \tag{7.4}$$

$$y_b = X\beta + (I - \rho W)^{-1} \varepsilon \tag{7.5}$$

由于真实数据生成过程未知，我们考虑将空间滞后模型和空间误差模型加权平均，令 p_a 和 p_b 分别代表两个模型的权重，则

$$y_c = p_a y_a + p_b y_b \tag{7.6}$$

将式（7.4）和式（7.5）代入式（7.6）并整理可得：

$$y_c = \rho W y_c + X\beta + WX\theta + \varepsilon \tag{7.7}$$

其中，$\theta=-\rho p_b \beta$。这表明，当存在模型不确定性时，使用空间杜宾模型也是一种稳健选择，它相当于"综合"了空间滞后模型和空间误差模型，避免了使

用一个模型可能存在的模型误设。

结合前两章的空间滞后模型和空间误差模型，目前空间模型共涉及因变量、自变量及误差项三种类型的空间滞后项。以此为基础可得到七种空间计量模型：

① 单考虑因变量空间滞后项的 SLM 模型：
$$y = \rho Wy + X\beta + \varepsilon$$

② 单考虑误差项空间滞后项的 SEM 模型：
$$y = X\beta + u, u = \lambda Wu + \varepsilon$$

③ 单考虑自变量空间滞后项的 SLX 模型：
$$y = X\beta + WX\theta + \varepsilon$$

④ 同时考虑因变量和自变量空间滞后项的 SDM 模型：
$$y = \rho Wy + X\beta + WX\theta + \varepsilon$$

⑤ 同时考虑因变量和误差项空间滞后项的 SAC 模型：
$$y = \rho Wy + X\beta + u, u = \lambda Wu + \varepsilon$$

⑥ 同时考虑自变量和误差项空间滞后项的 SDEM 模型：
$$y = X\beta + WX\theta + u, u = \lambda Wu + \varepsilon$$

⑦ 同时考虑因变量、自变量和误差项空间滞后项的 GNS 模型：
$$y = \rho Wy + X\beta + WX\theta + u, u = \lambda Wu + \varepsilon$$

这七种模型是由三种空间相关排列组合得到，并不都用于实证研究，其中 SLM、SEM 和 SDM 是最常用的三种模型，而 SDEM 和 SLX 两种模型则非常罕见。

7.2 模型估计

空间杜宾模型的估计与空间滞后模型相同，目前最常用的是极大似然估计法，两者的区别仅在于解释变量的个数不同，空间杜宾模型增加了自变量的空间滞后项作解释变量，这里不再赘述其估计过程。

在 7.1 节提到的七种模型中，除了 SLX 模型使用 OLS 回归函数 lm() 进行估计，其余六种模型在 R 语言中的估计函数如表 7-1 所示。

表 7-1 空间计量模型的估计函数及其用法

函数名	对应模型	函数形式
lagsarlm()	SLM	lagsarlm（formula，data，listw，...）
	SDM	lagsarlm（formula，data，listw，Durbin=TRUE/formula，...）
errorsarlm()	SEM	errorsarlm（formula，data，listw，...）
	SDEM	errorsarlm（formula，data，listw，Durbin=TRUE/formula，...）
sacsarlm()	SAC	sacsarlm（formula，data，listw，listw2，...）
	GNS	sacsarlm（formula，data，listw，listw2，Durbin=TRUE/formula，...）

表 7-1 中，formula、data、listw 等参数如前几章所述。Durbin 参数可以是逻辑值，也可以是公式对象，缺省值是 FALSE，即不含自变量空间滞后项；如果设置为 Durbin=TRUE，则加入所有自变量的空间滞后项；当模型含有很多控制变量时，这种设置不一定合理，此时需要将 Durbin 参数设置成公式形式，从而有选择地加入自变量的空间滞后项。公式设置的一般形式为：

```
Durbin = ~ x1
```

表示仅使用 x1 的空间滞后项。或者，

```
Durbin = ~ x1 + x2
```

表示使用 x1 和 x2 两个自变量的空间滞后项。

7.3 应用举例

本节仍以政府支持对科技创新的影响为例，说明空间杜宾模型的估计和

分析。首先设定工作目录,加载第 6 章的工作空间镜像:

```
> setwd("W:/Examples/ch7sdm")
> load("W:/Examples/ch6sem/ch6sem.RData")
> library(spdep)
> library(spatialreg)
```

按照 4.3 节双变量莫兰指数的算法,科技创新与政府支持的莫兰指数为:

```
> dlinno <- log(dataset$inno) - mean(log(dataset$inno))
> dgov <- dataset$gov - mean(dataset$gov)
> slag.dgov <- lag.listw(lw, dgov)
> numerator <- sum(dlinno*slag.dgov)
> denominator <- sqrt(sum(dlinno^2))*sqrt(sum(dgov^2))
> numerator/denominator
[1] 0.3053144
```

两变量的莫兰散点图如图 7-1 所示。

```
> plot(slag.dgov,dlinno)
> abline(h=0,v=0,lty=2)
> abline(lm(dlinno~slag.dgov))
```

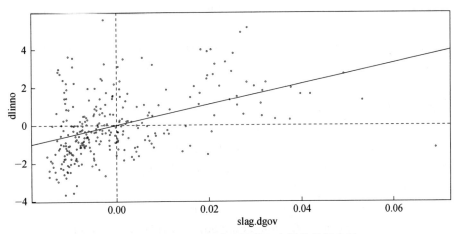

图 7-1　科技创新与政府支持的双变量莫兰散点图

莫兰散点图显示了两变量之间存在正空间相关,空间杜宾模型的估计结果如下:

```
> sdm <- lagsarlm(fm, data = dataset, listw = lw,
```

```
+                     Durbin = TRUE)
> summary(sdm)

Call:
lagsarlm(formula = fm, data = dataset, listw = lw, Durbin = TRUE)

Residuals:
      Min        1Q    Median        3Q       Max
 -3.881191  -0.551817  0.036843  0.561223  2.806993

Type: mixed
Coefficients: (asymptotic standard errors)
             Estimate    Std. Error   z value   Pr(>|z|)
(Intercept)  1.6962e-01  3.7614e-01   0.4509    0.6520383
gov          1.3237e+01  4.0712e+00   3.2514    0.0011482
pgdp         1.9866e-05  2.8287e-06   7.0230    2.171e-12
stru        -5.7332e-01  1.6313e-01  -3.5144    0.0004408
inv         -6.5361e-01  2.3242e-01  -2.8122    0.0049209
fdi          2.2103e-03  3.8880e-04   5.6849    1.309e-08
lag.gov      1.4475e+01  6.1715e+00   2.3454    0.0190051
lag.pgdp    -1.3349e-05  3.9148e-06  -3.4098    0.0006500
lag.stru     1.0422e+00  2.4749e-01   4.2112    2.540e-05
lag.inv     -1.2972e-01  3.2124e-01  -0.4038    0.6863434
lag.fdi      6.4736e-04  7.4357e-04   0.8706    0.3839628

Rho: 0.26591, LR test value: 12.604, p-value: 0.00038498
Asymptotic standard error: 0.075359
    z-value: 3.5286, p-value: 0.00041771
Wald statistic: 12.451, p-value: 0.00041771

Log likelihood: -404.1947 for mixed model
ML residual variance (sigma squared): 0.98263, (sigma: 0.99128)
Number of observations: 285
Number of parameters estimated: 13
AIC: 834.39, (AIC for lm: 844.99)
LM test for residual autocorrelation
test value: 5.116, p-value: 0.023707
```

这里 Durbin 参数设置为 TRUE，包含了所有自变量的空间滞后项，在输出结果中以前缀"lag."表示。剔除不显著的空间滞后项，估计函数设置为：

```
> sdm1 <- lagsarlm(fm, data = dataset, listw = lw,
+                  Durbin = ~ gov + pgdp + stru)
```

系数估计结果为：

```
> summary(sdm1)$Coef
             Estimate       Std. Error     z value      Pr(>|z|)
(Intercept)  9.256699e-02   3.404827e-01   0.2718699    7.857221e-01
gov          1.310043e+01   4.051091e+00   3.2338039    1.221533e-03
pgdp         1.950704e-05   2.796238e-06   6.9761719    3.033351e-12
stru        -5.606320e-01   1.615888e-01  -3.4694979    5.214322e-04
inv         -6.900269e-01   1.959279e-01  -3.5218407    4.285615e-04
fdi          2.270542e-03   3.778625e-04   6.0089114    1.867732e-09
lag.gov      1.429275e+01   6.043711e+00   2.3648960    1.803513e-02
lag.pgdp    -1.209608e-05   3.657546e-06  -3.3071563    9.424828e-04
lag.stru     9.895255e-01   2.409316e-01   4.1070815    4.006899e-05
```

各变量系数在1%的统计水平下显著，因变量空间自回归系数 ρ 的估计值为 0.2930，在1%的统计水平下显著。

7.4 回归系数与空间效应

与空间滞后模型相似，空间杜宾模型中的回归系数也不能完全反映解释变量对因变量的影响。考虑模型（7.1）的偏导数，其数据生成过程为：

$$\begin{aligned} y &= (I - \rho W_1)^{-1} X\beta + (I - \rho W_1)^{-1} W_2 X\theta + (I - \rho W_1)^{-1} \varepsilon \\ y &= \sum_{r=1}^{k} S_r(W_1, W_2) X_r + (I - \rho W_1)^{-1} \varepsilon \end{aligned} \quad (7.8)$$

其中，

$$S_r(W_1, W_2) = (I - \rho W_1)^{-1} [\beta_r I + W_2 \theta_r] \quad (7.9)$$

表示第 r 个解释变量的边际效应矩阵。它的主对角线元素的平均值即为平均直接效应，列和的平均值即为平均总效应，平均总效应与平均直接效应之差即为平均间接效应。

在 R 中，计算上述空间效应的函数仍是 impacts()，用法见 5.4.2 节，它可以自动识别参数 obj 属于空间滞后模型还是空间杜宾模型，从而根据式（5.13）或式（7.9）进行计算。

以 7.3 节空间杜宾模型的估计结果为例，空间效应的计算结果为：

```
> imps <- impacts(sdm1, listw = lw, R = 1000)
> summary(imps, zstats = TRUE, short = TRUE)
Impact measures (mixed, exact):
        Direct          Indirect        Total
gov     1.438235e+01    2.436411e+01    3.874646e+01
pgdp    1.905595e-05    -8.573467e-06   1.048248e-05
stru    -5.022856e-01   1.108937e+00    6.066510e-01
inv     -7.043218e-01   -2.716909e-01   -9.760128e-01
fdi     2.317580e-03    8.940025e-04    3.211583e-03
========================================================
Simulation results (asymptotic variance matrix):
========================================================
Simulated standard errors
        Direct          Indirect        Total
gov     3.928660e+00    6.902268e+00    7.459839e+00
pgdp    2.738388e-06    4.293088e-06    4.764417e-06
stru    1.600377e-01    3.377419e-01    3.691980e-01
inv     1.980400e-01    1.132405e-01    2.805222e-01
fdi     3.749299e-04    3.357579e-04    6.033818e-04

Simulated z-values:
        Direct          Indirect        Total
gov     3.647082        3.505990        5.164646
pgdp    6.963001        -2.005036       2.195359
stru    -3.153437       3.310272        1.661300
inv     -3.510997       -2.395681       -3.445738
fdi     6.202627        2.732399        5.374664
```

```
Simulated p-values:
        Direct        Indirect      Total
gov     0.00026523    0.00045491    2.4089e-07
pgdp    3.3309e-12    0.04495923    0.0281378
stru    0.00161360    0.00093205    0.0966532
inv     0.00044643    0.01658951    0.0005695
fdi     5.5528e-10    0.00628750    7.6726e-08
```

与 5.4 节相同，在应用函数 impacts()时，需要通过参数 R 设定模拟次数，本例中设定 R=1000 次；并且需要通过在函数 summary()中设定参数 zstats=TRUE，才能在报告结果中显示各空间效应的标准误、z 统计量及 p 值。

从结果中能够看出，政府支持的直接效应、间接效应和总效应的 p 值都小于 0.001，因此统计上显著。直接效应为 14.3824，小于间接效应 24.3641；与此对比，5.4 节空间滞后模型的估计结果显示，直接效应为 17.8211，间接效应为 5.4843。显然，由于加入了自变量的空间滞后项，空间杜宾模型的间接效应明显大于空间滞后模型的间接效应。

空间杜宾模型和空间滞后模型的空间效应差异再一次引起模型选择问题，除了依据 6.4 节提出的 LM 检验，Elhorst（2014）指出的空间滞后模型在空间效应分解中的局限性是应加以考虑的一个方面：空间滞后模型中所有解释变量的直接效应和间接效应之比都相等，而空间杜宾模型则不存在这个问题。

```
> imps$res$direct/imps$res$indirect
[1]  0.5903087 -2.2226654 -0.4529435  2.5923642  2.5923642
```

注意，后两个比值相同，而在空间杜宾模型的设定中，没有加入后两个解释变量的空间滞后项。我们重新计算空间滞后模型的空间效应分解以及直接效应和间接效应的比值，结果如下：

```
> imps.slm <- impacts(slm, listw = lw, R = 1000)
> imps.slm$res$direct/imps.slm$res$indirect
[1] 3.249465 3.249465 3.249465 3.249465 3.249465
```

因此，Elhorst（2014）指出：研究人员在放弃空间杜宾模型时要三思而行，显著性水平固然重要，但模型的灵活性和适应性也不容忽视。

5.4 节指出，这里计算的直接效应、间接效应和总效应是所有地区的平均值，这些测度指标在简化了报告结果的同时，也忽略了地区之间的差异。我们以 7.3 节的估计结果为例，计算 285 个城市的直接效应、间接效应和总效应，以了解各城市的空间效应差异。

首先提取式（7.9）中各变量的取值：

```
> n <- length(dataset$inno)
> rho <- sdm1$rho
> coef <- sdm1$coefficients
> wmat <- listw2mat(lw)
```

计算式（7.9）的边际效应矩阵：

```
> srw <- solve(diag(n)-rho*wmat) %*%
+        (coef["gov"]*diag(n)+wmat*coef["lag.gov"])
```

计算直接效应、总效应和间接效应：

```
> DE <- diag(srw)      #各城市的直接效应向量
> TE <- colSums(srw)   #各城市的总效应向量
> IE <- TE - DE        #各城市的间接效应向量
```

查看各效应的描述性统计：

```
> summary(cbind(DE,IE,TE))
       DE              IE              TE
 Min.   :13.10   Min.   : 0.00   Min.   :13.10
 1st Qu.:14.09   1st Qu.:18.91   1st Qu.:33.46
 Median :14.24   Median :23.95   Median :38.39
 Mean   :14.38   Mean   :24.36   Mean   :38.75
 3rd Qu.:14.44   3rd Qu.:30.08   3rd Qu.:44.63
 Max.   :18.91   Max.   :59.62   Max.   :74.55
```

从各效应的分位数可以看出，直接效应差别不大，用平均值描述较为合适；间接效应的最大值和最小值都与均值相差很大，表明各城市政府支持的空间溢出效应存在明显差别，总效应也是如此。如果从整体来统筹政府支持力度，空间溢出效应及空间总效应的地区差异的政策启示就很有意义，仅报告平均效应则存在较大的信息损失。

关 键 代 码

```
sdm<-lagsarlm(fm, data=dataset, listw=lw, Durbin=TRUE)  #估计空间杜宾模型，Durbin=TRUE 表示在模型中加入所有解释变量的空间滞后项
Durbin=~x1    #仅在模型中加入解释变量 x1 的空间滞后项
Durbin=~x1+x2  #在模型中加入解释变量 x1 和 x2 的空间滞后项
imps<-impacts(sdm, listw=lw, R=1000)   #计算空间杜宾模型的直接效应、间接效应和总效应
summary(imps, zstats=TRUE, short=TRUE)   #显示空间效应的描述性统计及显著性检验结果
```

本章 R 操作视频请扫描以下二维码观看：

（推荐在 WIFI 环境下观看）

第 8 章　空间面板数据模型

本章概要

与截面数据相比，面板数据增加了时间维度的信息，极大地提高了建模的灵活性以及控制不可观测的影响因素的能力。随着面板数据集的增加，面板数据模型在实证研究中得到越来越广泛的应用。本章重点内容包括 R 语言中的面板数据结构、固定效应模型和随机效应模型的估计、空间面板数据模型的选择以及空间效应分解等。通过本章的学习，我们应该能够在 R 中设定面板数据结构，熟练掌握面板数据模型的估计函数中各参数的含义及设置，能够提取并分析估计结果中的信息，掌握空间与非空间面板数据模型的 Hausman 检验，能够熟练运用 R 语言进行各种 LM 检验及模型选择，能够利用自定义函数计算自变量的空间效应及其显著性。

8.1 传统面板数据模型

面板数据包含两个维度：一个是个体维度 i，可以表示个人、企业、地区或国家等；另一个是时间维度 t，可以是固定频率的年份、季度等，也可以是无规律的观测次数。使用面板数据建立传统线性回归模型，其形式为：

$$y_{it} = \alpha + x'_{it}\beta + u_{it}, i=1,\cdots,N; t=1\cdots,T \tag{8.1}$$

其中，α 是一个标量，β 是 $K\times 1$ 向量，x_{it} 是第 i 个个体的 K 个解释变量在时期 t 的观测值向量，u_{it} 是随机误差项，通常代表影响因变量的不可观测因素。

此模型也称混合回归模型，在实际应用中，影响因变量的不可观测的因素可分为三类：仅随个体变化而不随时间变化的因素，如个人能力、企业文化、地区风俗等[①]；仅随时间变化而不随个体变化的因素，如经济环境、宏观政策等；其他随个体和时间而变化的因素。因此，随机误差项可以分解为：

$$u_{it} = \mu_i + \gamma_t + \varepsilon_{it} \tag{8.2}$$

其中，μ_i 代表个体效应（或空间效应），γ_t 代表时间效应。将式（8.2）代入式（8.1）可得：

$$y_{it} = \alpha + \boldsymbol{x}'_{it}\boldsymbol{\beta} + \mu_i + \gamma_t + \varepsilon_{it}, \quad i = 1, \cdots, N; \quad t = 1, \cdots, T \tag{8.3}$$

如果不可观测的个体效应和时间效应与解释变量不相关，模型（8.3）就被称为随机效应模型，可以采用广义最小二乘法（GLS）估计，估计量具有一致性和渐近正态性（杰弗里·M. 伍德里奇，2016）。如果不可观测的个体效应和时间效应与解释变量相关，模型（8.3）就被称为固定效应模型，此时最小二乘估计量不具有一致性，需要先对模型进行组内变换（within transformation），消除固定效应项，然后再用最小二乘法进行估计。这个估计量被称为组内估计量，也被称为最小二乘虚拟变量（least squares dummy variable，LSDV）估计量。

如果个体 i 具有空间位置属性，比如代表地区、国家，则模型（8.3）实质上也属于空间面板数据模型，但因为其仍假定空间个体间相互独立，所以不属于本章所探讨的模型范畴。这里我们强调，空间面板数据模型重点反映的是空间个体间的交互效应（也称空间溢出效应），即空间依赖性。这种空间依赖可以体现在因变量上，构成空间滞后模型（也称空间自回归模型）；也可以体现在误差项上，构成空间误差模型。Elhorst（2014）结合空间依赖性以及个体效应形式，将空间面板数据模型分为四种：固定效应空间滞后模型、固定效应空间误差模型、随机效应空间滞后模型和随机效应空间误差模型。

[①] 如果从长时间来看，这些因素也会变化，但这里我们假定在样本期内这些因素不随时间变化。

8.2 空间滞后模型

8.2.1 模型形式

在传统面板模型的基础上加入因变量的空间滞后项，即可得到面板空间滞后模型，其形式为[①]：

$$y_{it} = \lambda \sum_{j=1}^{N} w_{ij} y_{jt} + x'_{it}\beta + \mu_i + \varepsilon_{it}, \quad i = 1, \cdots, N; \quad t = 1, \cdots, T \quad (8.4)$$

其中，w_{ij} 是空间权重矩阵 W 的第 i 行第 j 列元素。用矩阵形式可表示为：

$$y = \lambda (I_T \otimes W_N) y + X\beta + (\iota_T \otimes I_N) \mu + \varepsilon \quad (8.5)$$

其中，y 是 $NT \times 1$ 被解释变量，X 是 $NT \times K$ 解释变量观测值矩阵，I_T 是 T 阶单位阵，W_N 是 $N \times N$ 空间权重矩阵，ι_T 是由 1 组成的 T 维向量，$\mu = (\mu_1, \cdots, \mu_N)'$ 是不随时间变化的个体效应向量，$\varepsilon_{it} \sim IID(0, \sigma_\varepsilon^2)$。

8.2.2 固定效应模型估计

Anselin（2006）指出，模型（8.5）中的空间滞后项具有内生性，传统固定效应模型的组内估计量不再具有一致性和有效性，而在此情形下，更有效的估计量是极大似然估计。模型（8.5）的对数似然函数是：

$$\log L = -\frac{NT}{2} \log(2\pi\sigma_\varepsilon^2) + T \log |I_N - \lambda W_N| - \frac{1}{2\sigma_\varepsilon^2} \varepsilon'\varepsilon \quad (8.6)$$

其中，$\varepsilon = [I_{NT} - \lambda(I_T \otimes W_N)] y - X\beta - (\iota_T \otimes I_N) \mu$，$|I_N - \lambda W_N|$ 是 ε 到 y 的概率密度转换的雅可比行列式。

由于未知参数 λ 出现在雅可比行列式中，无法直接利用一阶条件求式（8.6）的极值。通常的做法是：①先对 μ 求一阶偏导，将结果代回式（8.6）

[①] 为简化分析，模型中没有包含时间效应。

消除个体效应,得到 $\boldsymbol{\beta}$、λ 和 σ_ε^2 的集中对数似然函数:

$$\log L = -\frac{NT}{2}\log(2\pi\sigma_\varepsilon^2) + T\log|\boldsymbol{I}_N - \lambda \boldsymbol{W}_N| - \frac{1}{2\sigma_\varepsilon^2}\boldsymbol{\varepsilon}^{*\prime}\boldsymbol{\varepsilon}^* \tag{8.7}$$

其中,$\boldsymbol{\varepsilon}^* = [\boldsymbol{I}_{NT} - \lambda(\boldsymbol{I}_T \otimes \boldsymbol{W}_N)]\boldsymbol{y}^* - \boldsymbol{X}^*\boldsymbol{\beta}$,$\boldsymbol{y}^* = (\boldsymbol{I}_{NT} - \bar{\boldsymbol{J}}_T \otimes \boldsymbol{I}_N)\boldsymbol{y}$ 和 $\boldsymbol{X}^* = (\boldsymbol{I}_{NT} - \bar{\boldsymbol{J}}_T \otimes \boldsymbol{I}_N)\boldsymbol{X}$ 分别为组内离差变量,等价于传统面板模型中的组内变换,$\bar{\boldsymbol{J}}_T = \boldsymbol{J}_T/T = \boldsymbol{\iota}_T\boldsymbol{\iota}_T'/T$ 是元素全为 $1/T$ 的 T 阶方阵。

② 分别用 $\boldsymbol{y}^*$ 和 $(\boldsymbol{I}_T \otimes \boldsymbol{W}_N)\boldsymbol{y}^*$ 对 $\boldsymbol{X}^*$ 进行 OLS 回归,记回归系数估计量分别为 $\boldsymbol{b}_0$ 和 $\boldsymbol{b}_1$、残差分别为 $\boldsymbol{e}_0^*$ 和 $\boldsymbol{e}_1^*$,则 λ 的集中对数似然函数为:

$$\log L = C - \frac{NT}{2}\log\left[(\boldsymbol{e}_0^* - \lambda\boldsymbol{e}_1^*)'(\boldsymbol{e}_0^* - \lambda\boldsymbol{e}_1^*)\right] + T\log|\boldsymbol{I}_T - \lambda\boldsymbol{W}_N| \tag{8.8}$$

其中,C 是不依赖于 λ 的常数。采用数值最大化方法可以得到 λ 的极大似然估计。

③ 得到 λ 的估计值后,利用式(8.9)和式(8.10)可以得到 $\boldsymbol{\beta}$ 和 σ_ε^2 的估计值为:

$$\boldsymbol{\beta} = \boldsymbol{b}_0 - \lambda\boldsymbol{b}_1 = (\boldsymbol{X}^{*\prime}\boldsymbol{X})^{-1}\boldsymbol{X}^{*\prime}\left[\boldsymbol{y}^* - \lambda(\boldsymbol{I}_T \otimes \boldsymbol{W}_N)\boldsymbol{y}^*\right] \tag{8.9}$$

$$\sigma_\varepsilon^2 = \frac{1}{NT}(\boldsymbol{e}_0^* - \lambda\boldsymbol{e}_1^*)'(\boldsymbol{e}_0^* - \lambda\boldsymbol{e}_1^*) \tag{8.10}$$

④ 个体效应 $\boldsymbol{\mu}$ 的估计值可由式(8.11)计算得出:

$$\boldsymbol{\mu} = \frac{1}{T}(\boldsymbol{\iota}_T' \otimes \boldsymbol{I}_N)\left[\boldsymbol{y} - \lambda(\boldsymbol{I}_T \otimes \boldsymbol{W}_N)\boldsymbol{y} - \boldsymbol{X}\boldsymbol{\beta}\right] \tag{8.11}$$

Elhorst 和 Fréret(2009)推导了模型参数的渐近协方差矩阵,可以基于此对参数和模型形式进行假设检验:

$$Asy.Var(\boldsymbol{\beta}, \lambda, \sigma_\varepsilon^2) =$$

$$\begin{bmatrix} \dfrac{1}{\sigma_\varepsilon^2}\boldsymbol{X}^{*\prime}\boldsymbol{X}^* & \dfrac{1}{\sigma_\varepsilon^2}\boldsymbol{X}^{*\prime}(\boldsymbol{I}_T \otimes \widetilde{W})\boldsymbol{X}^*\boldsymbol{\beta} & 0 \\ \cdot & \dfrac{1}{\sigma_\varepsilon^2}\boldsymbol{\beta}'\boldsymbol{X}^{*\prime}\left(\boldsymbol{I}_T \otimes \widetilde{W}'\widetilde{W}\right)\boldsymbol{X}^*\boldsymbol{\beta} + T \times tr\left(\widetilde{W}\widetilde{W} + \widetilde{W}'\widetilde{W}\right) & \cdot \\ 0 & \dfrac{T}{\sigma_\varepsilon^2}tr(\widetilde{W}) & \dfrac{NT}{2\sigma_\varepsilon^4} \end{bmatrix}^{-1}$$

$$\tag{8.12}$$

其中，$\tilde{W} = W(I_N - \lambda W)^{-1}$，点（.）表示与对称位置元素相同。

8.2.3 随机效应模型估计

假定模型（8.5）中的个体效应 $\boldsymbol{\mu}$ 是随机变量，与解释变量不相关，且与 $\boldsymbol{\varepsilon}$ 相互独立，$\mu_i \sim IID(0, \sigma_\mu^2), i = 1, \cdots, N$，则综合随机误差项 $\boldsymbol{u} = (\boldsymbol{\iota}_T \otimes \boldsymbol{I}_N)\boldsymbol{\mu} + \boldsymbol{\varepsilon}$ 的协方差矩阵为：

$$\begin{aligned}
\boldsymbol{\Omega}_u &= \sigma_\mu^2 (J_T \otimes I_N) + \sigma_\varepsilon^2 I_{NT} \\
&= \sigma_\varepsilon^2 [\phi(J_T \otimes I_N) + I_{NT}] \\
&= \sigma_\varepsilon^2 [(\phi J_T) \otimes I_N + I_T \otimes I_N] \\
&= \sigma_\varepsilon^2 [(I_T + \phi J_T) \otimes I_N]
\end{aligned} \tag{8.13}$$

其中，$\phi = \sigma_\mu^2 / \sigma_\varepsilon^2$。协方差矩阵的逆及行列式分别为：

$$\boldsymbol{\Omega}_u^{-1} = \sigma_\varepsilon^{-2} (I_T + \phi J_T)^{-1} \otimes I_N$$

$$|\boldsymbol{\Omega}_u| = (\sigma_\varepsilon^2)^{NT} |I_T + \phi J_T|^N$$

令 $A_N = (I_N - \lambda W_N)$，则 $I_{NT} - \lambda(I_T \otimes W_N) = I_T \otimes A_N$，由此，模型（8.5）的对数似然函数为：

$$\begin{aligned}
\log L = &-\frac{NT}{2}\log(2\pi) - \frac{NT}{2}\log(\sigma_\varepsilon^2) - \frac{N}{2}\log|I_T + \phi J_T| + T\log|I_N - \lambda W_N| - \\
&\frac{1}{2\sigma_\varepsilon^2}[(I_T \otimes A_N)y - X\boldsymbol{\beta}]'\boldsymbol{\Sigma}^{-1}[(I_T \otimes A_N)y - X\boldsymbol{\beta}]
\end{aligned}$$

$$\tag{8.14}$$

其中 $\boldsymbol{\Sigma} = (I_T + \phi J_T) \otimes I_N$。给定 λ 和 ϕ 的初始值，由一阶条件可得 $\boldsymbol{\beta}$ 和 σ_ε^2 的估计值为：

$$\boldsymbol{\beta} = (X'\boldsymbol{\Sigma}^{-1}X)^{-1} X'\boldsymbol{\Sigma}^{-1}(I_T \otimes A_N)y$$

$$\sigma_\varepsilon^2 = \frac{[(I_T \otimes A_N)y - X\boldsymbol{\beta}]'\boldsymbol{\Sigma}^{-1}[(I_T \otimes A_N)y - X\boldsymbol{\beta}]}{NT} \tag{8.15}$$

将式（8.15）的计算结果代回式（8.14），得到 λ 和 ϕ 的集中对数似然函数，利用数值极大化方法求其估计值，在式（8.14）和式（8.15）之间连续迭代直到收敛。参数的渐近协方差矩阵为：

$$Asy.Var(\boldsymbol{\beta}, \lambda, \phi, \sigma_\varepsilon^2) =$$

$$\begin{bmatrix} \dfrac{\dot{X}'\dot{X}}{\sigma_\varepsilon^2} & \dfrac{\dot{X}'(I_T \otimes \widetilde{W})\dot{X}\boldsymbol{\beta}}{\sigma_\varepsilon^2} & 0 & 0 \\ \cdot & T \times tr(\widetilde{W}\widetilde{W} + \widetilde{W}'\widetilde{W}) + \dfrac{\boldsymbol{\beta}'\dot{X}'(I_T \otimes \widetilde{W}'\widetilde{W})\dot{X}\boldsymbol{\beta}}{\sigma_\varepsilon^2} & \cdot & \cdot \\ 0 & -\dfrac{1}{\sigma_\varepsilon^2}tr(\widetilde{W}) & N\left(T+\dfrac{1}{\phi^2}\right) & \cdot \\ 0 & \dfrac{T}{\sigma_\varepsilon^2}tr(\widetilde{W}) & -\dfrac{N}{\sigma_\varepsilon^2} & \dfrac{NT}{2\sigma_\varepsilon^4} \end{bmatrix}^{-1}$$

(8.16)

其中，$\widetilde{W} = W_N(I_N - \lambda W_N)^{-1}$，$\dot{X} = \left[(I_T - (1-\phi)\bar{J}_T) \otimes I_N\right]X$，点（.）表示与对称位置元素相同。

8.3 空间误差模型

8.3.1 模型形式

具有固定个体效应的空间误差模型形式为：

$$\begin{aligned} y &= X\boldsymbol{\beta} + (\iota_T \otimes I_N)\boldsymbol{\mu} + \boldsymbol{\varepsilon} \\ \boldsymbol{\varepsilon} &= \rho(I_T \otimes W_N)\boldsymbol{\varepsilon} + \boldsymbol{v} \end{aligned}$$

(8.17)

其中，y 是 $NT \times 1$ 被解释变量，X 是 $NT \times K$ 解释变量观测值矩阵，ι_T 是由 1 组成的 T 维向量，I_N 是 N 阶单位矩阵，$\boldsymbol{\mu} = (\mu_1, \cdots, \mu_N)'$ 是个体效应向量，ρ 是空间自相关系数，W_N 是 $N \times N$ 空间权重矩阵，$v_{it} \sim IID(0, \sigma_v^2)$。

令 $B_N = (I_N - \rho W_N)$，则式（8.17）的误差项可以表示为：

$$\begin{aligned}
\boldsymbol{\varepsilon} &= \left[\boldsymbol{I}_{NT} - \rho\left(\boldsymbol{I}_T \otimes \boldsymbol{W}_N\right)\right]^{-1} \boldsymbol{v} \\
&= \left[\left(\boldsymbol{I}_T \otimes \boldsymbol{I}_N\right) - \left(\boldsymbol{I}_T \otimes \rho\boldsymbol{W}_N\right)\right]^{-1} \boldsymbol{v} \\
&= \left[\boldsymbol{I}_T \otimes \left(\boldsymbol{I}_N - \rho\boldsymbol{W}_N\right)\right]^{-1} \boldsymbol{v} \\
&= \left(\boldsymbol{I}_T \otimes \boldsymbol{B}_N^{-1}\right) \boldsymbol{v}
\end{aligned} \quad (8.18)$$

将（8.18）代入（8.17）可得：

$$\boldsymbol{y} = \boldsymbol{X}\boldsymbol{\beta} + \left(\boldsymbol{\iota}_T \otimes \boldsymbol{I}_N\right)\boldsymbol{\mu} + \left(\boldsymbol{I}_T \otimes \boldsymbol{B}_N^{-1}\right)\boldsymbol{v} \quad (8.19)$$

8.3.2 固定效应模型估计

与固定效应空间滞后模型类似，首先对模型（8.19）进行组内变换，消除个体效应，即方程两边同时乘以 $\boldsymbol{Q} = \boldsymbol{I}_{NT} - \bar{\boldsymbol{J}}_T \otimes \boldsymbol{I}_N$，可得

$$\begin{aligned}
\boldsymbol{Q}\boldsymbol{y} &= \boldsymbol{Q}\boldsymbol{X}\boldsymbol{\beta} + \boldsymbol{Q}\left(\boldsymbol{I}_T \otimes \boldsymbol{B}_N^{-1}\right)\boldsymbol{v} \\
\boldsymbol{y}^* &= \boldsymbol{X}^*\boldsymbol{\beta} + \boldsymbol{Q}\left(\boldsymbol{I}_T \otimes \boldsymbol{B}_N^{-1}\right)\boldsymbol{v}
\end{aligned} \quad (8.20)$$

模型（8.20）的对数似然函数为：

$$\begin{aligned}
\log L = &-\frac{NT}{2}\log\left(2\pi\sigma_v^2\right) + T\log|\boldsymbol{B}_N| - \\
&\frac{1}{2\sigma_v^2}\left(\boldsymbol{y}^* - \boldsymbol{X}^*\boldsymbol{\beta}\right)'\left[\boldsymbol{I}_T \otimes \left(\boldsymbol{B}_N'\boldsymbol{B}_N\right)\right]\left(\boldsymbol{y}^* - \boldsymbol{X}^*\boldsymbol{\beta}\right)
\end{aligned} \quad (8.21)$$

给定 ρ，由式（8.21）的一阶条件可得 $\boldsymbol{\beta}$ 和 σ_v^2 的极大似然估计量为：

$$\boldsymbol{\beta} = \left[\boldsymbol{X}^{*\prime}\left(\boldsymbol{I}_T \otimes \boldsymbol{B}_N'\boldsymbol{B}_N\right)\boldsymbol{X}^*\right]^{-1}\boldsymbol{X}^{*\prime}\left(\boldsymbol{I}_T \otimes \boldsymbol{B}_N'\boldsymbol{B}_N\right)\boldsymbol{y}^* \quad (8.22)$$

$$\sigma_v^2 = \frac{e(\rho)'e(\rho)}{NT} \quad (8.23)$$

其中，$e(\rho) = \left(\boldsymbol{I}_T \otimes \boldsymbol{B}_N\right)\left(\boldsymbol{y}^* - \boldsymbol{X}^*\boldsymbol{\beta}\right)$。将式（8.22）和式（8.23）代入式（8.21），可得 σ_v^2 的集中对数似然函数为：

$$\log L = C - \frac{NT}{2}\log\left[e(\rho)'e(\rho)\right] + T\log|\boldsymbol{B}_N| \quad (8.24)$$

其中，C 是与 ρ 无关的常数，$\boldsymbol{B}_N = \left(\boldsymbol{I}_N - \rho\boldsymbol{W}_N\right)$。利用数值极大化方法可以得到 ρ 的估计值。

因为式（8.22）和式（8.23）的计算依赖于给定的 ρ 值，而式（8.24）的极大化又依赖于 β 和 σ_v^2 的估计值，所以最终估计结果需要在式（8.22）—（8.24）之间进行连续迭代直到收敛。

个体效应 μ 的估计值可由式（8.25）计算得出：

$$\mu = \frac{1}{T}(\iota_T' \otimes I_N)[y - X\beta] \tag{8.25}$$

参数的渐近协方差矩阵为（Millo 和 Piras，2012）：

$$Asy.Var(\beta, \rho, \sigma_v^2) = \begin{bmatrix} \dfrac{X^{*'}X^*}{\sigma_v^2} & 0 & 0 \\ 0 & T \times tr(\widetilde{\widetilde{W}}\widetilde{\widetilde{W}} + \widetilde{\widetilde{W}}'\widetilde{\widetilde{W}}) & \cdot \\ 0 & \dfrac{T}{\sigma_v^2}tr(\widetilde{\widetilde{W}}) & \dfrac{NT}{2\sigma_v^2} \end{bmatrix}^{-1} \tag{8.26}$$

8.3.3 随机效应模型估计

如果假定模型（8.19）中的个体效应 μ 是随机变量，与解释变量不相关，且与 v 相互独立，$\mu_i \sim IID(0, \sigma_\mu^2), i=1,\cdots,N$，则综合随机误差项 $u = (\iota_T \otimes I_N)\mu + (I_T \otimes B_N^{-1})v$ 的协方差矩阵、逆矩阵、行列式分别为：

$$\begin{aligned} \Omega_u &= \sigma_v^2 \left[\phi(J_T \otimes I_N) + I_T \otimes (B_N'B_N)^{-1} \right] \\ \Omega_u^{-1} &= \sigma_\varepsilon^{-2} \overline{J}_T \otimes [T\phi I_N + (B_N'B_N)^{-1}]^{-1} + \sigma_\varepsilon^{-2} E_T \otimes (B_N'B_N) \\ |\Omega_u| &= (\sigma_v^2)^{NT} |T\phi I_N + (B_N'B_N)^{-1}| |(B_N'B_N)^{-1}|^{T-1} \end{aligned} \tag{8.27}$$

其中，$\phi = \sigma_\mu^2/\sigma_v^2$，$E_T = (I_T - \overline{J}_T)$。令 $\Sigma = \phi(J_T \otimes I_N) + I_T \otimes (B_N'B_N)^{-1}$，则模型（8.19）的对数似然函数为：

$$\begin{aligned} \log L = &-\frac{NT}{2}\log(2\pi\sigma_v^2) - \frac{1}{2}\log|T\phi I_N + (B_N'B_N)^{-1}| + (T-1)\log|B_N| - \\ &\frac{1}{2\sigma_v^2}(y-X\beta)'\Sigma^{-1}(y-X\beta) \end{aligned} \tag{8.28}$$

Kapoor et al.（2007）提出了另一种空间误差形式。他们假定个体效应和误差项都具有空间相关，其形式为：

$$\begin{aligned} y &= X\beta + u \\ u &= \rho(I_T \otimes W_N)u + \varepsilon \\ \varepsilon &= (\iota_T \otimes I_N)\mu + v \end{aligned} \quad (8.29)$$

尽管模型（8.29）和模型（8.17）的形式相近，但误差项的协方差矩阵却不相同，也意味着不同的空间溢出特征。模型（8.29）的综合随机误差项 $u = (I_T \otimes B_N^{-1})\varepsilon = (I_T \otimes B_N^{-1})[(\iota_T \otimes I_N)\mu + v]$ 的协方差矩阵、逆矩阵、行列式分别为：

$$\begin{aligned} \Omega_u &= \sigma_v^2 (I_T + \phi J_T) \otimes (B_N B_N)^{-1} \\ \Omega_u^{-1} &= \sigma_v^{-2} (I_T + \phi J_T)^{-1} \otimes (B_N' B_N) \\ |\Omega_u| &= (\sigma_v^2)^{NT} |I_T + \phi J_T|^N |B_N|^{-2T} \end{aligned} \quad (8.30)$$

其中，$\phi = \sigma_\mu^2 / \sigma_v^2$。模型（8.29）的对数似然函数为：

$$\begin{aligned} \log L = &-\frac{NT}{2}\log(2\pi\sigma_v^2) - \frac{N}{2}\log|I_T + \phi J_T| + T\log|B_N| - \\ & \frac{1}{2\sigma_v^2}(y - X\beta)'\left[(I_T + \phi J_T)^{-1} \otimes (B_N' B_N)\right](y - X\beta) \end{aligned} \quad (8.31)$$

用数值极大化方法分别求解式（8.28）和式（8.31），可以得出两种不同模型设定下的极大似然估计。估计过程仍需要在 $(\beta, \sigma_\varepsilon^2)$ 和 (ρ, ϕ) 之间连续迭代直到收敛。

8.4 R 语言与非空间面板数据模型

我们以 Baltagi 和 Li（2004）的面板数据集为例来说明面板模型的估计与检验。该数据集包含了 1963—1992 年美国 46 个州的香烟需求等变量：state（州）、year（年份）、price（香烟价格）、pop（人口数量）、pop16（16 岁以上人口数量）、cpi（消费价格指数，1983=100）、ndi（人均可支配收入）、sales（香烟人均销售量）、pimin（邻近州中最低香烟价格）。Elhorst（2014）以及 Kelejian 和 Piras（2012）也使用了该数据集。从 plm 程序包中可以直接获取数据，或者从网站 https://spatial-panels.com/software/ 获取数据以及空间权重矩阵，其中空间权重矩阵是二值矩阵，如果两州相邻取值为 1，否则为 0。网站上的数据经过了计算与变换，这里我们仅使用其空间权重矩阵，而数据来自 plm 程序包中的原始数据集。本章所使用的程序包及其主要功能见表 8-1。

表 8-1　程序包及其主要用途

程序包	用途
readxl	读入 Excel 文件
spdep	空间权重矩阵的设定与转换
plm	非空间面板数据模型的估计与检验
splm	空间面板数据模型的估计与检验
nlWaldtest	回归系数的线性或非线性检验

8.4.1　面板数据设定

读入数据：

```
> setwd("w:/Examples/ch8panel")
> library(plm)
> data("Cigar")
> head(Cigar)
  State year price  pop  pop16  cpi   ndi     sales pimin
1   1    63  28.6  3383 2236.5 30.6 1558.305  93.9  26.1
2   1    64  29.8  3431 2276.7 31.0 1684.073  95.4  27.5
3   1    65  29.8  3486 2327.5 31.5 1809.842  98.5  28.9
4   1    66  31.5  3524 2369.7 32.4 1915.160  96.4  29.5
5   1    67  31.6  3533 2393.7 33.4 2023.546  95.5  29.6
6   1    68  35.6  3522 2405.2 34.8 2202.486  88.4  32.0
```

所建空间面板模型的被解释变量是香烟人均销售量，解释变量包括实际价格和实际人均可支配收入，数据集中的变量为名义量，需要用价格指数做调整。

```
> Cigar$rprice <- Cigar$price/Cigar$cpi
> Cigar$rdi <- Cigar$ndi/Cigar$cpi
> names(Cigar)
 [1] "state"  "year"   "price"  "pop"    "pop16"  "cpi"    "ndi"
```

```
[8] "sales"    "pimin"    "rprice"    "rdi"
```

设定面板数据的 R 函数是 pdata.frame()，基本用法为：

```
> pdataset <- pdata.frame(x, index = NULL)
```

其中，x 是要转换成面板数据格式的数据框（data.frame），index 用于指定个体变量和时间变量，指定方式有三种：

其一，字符型向量，分别为个体变量名、时间变量名，如 index=c("state", "year")。注意，必须是个体变量名在前。

其二，个体变量名，如 index="state"。此时，数据框中按现有顺序自动增加一个名为"time"的变量作为时间变量。

其三，整数，如 index=46，适用于排序方式是先个体再时间的平衡面板数据，如 $y=[y_{11},y_{12},\cdots,y_{1T},\cdots,y_{N1},\cdots,y_{NT}]'$。也就是说，先把同一个体的数据堆积在一起，个体内再按时间升序排列。如果面板数据的排序方式为先时间再个体，即 $y=[y_{11},y_{21},\cdots,y_{N1},\cdots,y_{1T},\cdots,y_{NT}]'$，则不适合于这种参数设定方式。函数返回数据框中自动增加两个名为"id"和"time"的变量，分别代表个体和时间。

将香烟需求数据集设定为面板数据格式：

```
> pcigar <- pdata.frame(Cigar, index = c("state", "year"))
> class(pcigar)
[1] "pdata.frame" "data.frame"
```

8.4.2 模型估计

通常使用 plm 程序包中的 plm() 函数估计非空间线性面板数据模型，其基本用法为：

```
> plm(formula, data,
model = c("within", "random", "pooling", "between", "fd"),
effect = c("individual", "time", "twoways"),
index = NULL, ...)
```

其中，formula 是公式对象，用于给出待估计的模型形式；data 是面板数据框（pdata.frame），如果是未设定面板格式的数据框，需要使用 index 参数指明个体和时间变量；model 用于设定模型类型，即固定效应模型（"within"）、随机效应模型（"random"）、混合回归模型（"pooling"）、组间回归模型（"between"）和一阶差分模型（"fd"）。对于固定效应模型，即 model = "within"时，可以使用 effect 参数选择个体固定效应（"individual"）、时间固定效应（"time"）或个体和时间双固定效应（"twoways"）。

8.4.2.1 混合回归模型估计

使用香烟需求数据集估计混合回归模型的命令为：

```
> fm <- log(sales) ~ log(rprice) + log(rdi)
> cigar_pool <- plm(fm, data = pcigar, model = "pooling")
> (summary_pool <- summary(cigar_pool, vcov = vcovHC))
Pooling Model

Note: Coefficient variance-covariance matrix supplied: vcovHC

Call:
plm(formula = fm, data = pcigar, model = "pooling")

Balanced Panel: n = 46, T = 30, N = 1380

Residuals:
     Min.     1st Qu.      Median     3rd Qu.        Max.
-0.672409   -0.097587   -0.010666    0.085568    0.851319

Coefficients:
              Estimate   Std. Error   t-value    Pr(>|t|)
(Intercept)   3.485067    0.325168   10.7177    < 2.2e-16  ***
log(rprice)  -0.859023    0.098323   -8.7368    < 2.2e-16  ***
log(rdi)      0.267733    0.070859    3.7784    0.0001646  ***
---
Signif. codes:  0 '***' 0.001 '**' 0.01 '*' 0.05 '.' 0.1 ' ' 1
```

```
Total Sum of Squares:    69.563
Residual Sum of Squares: 47.241
R-Squared:      0.3209
Adj. R-Squared: 0.31991
F-statistic: 38.1808 on 2 and 45 DF, p-value: 2.0205e-10
```

回归结果的输出格式与线性回归函数 lm()类似，包括回归函数（Call）、样本信息（Balanced Panel）、残差分布特征（Residuals）、回归系数及显著性检验（Coefficients）、模型诊断与检验统计量（TSS，RSS，R^2，$\bar{R}^2$，F）。从结果中可以看出，香烟价格与销售量负相关，个人可支配收入与销售量正相关，且在所有常用检验水平下显著。除了回归结果所报告的统计量，还可以使用提取列表元素方法直接提取的信息有：

```
> names(cigar_pool)
 [1] "coefficients"     "vcov"       "residuals"     "df.residual"
 [5] "formula"          "model"      "assign"        "args"
 [9] "aliased" "call"
> names(summary_pool)
 [1] "coefficients"     "vcov"       "residuals"     "df.residual"
 [5] "formula"          "model"      "assign"        "args"
 [9] "aliased"          "call"       "r.squared"     "fstatistic"
[13] "rvcov"            "df"
```

有些文献常报告的统计量不能直接提取，可以使用第 2 章中的相关函数计算：

```
> sigma(cigar_pool)
[1] 0.1852213
> sigma(cigar_pool)^2
[1] 0.03430692
> logLik(cigar_pool)
Error in UseMethod("logLik"):
  "logLik"没有适用于"c('plm', 'panelmodel')"目标对象的方法
> class(cigar_pool)
[1] "plm"         "panelmodel"
```

plm()函数没有给出对数似然值，而logLik()函数也没有适用于"plm"或"paneldata"类型对象的方法。对数似然值用处很多，一方面文献报告的估计结果中通常含有对数似然值，另一方面模型选择的似然比检验也需要对数似然值。考虑到plm()函数估计混合回归模型和固定效应模型时采用的估计方法与lm()一致，由此可以为估计结果增加"lm"类型，从而使用logLik()函数计算对数似然值。

```
> class(cigar_pool) <- c(class(cigar_pool),"lm")
> class(cigar_pool)
[1] "plm"       "panelmodel" "lm"
> logLik(cigar_pool)
'log Lik.' 370.328 (df=)
```

需要注意的是，这种方式不适用于随机效应模型，因为在随机效应设定下，误差项不满足无自相关的经典假定条件，plm()函数采用了广义最小二乘估计方法。为了解决这个问题，我们编写了一个函数，用于计算"plm"类型的对数似然函数：

```
logl_plm <- function(object){
  model <- object$args$model
  res <- object$residuals
  N <- length(unique(index(res)[,1]))
  T <- length(unique(index(res)[,2]))
  df.res <- object$df.residual
  if (!(model %in% c("within","pooling","random")))
    stop(paste("The ",model," has not been supported yet"))
  if (model == "random") {
    effect <- object$args$effect
    ercomp <- object$ercomp$sigma2
    names(ercomp) <- NULL
    mat_ind <- kronecker(diag(N),matrix(1,T,T))
    mat_time <- kronecker(matrix(1,N,N),diag(T))
    mat_e <- diag(N*T)
    switch(effect,
      "individual" = {
```

```
      omega <- ercomp[1]*mat_e + ercomp[2]*mat_ind
      df <- N*T - df.res + 2
    },
    "time" = {
      omega <- ercomp[1]*mat_e + ercomp[2]*mat_time
      df <- N*T - df.res + 2
    },
    "twoways" = {
      omega <- ercomp[1]*mat_e + ercomp[2]*mat_ind +
             ercomp[3]*mat_time
      df <- N*T - df.res + 3
    }
  )
  logl <- -N*T*log(2*pi)/2 -
    as.vector(determinant(omega)$modulus)/2 -
    sum(res^2)/(2*ercomp[1])
  class(logl) <- "logLik"
} else {
  df <- N*T - df.res + 1
  class(object) <- c(class(object),"lm")
  logl <- logLik(object)
}
attr(logl, "df") <- df
return(logl)
}
```

函数名为 logl_plm()，参数为混合模型、固定效应模型或随机效应模型估计结果。将上述函数存入文本文档，命名为 logl_plm.R，保存在当前工作目录下，使用时用 source()函数加载即可：

```
> source("logl_plm.R")
> logl_plm(cigar_pool)
'log Lik.' 370.328 (df=4)
```

8.4.2.2 固定效应模型估计

固定效应模型估计通过 plm()函数中的参数 model="within"实现。以个体固定效应模型为例：

```
> cigar_fe <- plm(fm, data = pcigar, model = "within",
+                 effect = "individual")
> (summary_fe <- summary(cigar_fe, vcov = vcovHC))
Oneway (individual) effect Within Model

Note: Coefficient variance-covariance matrix supplied: vcovHC

Call:
plm(formula = fm, data = pcigar, effect = "individual",
    model = "within")

Balanced Panel: n = 46, T = 30, N = 1380

Residuals:
      Min.    1st Qu.     Median    3rd Qu.      Max.
 -0.482297  -0.045062   0.005710   0.047642  0.550784

Coefficients:
             Estimate  Std. Error  t-value    Pr(>|t|)
log(rprice) -0.702293    0.039519  -17.7710   <2e-16  ***
log(rdi)    -0.010556    0.063904   -0.1652   0.8688
---
Signif. codes:  0 '***' 0.001 '**' 0.01 '*' 0.05 '.' 0.1 ' ' 1

Total Sum of Squares:    22.491
Residual Sum of Squares: 10.242
R-Squared:      0.5446
Adj. R-Squared: 0.52853
F-statistic: 159.275 on 2 and 45 DF, p-value: < 2.22e-16
> sigma(cigar_fe)^2
[1] 0.007432703
> logl_plm(cigar_fe)
'log Lik.' 1425.153 (df=49)
```

固定效应模型的输出结果未报告截距项。获取截距项及固定效应需要分别使用 within_intercept() 函数和 fixef() 函数。它们的基本用法如下：

```
> within_intercept(object, vcov = NULL, ...)
```

其中，object 是固定效应模型估计结果；vcov 参数缺省值是 NULL，通常使用 vcov=vcovHC 来计算截距项的稳健标准差。

```
> fixef(object, effect = NULL,
type = c("level", "dfirst", "dmean"),
vcov = NULL, ...)
```

其中，object 是固定效应模型的估计结果；effect 参数缺省值是 NULL，仅在 object 是个体和时间双固定效应模型时使用，可选项为"time"或"individual"；vcov 参数缺省值是 NULL，通常使用 vcov=vcovHC 来计算固定效应的稳健标准差；type 参数用于设定提取的固定效应类型，"level"表示提取固定效应的水平值，"dfirst"表示与第一个效应值的离差，"dmean"表示与总体均值的离差。

```
> (icept_fe <- within_intercept(cigar_fe, vcov = vcovHC))
(overall_intercept)
          4.766638
attr(,"se")
[1] 0.2900596
> (1-pt(icept_fe/attr(icept_fe,"se"),cigar_fe$df.residual))*2
(overall_intercept)
                 0
attr(,"se")
[1] 0.2900596
# 这里计算截距项的 p 值,结果为 0 表明截距项显著
> fe_level <- fixef(cigar_fe, type = "level", vcov = vcovHC)
> fe_dmean <- fixef(cigar_fe, type = "dmean", vcov = vcovHC)
> head(summary(fe_level))
   Estimate    Std. Error    t-value       Pr(>|t|)
1  4.665146    0.2769863     16.84252      7.459734e-58
3  4.682978    0.2881399     16.25244      2.528039e-54
4  4.727663    0.2756175     17.15299      9.614406e-60
5  4.712213    0.3041727     15.49190      6.738418e-50
7  4.824149    0.3105985     15.53179      3.981321e-50
8  5.000219    0.2931529     17.05669      3.727538e-59
> head(summary(fe_dmean))
```

	Estimate	Std. Error	t-value	Pr(>|t|)
1	-0.10149187	0.2769863	-0.3664148	0.7141138
3	-0.08366011	0.2881399	-0.2903454	0.7715972
4	-0.03897500	0.2756175	-0.1414097	0.8875676
5	-0.05442567	0.3041727	-0.1789302	0.8580198
7	0.05751063	0.3105985	0.1851607	0.8531312
8	0.23358048	0.2931529	0.7967871	0.4257167

时间固定效应以及个体和时间双固定效应模型的估计只需改变 plm() 函数中的 effect 参数即可实现，这里仅列出估计结果，如表 8-2 所示。

表 8-2 固定效应模型的估计结果

	被解释变量 log（sales）		
	个体固定效应	时间固定效应	双固定效应
(Intercept)	4.767*** （0.290）	2.095*** （0.611）	2.281*** （0.719）
log(rprice)	-0.702*** （0.040）	-1.205*** （0.247）	-1.035*** （0.214）
log(rdi)	-0.011 （0.064）	0.565*** （0.133）	0.529*** （0.161）
σ^2	0.007	0.028	0.005
R^2	0.545	0.341	0.394
logL	1425.153 （df=49）	503.851 （df=33）	1661.701 （df=78）
F statistic	796.453*** （df=2；1332）	15.864*** （df=2；45）	34.428*** （df=2；45）
Obs.	1 380	1 380	1 380

注：括号内为稳健标准差；*$p<0.1$, **$p<0.05$, ***$p<0.01$。

8.4.2.3 随机效应模型估计

随机效应模型估计通过 plm() 函数中的参数 model="random" 实现，使用 effect 参数可以在个体随机效应模型、时间随机效应模型以及个体和时间双随机效应模型之间选择。例如个体随机效应模型：

```
> cigar_re <- plm(fm, data = pcigar, model = "random",
+                 effect = "individual")
> (summary_re <- summary(cigar_re, vcov = vcovHC))
Oneway (individual) effect Random Effect Model
   (Swamy-Arora's transformation)

Note: Coefficient variance-covariance matrix supplied: vcovHC

Call:
plm(formula = fm, data = pcigar, effect = "individual",
    model = "random")

Balanced Panel: n = 46, T = 30, N = 1380

Effects:
                  Var      std.dev    share
idiosyncratic  0.007689   0.087689   0.241
individual     0.024161   0.155438   0.759
theta: 0.8975

Residuals:
     Min.      1st Qu.    Median     3rd Qu.     Max.
  -0.4611285  -0.0490204  0.0021487  0.0461428  0.5733711

Coefficients:
               Estimate   Std. Error   z-value    Pr(>|z|)
(Intercept)    4.7408761  0.2922697    16.2209    <2e-16  ***
log(rprice)   -0.7047261  0.0398830   -17.6698    <2e-16  ***
log(rdi)      -0.0049449  0.0625255    -0.0791    0.937
---
Signif. codes:  0 '***' 0.001 '**' 0.01 '*' 0.05 '.' 0.1 ' ' 1

Total Sum of Squares:    22.985
Residual Sum of Squares: 10.676
R-Squared:      0.5355
Adj. R-Squared: 0.53483
Chisq: 315.342 on 2 DF, p-value: < 2.22e-16
```

估计结果中 Effects 部分给出了方差分量的估计值：idiosyncratic 是随机误差的方差 σ_v^2、标准差 σ_v 及其在总方差中的占比 $\sigma_v^2/(\sigma_v^2+\sigma_\mu^2)$；individual 是个体效应的方差 σ_μ^2、标准差 σ_μ 及其在总方差中的占比 $\sigma_\mu^2/(\sigma_v^2+\sigma_\mu^2)$；theta 是进行广义最小二乘估计时对变量进行变换的参数 $\theta=1-\sqrt{\sigma_v^2/(\sigma_v^2+T\sigma_\mu^2)}$ 的估计值。因为 $y_{it}^*=y_{it}-\theta\bar{y}_{i.}$，所以当 $\sigma_\mu^2\to 0$ 时，$\theta\to 0$，$y_{it}^*=y_{it}$，$\hat{\boldsymbol{\beta}}_{\text{GLS}}\to\hat{\boldsymbol{\beta}}_{\text{OLS}}$；当 $T\to\infty$ 时，$\theta\to 1$，$y_{it}^*=y_{it}-\bar{y}_{i.}$，$\hat{\boldsymbol{\beta}}_{\text{GLS}}\to\hat{\boldsymbol{\beta}}_{\text{Within}}$。也就是说，theta 值越接近于 1，对变量近似于组内变换，参数估计值越接近于个体固定效应模型的参数估计值；theta 值越接近于 0，个体随机效应的方差近似于 0，参数估计值越接近于混合回归模型的参数估计值。本例中 theta 值为 0.8975，我们把两个模型的参数估计值再次列出，以做对比：

```
> summary_fe$coefficients
             Estimate    Std. Error   t-value    Pr(>|t|)
log(rprice)  -0.7022931  0.0395190    -17.7710   1.4346e-63
log(rdi)     -0.0105558  0.0639037    -0.1652    8.6882e-01
> summary_re$coefficients[-1,]    # 去掉第一行常数项
             Estimate    Std. Error   z-value    Pr(>|z|)
log(rprice)  -0.7047261  0.0398830    -17.6698   7.1589e-70
log(rdi)     -0.0049449  0.0625226    -0.0791    9.3696e-01
```

其他随机效应模型的估计结果见表 8-3。表中数据由以下命令生成：

```
> cigar_re_time <- plm(fm,data = pcigar,model = "random",
+                      effect = "time")
> (summary_re_time <- summary(cigar_re_time,vcov = vcovHC))
> logl_plm(cigar_re_time)
> cigar_re_twoways <- plm(fm,data = pcigar,model = "random",
+                         effect = "twoways")
> (summary_re_twoways <- summary(cigar_re_twoways,
+                                vcov = vcovHC))
> logl_plm(cigar_re_twoways)
```

表 8-3 随机效应模型的估计结果

	被解释变量 log（sales）		
	个体随机效应	时间随机效应	双随机效应
（Intercept）	4.741***	3.046***	3.483***
	（0.292）	（0.405）	（0.554）
log（rprice）	−0.705***	−0.946***	−0.939***
	（0.040）	（0.135）	（0.142）
log（rdi）	−0.005	0.362***	0.266**
	（0.063）	（0.088）	（0.122）
σ_μ^2	0.024	—	0.024
σ_λ^2	—	0.001	0.001
σ_ν^2	0.008	0.029	0.006
R^2	0.536	0.313	0.380
logL	1291.692	398.363	1419.736
	（df=5）	（df=5）	（df=6）
χ^2 statistic	315.342***	51.310***	79.446***
	（df=2）	（df=2）	（df=2）
Obs.	1 380	1 380	1 380

注：括号内为稳健标准差；*$p<0.1$，**$p<0.05$，***$p<0.01$。

8.4.3 假设检验与模型选择

8.4.3.1 基于混合回归残差的检验

混合回归模型假定不存在不可观测的个体和时间效应，而假定是否成立需要通过统计检验来确定。plm 包提供了基于混合回归残差的 LM 检验函数 plmtest()，用于检验是否遗漏了个体和/或时间效应，其基本用法是：

```
> plmtest(x, effect = c("individual", "time", "twoways"),
          type = c("honda", "bp", "ghm", "kw"),...)
```

其中，x 是混合回归结果；effect 参数用于指定检验的效应类型，即个体效应（"individual"，缺省值）、时间效应（"time"）和双效应（"twoways"）；type 参数用于选择检验方法，"honda"（缺省值）是指 Honda（1985）提出的 LM 检验，"bp"是指 Breusch 和 Pagan（1980）提出的 LM 检验等，通常使用缺省值。例如：

```
> plmtest(cigar_pool, effect = "individual")

    Lagrange Multiplier Test - (Honda) for balanced panels

data:  fm
normal = 102.43, p-value < 2.2e-16
alternative hypothesis: significant effects

> plmtest(cigar_pool, effect = "time")

    Lagrange Multiplier Test - time effects (Honda) for
    balanced panels

data:  fm
normal = 15.191, p-value < 2.2e-16
alternative hypothesis: significant effects
```

不同选项下的检验结果如表 8-4 所示。所有检验的原假设是不存在设定的个体和/或时间效应。根据计算的 p 值可知，在任何常用的显著性水平下应拒绝原假设，说明混合回归模型设定不充分。注意，type="ghm"选项仅适用于个体和时间双效应检验。

表 8-4　个体和/或时间效应的 LM 检验

	原假设：无个体和/或时间效应		
	个体效应	时间效应	个体和/或时间双效应
honda	102.43 (0.000)	15.191 (0.000)	83.168 (0.000)
bp	10491 (0.000)	230.76 (0.000)	10722 (0.000)
kw	102.43 (0.000)	15.191 (0.000)	75.966 (0.000)
ghm	—	—	10722 (0.000)

注：括号内为 p 值。

8.4.3.2 固定效应模型选择

通常使用 pFtest() 函数在个体固定效应、时间固定效应、个体和时间固定效应以及混合回归四个模型之间进行对照检验。函数的基本用法是：

```
> pFtest(x, z, …)
```

其中 x 和 z 分别对应两个模型的估计结果。需要格外注意的是：该检验属于嵌套模型检验，且 z 必须嵌套于 x 之内。比如，x 若是个体和时间双固定效应模型，z 可以是其他三种模型中的任意一个，但 x 若是个体固定效应模型，则 z 只能是混合回归模型。

```
> pFtest(cigar_fe_twoways, cigar_fe_time)

    F test for twoways effects

data:  fm
F = 126.1, df1 = 45, df2 = 1303, p-value < 2.2e-16
alternative hypothesis: significant effects
```

这是给定存在时间固定效应时，是否需要加入个体固定效应的检验。原假设是不存在个体固定效应，备择假设是个体固定效应显著。由 F 统计量的 p 值远小于任一常用显著性水平可知，应拒绝原假设，接受个体和时间双固定效应模型。其他几种模型之间的检验结果如表 8-5 所示。

表 8-5　固定效应模型的检验结果

无约束模型 x	约束模型 z（原假设）		
	个体效应	时间效应	混合回归
个体和时间效应	18.373 (0.000)	126.1 (0.000)	96.816 (0.000)
个体效应	—	—	106.92 (0.000)
时间效应	—	—	9.924 (0.000)

注：括号内为 p 值。

8.4.3.3 Hausman 检验

表 8-4 的结果显示，个体和时间双随机效应显著。表 8-5 的结果显示，个体和时间双固定效应显著。在随机效应模型和固定效应模型之间选择则需要使用 Hausman 检验。plm 程序包中实现 Hausman 检验的函数是 phtest()，基本用法为：

```
> phtest(x, x2, …)
```

其中，x 和 x2 分别代表固定效应模型和随机效应模型，没有顺序要求。如：

```
> phtest(cigar_fe_twoways, cigar_re_twoways)

    Hausman Test

data:  fm
chisq = 123.5, df = 2, p-value < 2.2e-16
alternative hypothesis: one model is inconsistent
```

Hausman 检验的基本原理是：当解释变量和不可观测的效应项不相关时，固定效应模型和随机效应模型估计量都具有一致性，回归系数应该差别不大，但随机效应估计量更有效；而当解释变量和不可观测的效应项相关时，固定效应模型和随机效应模型估计量具有不同的极限分布，回归系数会呈现显著差异，此时只有固定效应估计量具有一致性。基于此，Hausman 检验通过比较两个模型估计量的差异来推断解释变量是否和不可观测的效应项相关，进而选择固定效应模型或随机效应模型。具体来说，Hausman 检验的原假设是解释变量与个体或时间效应项不相关，根据检验统计量及其 p 值可知，在任一常用显著性水平下，拒绝原假设，固定效应模型估计量具有一致性，因此应选择固定效应模型。个体效应模型和时间效应模型的 Hausman 检验结果也是选择固定效应模型，见表 8-6。

表 8-6　Hausman 检验结果

	个体效应	时间效应	个体和时间效应
χ^2 statistic	60.541 （0.000）	218.93 （0.000）	123.5 （0.000）

注：括号内为 p 值；1%显著性水平下 χ^2 (K=2) 的临界值为 9.21。

8.5 R 语言与空间面板数据模型

8.5.1 空间面板数据模型估计

首先导入空间权重矩阵并生成行标准化的 listw 类型对象。因为从网站下载的原始空间权重矩阵文件是 Excel 文档，且数据直接从第一行开始，所以读取 Excel 文档的函数 read_xls() 中参数 col_names 必须设定为 FALSE，函数会自动添加列名：

```
> library(readxl)
> library(spdep)
> wmat <- as.matrix(read_xls("Spat-Sym-US.xls",
+                            col_names = FALSE))
> ind <- unique(Cigar$state)
> lw <- mat2listw(wmat, row.names = ind, style = "W")
```

对模型进行极大似然估计的函数是 spml()，其基本用法为：

```
> spml(formula, data, index = NULL, listw, listw2 = listw,
       model = c("within", "random", "pooling"),
       effect = c("individual", "time", "twoways"),
       lag = FALSE, spatial.error = c("b", "kkp", "none"),
       ...)
```

其中 formula、data、index、model 和 effect 等参数的设定见 plm() 函数的说明，不同之处是，当 model="random" 时，effect 只能设定为 "within"。listw 是空间权重矩阵，默认情况下，模型中空间滞后项和空间误差项使用同一空间权重矩阵；如果不同，可以使用 listw2 参数为误差项指定一个空间权重矩阵。lag 参数采用逻辑值，用于指定是否包含空间滞后项，缺省值是 FALSE。spatial.error 参数用于设定空间误差项；"none" 表示无空间误差相关；"b" 表示 Baltagi 空间误差设定，如模型（8.17）所示；"kkp" 表示 Kappor、Kelejian 和 Prucha（2007）空间误差设定，如模型（8.29）所示。lag 参数和 spatial.error

参数的不同组合代表了不同的空间面板数据模型。比如，lag=FALSE，spatial.error="none"表示非空间面板数据模型；lag=TRUE, spatial.error="none"表示纯空间滞后模型；lag=FALSE，spatial.error="b"表示纯空间误差模型。

以香烟需求数据集为例，在个体和时间双固定效应基础上加入空间滞后项，估计结果如下：

```
> library(splm)
> sar_twoways <- spml(fm, data = pcigar, listw = lw,
+                     model = "within", effect = "twoways",
+                     lag = TRUE, spatial.error = "none")
> class(sar_twoways)
[1] "splm"
> (summary_sar <- summary(sar_twoways))
Spatial panel fixed effects lag model

Call:
spml(formula = fm, data = pcigar, listw = lw, model = "within",
    effect = "twoways", lag = TRUE, spatial.error = "none")

Residuals:
        Min.     1st Qu.      Median     3rd Qu.        Max.
 -0.42766351 -0.03764618 -0.00076119  0.03920464  0.51748880

Spatial autoregressive coefficient:
       Estimate Std. Error t-value  Pr(>|t|)
lambda 0.189756   0.028588  6.6377 3.186e-11 ***

Coefficients:
             Estimate Std. Error t-value  Pr(>|t|)
log(rprice) -0.994180   0.039902 -24.915 < 2.2e-16 ***
log(rdi)     0.462451   0.046013  10.050 < 2.2e-16 ***
---
Signif. codes:  0 '***' 0.001 '**' 0.01 '*' 0.05 '.' 0.1 ' ' 1
```

从结果中可以看出，空间滞后项系数 lambda 为 0.1898 且统计上显著。因为模型设定为固定效应，所以输出结果中未包含常数项。相关信息可以由

effects.splm()函数提取：

```
> effects_sar_twoways <- effects.splm(sar_twoways)
> effects_sar_twoways

Intercept:
              Estimate    Std. Error   t-value     Pr(>|t|)
(Intercept)   1.67538     0.20103      8.3342      < 2.2e-16   ***

Spatial fixed effects:
     Estimate    Std. Error   t-value     Pr(>|t|)
1    0.014553    0.192140     0.0757      0.939625
2   -0.043372    0.199756    -0.2171      0.828113
...

Time period fixed effects:
     Estimate    Std. Error   t-value     Pr(>|t|)
1    0.1583075   0.1864403    0.8491      0.3958
2    0.1287278   0.1885973    0.6826      0.4949
...
# 为了输出结果简洁，这里省略了大部分个体和时间效应项
```

除了输出结果所报告的信息，其他可以获取的统计量包括：

```
> names(sar_twoways)
 [1] "coefficients"    "errcomp"        "vcov"             "spat.coef"
 [5] "vcov.errcomp"    "residuals"      "fitted.values"    "sigma2"
 [9] "type"  "model"   "call"           "logLik"
[13] "method"          "effects"        "res.eff"
> names(summary_sar)
 [1] "coefficients"    "errcomp"        "vcov"             "spat.coef"
 [5] "vcov.errcomp"    "residuals"      "fitted.values"    "sigma2"
 [9] "type"  "model"   "call"           "logLik"
[13] "method"          "effects"        "res.eff"          "CoefTable"
[17] "ssr"             "tss"            "rsqr"             "fstatistic"
```

在实证研究中，空间杜宾模型因考虑到解释变量空间滞后项的影响而得到了广泛应用。估计空间杜宾模型需要在原模型中加入解释变量的空间滞后

项，生成空间滞后变量的函数是 slag()，其基本用法是：

```
> slag(x, listw, ...)
```

其中，x 的类型要求是"pseries"，即必须是来自面板数据框（pdata.frame）的变量；listw 是空间权重矩阵，类型为"listw"。

生成解释变量的空间滞后项后，使用 update() 函数将其加入公式中，然后重新估计模型如下：

```
> pcigar$w.lrprice <- slag(log(pcigar$rprice),lw)
> pcigar$w.lrdi <- slag(log(pcigar$rdi),lw)
> fm_sdm <- update(fm, .~. + w.lrprice + w.lrdi)
> sdm_twoways <- spml(fm_sdm, data = pcigar, listw = lw,
+                model = "within", effect = "twoways",
+                lag = TRUE, spatial.error = "none")
There were 14 warnings (use warnings() to see them)
> (summary_sdm <- summary(sdm_twoways))
Spatial panel fixed effects lag model

Call:
spml(formula = fm_sdm, data = pcigar, listw = lw,
model = "within", effect = "twoways",
lag = TRUE, spatial.error = "none")

Residuals:
      Min.      1st Qu.     Median     3rd Qu.        Max.
-0.41333633 -0.03805657 -0.00028269  0.03887957  0.50592245

Spatial autoregressive coefficient:
         Estimate  Std. Error  t-value   Pr(>|t|)
Lambda   0.226879  0.032747    6.9283    4.259e-12  ***

Coefficients:
              Estimate   Std. Error   t-value    Pr(>|t|)
log(rprice)  -1.002601   0.040083    -25.0134    < 2.2e-16  ***
log(rdi)      0.600731   0.057191     10.5039    < 2.2e-16  ***
w.lrprice     0.053663   0.080751      0.6646    0.506337
```

```
       w.lrdi           -0.294223        0.078128         -3.7659         0.000166    ***
---
Signif. codes:  0 '***' 0.001 '**' 0.01 '*' 0.05 '.' 0.1 ' ' 1
> summary_sdm$logLik
[1] 1691.294
> summary_sdm$rsqr
[1] 0.9012686
> summary_sdm$sigma2
[1] 0.004978617
```

8.5.2 假设检验与模型选择

8.5.2.1 基于非空间面板模型的 LM 检验

实证分析通常以非空间面板数据模型为基础，然后考虑是否存在空间交互效应，以及空间交互效应体现在因变量还是误差项上。Anselin（2006）将横截面模型中的空间滞后 LM 检验（LM-lag）和空间误差 LM 检验（LM-error）扩展到了面板数据模型。Elhorst（2014）又给出了适用于面板数据模型的稳健空间滞后 LM 检验（RLM-lag）和稳健空间误差 LM 检验（RLM-error）。这些检验通过 splm 程序包中的 slmtest() 来实现，其基本用法是：

```
> slmtest(x, listw, test = c("lme","lml","rlme","rlml"), ...)
```

其中，x 是非空间面板数据模型的估计结果，类型为"plm"；listw 为空间权重矩阵；test 用于四种检验统计量的选择，即"lme"是空间误差检验，"lml"是空间滞后检验，"rlme"是稳健空间误差检验，"rlml"是稳健空间滞后检验。

以个体和时间双固定效应模型为例，LM-lag 检验的结果如下：

```
> # spatial LM lag and LM error test for two-way FE model
> slmtest(cigar_fe_twoways,listw = lw,test = "lml")

    LM test for spatial lag dependence

data:  formula (within transformation)
LM = 46.901, df = 1, p-value = 7.468e-12
alternative hypothesis: spatial lag dependence
```

限于篇幅，其他检验方法及模型设定的结果见表 8-7。解读表 8-7 的结果需要注意：第一，该检验受模型中所包含的固定效应项的影响，因此应先根据非空间固定效应模型检验结果以确定合适的模型形式，再进行空间交互效应的 LM 检验（Elhorst，2014）。第二，该检验仅对空间滞后模型和空间误差模型的区分有效，检验过程一般为先看 LM-lag 和 LM-error，当两者都显著时，再看 RLM-lag 和 RLM-error：若其中一个显著，则选择对应的空间模型形式；若两个都显著，则需要考虑其他空间模型形式（陶长琪和杨海文，2014）。本例中，混合回归模型和个体固定效应模型的检验结果指向其他空间模型形式，而时间固定效应模型以及个体和时间双固定效应模型的检验结果指向空间误差模型。

表 8-7　空间交互效应的 LM 检验结果

	混合回归	个体 固定效应	时间 固定效应	个体和时间 双固定效应
LM-lag	66.466 （0.000）	136.43 （0.000）	44.04 （0.000）	46.901 （0.000）
LM-error	153.04 （0.000）	255.71 （0.000）	62.865 （0.000）	54.655 （0.000）
RLM-lag	58.264 （0.000）	29.513 （0.000）	0.330 （0.566）	1.156 （0.282）
RLM-error	144.84 （0.000）	148.8 （0.000）	19.155 （0.000）	8.911 （0.003）

注：括号内为 p 值；1% 显著性水平下，$\chi^2(1)$ 的临界值为 6.635。

8.5.2.2　空间 Hausman 检验

Hausman（1978）提出的检验方法适用于非空间面板数据模型，Mutl 和 Pfaffermayr（2011）将其拓展到空间模型，提出了空间 Hausman 检验。空间 Hausman 检验的基本原理与非空间情形一致，通过比较随机效应估计量和固定效应估计量的差异来确定是否能够使用随机效应模型。实现空间 Hausman 检验的函数为 sphtest()，其参数可以是空间固定效应和空间随机效应两个模型的估计结果，也可以使用公式设定形式，由系统自动估计两个模型并显示检验结果。因为在随机效应模型设定下，spml()只能估计个体随机效应，不能估计时间随机效应以及个体和时间双随机效应，所以推荐使用公式设定形式进行检验，其基本用法是：

```
> sphtest(x, data, index = NULL, listw,
        spatial.model = c("lag", "error", "sarar"), ...)
```

其中，x、data、index、listw 等参数设定方式与 spml()函数一致；spatial.model 用于设定空间模型形式，即空间滞后模型（"lag"）、空间误差模型（"error"）、空间滞后和误差模型（"sarar"）。例如：

```
> sphtest(fm, data=pcigar, listw=lw, spatial.model="lag")

    Hausman test for spatial models

data:  x
chisq = 2.2217, df = 2, p-value = 0.3293
alternative hypothesis: one model is inconsistent
> sphtest(fm, data=pcigar, listw=lw, spatial.model="error")
> sphtest(fm, data=pcigar, listw=lw, spatial.model="sarar")
> sphtest(fm_sdm, data=pcigar, listw=lw, spatial.model="lag")
> sphtest(fm_sdm, data=pcigar, listw=lw, spatial.model="error")
> sphtest(fm_sdm, data=pcigar, listw=lw, spatial.model="sarar")
```

为了节省篇幅，这里只给出一个输出结果，其余检验结果见表 8-8。从表中可以看出，仅 SEM 和 SARAR（也称为 SAC）模型拒绝了个体随机效应，其他模型如 SAR、SDM、SDEM、GNS 等都无法拒绝个体随机效应。[①]

表 8-8 空间 Hausman 检验结果

	SAR	SEM	SARAR
无滞后自变量	2.222	33.171	24.655
	(0.329)	(0.000)	(0.000)
含滞后自变量	1.275	1.775	0.919
	(0.866)	(0.777)	(0.922)

注：括号内为 p 值；$\chi^2_{0.01}(2)$ 的临界值为 9.210，$\chi^2_{0.01}(4)$ 的临界值为 13.277。

---

① 这里的模型缩写形式使用了 Elhorst（2014）的表达方式，GNS 表示最完整的空间模型，即同时含有因变量、自变量和误差项的空间滞后项。

8.5.2.3 回归系数的假设检验

截至目前，非空间面板模型的 Hausman 检验结论指向个体和时间双固定效应模型（见表 8-6）；在个体和时间双固定效应设定下，空间面板 LM 检验指向空间误差模型（见表 8-7）；在空间误差模型设定下，空间 Hausman 检验也指向个体固定效应（χ^2 统计量的值为 33.171，p 值远小于 0.01）。因此，个体和时间双固定效应的空间误差模型看起来是最好选择。但 Elhorst（2014）指出，要慎重使用（稳健）空间滞后和空间误差的 LM 检验结论，并且建议结合空间杜宾模型的系数检验结果来确定最终的模型选择。具体来说，对于空间杜宾模型：

$$y = \lambda(I_T \otimes W_N)y + X\beta + (I_T \otimes W_N)X\theta + \varepsilon \quad (8.32)$$

进行两个系数约束检验：

$$H_0^a: \theta = 0$$
$$H_0^b: \theta + \lambda\beta = 0$$

显然，如果 H_0^a 成立，则模型（8.32）就简化为空间滞后模型；如果 H_0^b 成立，模型就简化为空间误差模型。将 $\theta = -\lambda\beta$ 代入模型（8.32）可得：

$$y = X\beta + [I_{NT} - \lambda(I_T \otimes W_N)]^{-1}\varepsilon$$

令 $u = [I_{NT} - \lambda(I_T \otimes W_N)]^{-1}\varepsilon$，则：

$$\begin{aligned} y &= X\beta + u \\ u &= \lambda(I_T \otimes W_N)u + \varepsilon \end{aligned} \quad (8.33)$$

结合（稳健）LM 检验和这两个系数检验的决策规则为：

① 如果 H_0^a 和 H_0^b 都被拒绝，则选择空间杜宾模型。

② 如果接受 H_0^a 且（稳健）LM 检验指向空间滞后模型，则选择空间滞后模型；如果接受 H_0^b 且（稳健）LM 检验指向空间误差模型，则选择空间误差模型。

③ 如果系数检验结果与（稳健）LM 检验结果不一致，则选择空间杜宾模型。

空间面板数据模型的回归系数检验与传统线性回归模型一致，零线性约束可以使用 lmtest 程序包中的 waldtest()函数，一般线性约束可以使用 car 程序包中的 linearHypothesis()函数，非线性约束可以使用 nlWaldtest 程序包中的 nlWaldtest()函数。当然，nlWaldtest()函数也可用于检验线性约束。这些函数的基本用法请参考 2.3.2 节。能够对回归系数进行线性或非线性检验的函数还有很多，对于一般线性约束也都能给出相同的检验结果，可以自由选择使用。这里以 nlWaldtest()函数演示 H_0^a 和 H_0^b 的检验：

```
> library(nlWaldTest)
> coef(sdm_twoways)
    Lambda      log(rprice)   log(rdi)    w.lrprice    w.lrdi
    0.22687945  -1.00260098   0.60073089  0.05366328   -0.29422251
> nlWaldtest(sdm_twoways, c("b[4]=0","b[5]=0"))

    Wald Chi-square test of restrictions on model parameters

data:  sdm_twoways
Chisq = 15.319, df = 2, p-value = 0.0004716

> nlWaldtest(sdm_twoways, c("b[1]*b[2]+b[4]=0",
+                          "b[1]*b[3]+b[5]=0"))

    Wald Chi-square test of restrictions on model parameters

data:  sdm_twoways
Chisq = 8.5812, df = 2, p-value = 0.0137
```

根据检验结果和决策规则可知，在 5%的显著性水平下 H_0^a 和 H_0^b 都被拒绝，所以应选择空间杜宾模型。

表 8-8 中，在空间杜宾模型设定下，空间 Hausman 检验的结果是接受个体随机效应（χ^2 统计量值为 1.275，p 值为 0.866）。Baltagi et al.（2003）提出了个体随机效应和空间误差的各种组合假设的 LM 检验，为个体随机效应检验提供了另一种方式。考虑个体随机效应空间误差模型：

$$\begin{aligned} u &= (\iota_T \otimes I_N)\mu + \varepsilon \\ \varepsilon &= \lambda(I_T \otimes W_N)\varepsilon + v \end{aligned} \quad (8.34)$$

其中 $\mu \sim N(0, \sigma_\mu^2 I_N)$。Baltagi et al.（2003）提出的检验有：

① 假定 $\lambda = 0$，$H_0^{(1)}$: $\sigma_\mu^2 = 0$，$H_1^{(1)}$: $\sigma_\mu^2 > 0$；

② 假定 $\sigma_\mu^2 = 0$，$H_0^{(2)}$: $\lambda = 0$，$H_1^{(2)}$: $\lambda \neq 0$；

③ $H_0^{(3)}$: $\lambda = \sigma_\mu^2 = 0$，$H_1^{(3)}$: $\lambda \neq 0$ 或 $\sigma_\mu^2 \neq 0$；

④ 假定 $\sigma_\mu^2 \geq 0$，$H_0^{(4)}$: $\lambda = 0$，$H_1^{(4)}$: $\lambda \neq 0$；

⑤ 假定 $\lambda = 0$ 或 $\lambda \neq 0$，$H_0^{(5)}$: $\sigma_\mu^2 = 0$，$H_1^{(5)}$: $\sigma_\mu^2 > 0$。

splm 程序包中的 bsktest() 函数用于实现这五个 LM 检验，其用法是：

```
> bsktest(x, data, index = NULL, listw,
         test = c("LMH","LM1","LM2","CLMlambda","CLMmu"), ...)
```

其中 x 是公式对象，data 是面板数据框，listw 是空间权重矩阵，test 参数的各选项与五个原假设的对应关系为：$H_0^{(1)}$ 对应"LM1"，$H_0^{(2)}$ 对应"LM2"，$H_0^{(3)}$ 对应"LMH"，$H_0^{(4)}$ 对应"CLMlambda"，$H_0^{(5)}$ 对应"CLMmu"。

```
> bsktest(fm_sdm, data=pcigar, listw=lw, test="CLMmu")

    Baltagi, Song and Koh LM*- mu conditional LM test
    (assuming lambda may or may not be = 0)

data:  log(sales) ~ log(rprice) + log(rdi) + w.lrprice + w.lrdi
LM*-mu = 109.14, p-value < 2.2e-16
alternative hypothesis: Random regional effects
```

检验结果显示，无论是否存在空间误差相关，个体随机效应都是显著的。因此，可以采用个体随机、时间固定的空间杜宾模型。

```
> fm_sdm_FEtime <- log(sales)~log(rprice)+log(rdi)+w.lrprice+
+                  w.lrdi+factor(year)
> sdm_FEtime_REind <- spml(fm_sdm_FEtime, data = pcigar,
+                     listw = lw, model = "random",
+                     lag = TRUE, spatial.error = "none")
> (summary_sdm_FR <- summary(sdm_FEtime_REind))
```

```
ML panel with spatial lag, random effects

Call:
spreml(formula = formula, data = data, index = index, w =
listw2mat(listw),
    w2 = listw2mat(listw2), lag = lag, errors = errors, cl = cl)

Residuals:
   Min.   1st Qu.  Median   Mean   3rd Qu.   Max.
   0.49    1.01    1.09    1.10    1.17     1.84

Error variance parameters:
       Estimate   Std. Error   t-value    Pr(>|t|)
Phi    4.38225    0.93747      4.6746     2.946e-06 ***

Spatial autoregressive coefficient:
          Estimate   Std. Error   t-value    Pr(>|t|)
Lambda    0.22954    0.03257      7.0476     1.821e-12 ***

Coefficients:
                  Estimate    Std. Error   t-value    Pr(>|t|)
(Intercept)       2.246199    0.247502     9.0755     < 2.2e-16  ***
log(rprice)      -1.006855    0.040393    -24.9265    < 2.2e-16  ***
log(rdi)          0.593318    0.055377     10.7143    < 2.2e-16  ***
w.lrprice         0.072841    0.072894     0.9993     0.3176620
w.lrdi           -0.272879    0.074211    -3.6771     0.0002359  ***
factor(year)64   -0.023069    0.015357    -1.5021     0.1330610
factor(year)65   -0.036739    0.016291    -2.2552     0.0241237  *
factor(year)66   -0.030650    0.017647    -1.7369     0.0824081  .
factor(year)67   -0.039444    0.018310    -2.1543     0.0312183  *
factor(year)68   -0.033406    0.019925    -1.6766     0.0936273  .
factor(year)69   -0.064321    0.019846    -3.2409     0.0011914  **
factor(year)70   -0.058847    0.021538    -2.7323     0.0062893  **
factor(year)71   -0.038704    0.022888    -1.6910     0.0908329  .
factor(year)72   -0.025585    0.025036    -1.0219     0.3068252
factor(year)73   -0.080788    0.026839    -3.0101     0.0026116  **
factor(year)74   -0.121457    0.024072    -5.0456     4.520e-07  ***
factor(year)75   -0.128616    0.023675    -5.4324     5.559e-08  ***
factor(year)76   -0.101733    0.024552    -4.1436     3.419e-05  ***
```

```
factor(year)77   -0.144998   0.025561    -5.6727    1.406e-08    ***
factor(year)78   -0.126182   0.027354    -4.6129    3.971e-06    ***
factor(year)79   -0.195120   0.026963    -7.2367    4.599e-13    ***
factor(year)80   -0.246093   0.026290    -9.3606    < 2.2e-16    ***
factor(year)81   -0.287808   0.027664   -10.4038    < 2.2e-16    ***
factor(year)82   -0.256968   0.026247    -9.7902    < 2.2e-16    ***
factor(year)83   -0.183053   0.025820    -7.0894    1.346e-12    ***
factor(year)84   -0.148513   0.028769    -5.1622    2.440e-07    ***
factor(year)85   -0.142959   0.030099    -4.7497    2.037e-06    ***
factor(year)86   -0.124915   0.033050    -3.7796    0.0001571    ***
factor(year)87   -0.125756   0.034633    -3.6311    0.0002822    ***
factor(year)88   -0.127889   0.037390    -3.4204    0.0006253    ***
factor(year)89   -0.127268   0.039566    -3.2166    0.0012972    **
factor(year)90   -0.126451   0.042301    -2.9894    0.0027957    **
factor(year)91   -0.127146   0.042456    -2.9948    0.0027462    **
factor(year)92   -0.057805   0.049412    -1.1699    0.2420588
---
Signif. codes:  0 '***' 0.001 '**' 0.01 '*' 0.05 '.' 0.1 ' ' 1

> sdm_FEtime_REind$errcomp
    phi
4.382253
> sdm_FEtime_REind$sigma2
$one
[1] 0.02770361

$idios
[1] 0.005147214

$id
[1] 0.02255639
```

8.5.2.4 假设检验总结

我们尝试总结本章检验函数。检验结论通常依据 p 值和显著性水平的比较：p 值小于显著性水平，检验结果显著，拒绝原假设；否则，检验结果不显著，接受原假设。因此，模型选择的假设检验，关键在于原假设和备择假设所代表的模型形式是什么。基于此，我们将不同检验设定下原假设和备择假设所对应的模型形式列在表 8-10 中。为了表述方便，表格中的模型使用数字代码形式表示，各代码所表示的模型见表 8-9，如 PM0 表示混合回归模型，PM1 表示个体固定效应模型，SPM1 表示无个体和时间效应的面板空间滞后模型，如果公式（formula）中含有解释变量的空间滞后项，则表示面板空间杜宾模型（SDM）。

这里以空间 Hausman 检验函数 sphtest() 为例对表 8-10 进行说明。"SPM13-SPM4"表示，当参数 spatial.model 设定为"lag"时，检验的原假设是个体随机效应空间滞后模型（或个体随机空间杜宾模型），备择假设是个体固定效应空间滞后模型（或个体固定空间杜宾模型），因此若检验结果显著则接受随机效应模型，否则接受固定效应模型。

表 8-9　模型代码及其对应的模型形式

非空间面板数据模型			
model	effect		
	individual	time	twoways
within	PM1	PM2	PM3
random	PM4	PM5	PM6
pooling	PM0		

空间面板数据模型					
lag/spatial.error（formula）	pooling	model/effect within			random
		individual	time	twoways	individual
SAR（SDM）	SPM1	SPM4	SPM7	SPM10	SPM13
SEM（SDEM）	SPM2	SPM5	SPM8	SPM11	SPM14
SARAR（GNS）	SPM3	SPM6	SPM9	SPM12	SPM15

注：表格中的参数仅表示对应的含义，在函数中使用相应参数时需要进行调整，如加上引号等。

表 8-10 检验设定及其原假设和备择假设模型

	plmtest（x，effect，...）		
	individual	effect= time	twoways
x=PM0	PM0 – PM4	PM0-PM5	PM0 – PM6
	pFtest（x，z，...）		
	x=PM1	x=PM2	x=PM3
z=PM0	PM0-PM1	PM0-PM2	PM0-PM3
z=PM1	—	—	PM1-PM3
z=PM2	—	—	PM2-PM3
	phtest（x，x2，...）		
x=H_0, x2=H_1	PM4-PM1	PM5-PM2	PM6-PM3
	slmtest（x，test，...）		
test=	x=PM0	x=PM1	x=PM2
lml/rlml	PM0-SPM1	PM1-SPM4	PM2-SPM7
lme/rlme	PM0-SPM2	PM1-SPM5	PM2-SPM8
	x=PM3	x=PM4	
lml/rlml	PM3-SPM10	PM4-SPM13	
lme/rlme	PM3-SPM11	PM4-SPM14	
	sphtest（x，spatial.model，...）		
	lag	spatial.model= error	sarar
x=formula	SPM13-SPM4	SPM14-SPM5	SPM15-SPM6
	bsktest（x，test，...）		
	test=LM1	test=LM2	test=LMH
x=formula	PM0-SPM14	PM0-SPM2	PM0- PM4/SPM2/SPM14
	test=CLMlambda	test=CLMmu	
x=formula	PM0/PM4- SPM2/SPM14	PM0/SPM2- PM4/SPM14	

注：①表格内形式为 H_0–H_1，即原假设模型–备择假设模型；/表示参数可选项或模型不唯一。
②同表 8-9 的脚注，表格中的参数设定仅表示含义，不能直接用于函数中。如 x=PM0，表示参数 x 为非空间混合回归模型，具体使用时可能需要模型估计的结果对象，也可能需要相应模型的设定公式。

8.5.3 计算空间效应

与截面空间模型一样，由于存在反馈效应，面板空间滞后模型的回归系数不能完全反映解释变量对因变量的影响，需要计算直接效应和间接效应。因为 splm 程序包定义了 impacts.splm 方法，所以第 5 章和第 7 章中使用的 impacts()函数仍然适用于空间面板数据模型，只是参数设定有所不同：

```
> impacts(obj, listw = NULL, time = NULL, R = 200, ...)
```

其中 obj 是"splm"类型对象，即空间面板数据模型的回归结果；listw 是空间权重矩阵，time 是面板数据的时间长度，这两个参数不可省略[①]；R 是计算效应方差所需的模拟抽样次数，缺省值是 200，可以适当提高此数值（如 2000）以提高模拟方差的精度。以个体和时间双固定效应空间滞后模型为例，计算各解释变量的直接效应、间接效应和总效应的命令为：

```
> fm <- log(sales) ~ log(rprice) + log(rdi)
> sar_twoways <- spml(fm, data = pcigar, listw = lw,
+                model = "within", effect = "twoways",
+                lag = TRUE, spatial.error = "none")
> imps_sar_twoways <- impacts(sar_twoways, listw=lw, R=2000,
+                time=length(unique(pcigar$year)))
> summary(imps_sar_twoways, zstats=TRUE, short=TRUE)
Impact measures (lag, trace):
                Direct        Indirect       Total
log(rprice)   -1.0037668    -0.2232465    -1.2270133
log(rdi)       0.4669105     0.1038450     0.5707555
================================================================
Simulation results (variance matrix):
================================================================
Simulated standard errors
                Direct        Indirect       Total
log(rprice)    0.04118390    0.04063891    0.06533404
log(rdi)       0.04669132    0.02131866    0.06057127
```

[①] 如果省略，则需要使用 tr 参数，给出空间权重矩阵的各次幂的迹，但不推荐这种方式。

```
Simulated z-values:
             Direct         Indirect        Total
log(rprice)  -24.39149      -5.568029       -18.838805
log(rdi)     10.00718       4.938199        9.452077

Simulated p-values:
             Direct         Indirect        Total
log(rprice)  < 2.22e-16     2.5764e-08      < 2.22e-16
log(rdi)     < 2.22e-16     7.8847e-07      < 2.22e-16
```

summary()函数中需要设定 zstats=TRUE 和 short=TRUE，这样可以使得最后表格中给出直接效应、间接效应和总效应，以及对应的标准差、z 统计量和 p 值。

需要注意的是，impacts()函数不适用于面板空间杜宾模型。如果直接使用，程序并不会报错，而会将解释变量的空间滞后项视为一个独立的解释变量，计算其直接效应和间接效应。为了避免这种错误，我们编写了两个函数，一个是在 spml()的基础上，添加了 Durbin 参数，用于设定所包含的空间滞后解释变量。Durbin 参数的设定与截面空间模型一致，可以是逻辑值 TRUE，表示包含所有解释变量的空间滞后项；或者是公式形式，Durbin=~var1+var2 表示仅包含 var1 和 var2 两个变量的空间滞后项。此函数被命名为 spml.durbin，在同名文件中，使用时用 source()函数加载。例如：

```
> source("spml.durbin.r")
> spm10 <- spml.durbin(fm, data = pcigar, listw = lw,
+                Durbin = TRUE,
+                model = "within", effect = "twoways",
+                lag = TRUE, spatial.error = "none")
> library(AER)
> coeftest(spm10)

z test of coefficients:

             Estimate    Std. Error   z value    Pr(>|z|)
lambda       0.226879    0.032747     6.9283     4.259e-12   ***
log(rprice)  -1.002601   0.040083     -25.0134   < 2.2e-16   ***
```

第 8 章 空间面板数据模型 ▶ *171*

```
log(rdi)         0.600731   0.057191   10.5039    < 2.2e-16   ***
w.log.rprice     0.053663   0.080751    0.6646    0.506337
w.log.rdi       -0.294223   0.078128   -3.7659    0.000166    ***
---
Signif. codes:  0 '***' 0.001 '**' 0.01 '*' 0.05 '.' 0.1 ' ' 1
```

实际上，此函数也可以用于估计无空间滞后解释变量的模型，省略 Durbin 参数，使用缺省值 FALSE 即可，此时等同于 spml() 函数。对于面板空间杜宾模型，使用此函数一方面不用再事先生成空间滞后解释变量，另一方面可以使用我们编写的另一个函数直接计算直接效应、间接效应和总效应。函数名为 impacts.durbin，使用方式为：

```
> impacts.durbin(obj, listw, time, R = 200, ...)
```

其中各参数含义同 impacts() 函数。注意，使用此函数前需要用 source() 加载。例如：

```
> source("impacts.durbin.r")
> imps <- impacts.durbin(spm10, listw = lw, time = 30, R = 2000)
> summary(imps, zstats=TRUE, short=TRUE)
Impact measures (mixed, trace):
                Direct      Indirect    Total
log(rprice)    -1.0133572  -0.2140552  -1.2274123
log(rdi)        0.5909573  -0.1945011   0.3964561

========================================================
Simulation results (asymptotic variance matrix):
========================================================
Simulated standard errors
                Direct       Indirect    Total
log(rprice)    0.04043632   0.10832807  0.12000093
log(rdi)       0.05594258   0.09054477  0.08414383


Simulated z-values:
                Direct      Indirect    Total
log(rprice)    -25.05866   -1.940089   -10.195305
log(rdi)        10.56127   -2.138952    4.719937
```

```
Simulated p-values:
            Direct         Indirect    Total
log(rprice) < 2.22e-16     0.052369    < 2.22e-16
log(rdi)    < 2.22e-16     0.032440    2.3592e-06
```

可以看出，这里成功识别了滞后解释变量，给出了总的直接效应和间接效应等。

◆ 关 键 代 码 ◆

```
data("Cigar")   #导入数据
pcigar<-pdata.frame(Cigar, index=c("state", "year"))   #设定面板数据结构，其中 state 是个体变量，year 是时间变量
plm(formula, data, model=c("within", "random", "pooling", "between", "fd"), effect=c("individual", "time", "twoways"), index=NULL, ...)   #非空间面板数据模型的估计函数，其中参数 model 和 effect 的不同设定形式对应不同的模型形式
within_intercept(object, vcov=NULL, ...)   #计算固定效应模型的截距项，其中 object 是固定效应模型的估计结果
fixef(object, effect=NULL, type=c("level", "dfirst", "dmean"), vcov=NULL, ...)   #提取固定效应的估计值，其中参数 type 用于设定提取水平值、相对于第一个固定效应的离差还是相对于总体均值的离差
plmtest(x, effect=c("individual", "time", "twoways"), type=c("honda", "bp", "ghm", "kw"), ...)   #个体效应、时间效应以及个体和时间双效应检验
pFtest(x, z, …)   #嵌套模型检验，z 必须嵌套于 x 之内，比如 x 是个体和时间双效应模型的估计结果，z 是个体效应模型的估计结果
phtest(x, x2, …)   #传统面板数据模型的 Hausman 检验，其中 x 和 x2 分别代表固定效应模型和随机效应模型，没有顺序要求
spml(formula, data, index=NULL, listw, listw2=listw, model=c("within", "random", "pooling"), effect=c("individual", "time", "twoways"), lag=FALSE, spatial.error=c("b", "kkp", "none"), ...)   #空间面板数据模型的估计函数，其中参数 listw 和 listw2 分别是对应因变量和自变量的空间权重矩阵，默认两者使用相同的空间权重矩阵；参数 model、effect、lag 和 spatial.error 的不同设定组合对应不同的模型形式
effects.splm(object)   #提取空间固定效应模型的截距项及固定效应估计值，其中 object 是空间固定效应模型的估计结果
slag(x, listw, ...)   #计算面板序列 x 的空间滞后项
slmtest(x, listw, test=c("lme", "lml", "rlme", "rlml"),...)   #适用于空
```

间面板数据模型的空间误差检验、空间滞后检验、稳健空间误差检验及稳健空间滞后检验等四种 LM 检验，其中参数 test 的设定值决定了检验方法

　　sphtest(x, data, index=NULL, listw, spatial.model=c("lag", "error", "sarar"), ...)　#空间面板数据模型的 Hausman 检验

　　source("impacts.durbin.r")　#加载自定义的函数，splm 程序包中提供的直接效应、间接效应和总效应的计算函数不适用于面板空间杜宾模型，需要自定义函数进行计算

　　imps<-impacts.durbin(spm10, listw=lw, time=30, R=2000)　#计算面板空间杜宾模型的直接效应、间接效应和总效应

　　summary(imps, zstats=TRUE, short=TRUE)　#显示空间效应的描述性统计及显著性检验结果

本章 R 操作视频请扫描以下二维码观看：

（推荐在 WIFI 环境下观看）

第 9 章 空间流量数据模型

本章概要

流量数据常见于国际贸易、人口迁移等领域，其主要特点是具有方向性，而且流量大小同时受到来源地和目的地特征的影响。实证研究人员通常使用重力模型来分析流量数据。重力模型虽然考虑了影响流量的来源地特征、目的地特征、两地距离等因素，但忽略了流量数据本身的空间自相关。为此，学者们开始探索将空间相关性融入模型，构建空间流量数据模型进行理论和实证研究。目前空间流量数据模型已经在涉及流量数据的多个领域的实证研究中得到广泛应用。本章重点内容包括流量数据结构设置、重力模型的估计、多层随机效应模型的构建与估计以及流量空间滞后模型的估计等。通过本章的学习，我们应该熟练掌握流量数据结构转换，能够利用 gravity 程序包提供的各种方法估计重力模型，理解多层随机效应模型的基本原理并利用 lme 程序包实现模型估计，理解流量空间滞后模型的相关理论，掌握估计流量空间滞后模型的过程及相关代码。

9.1 数据特征

流量数据不同于传统数据类型。传统数据中每个观测点包含一个个体（或空间单元）属性，而每个流量数据则包含两个个体（或空间单元）属性，分别代表来源地（origin）和目的地（destination）。如果传统数据被称为点（或面）数据，流量数据则可以被称为线数据。流量数据通常产生于国际贸易、人口迁移、商品运输以及信息交流等领域，实证应用广泛。

n 个地区之间的流量数据可以使用 $n \times n$ 矩阵来表示，其中行代表目的地，列代表来源地[①]，如式（9.1）所示。

$$Y = \begin{pmatrix} y_{11} & y_{12} & \cdots & y_{1n} \\ y_{21} & y_{22} & \cdots & y_{2n} \\ \vdots & \vdots & \ddots & \vdots \\ y_{n1} & y_{n2} & \cdots & y_{nn} \end{pmatrix} \begin{matrix} d_1 \\ d_2 \\ \vdots \\ d_n \end{matrix} = \begin{pmatrix} o_1 & o_2 & \cdots & o_n \\ o_1 \to d_1 & o_2 \to d_1 & \cdots & o_n \to d_1 \\ o_1 \to d_2 & o_2 \to d_2 & \cdots & o_n \to d_2 \\ \vdots & \vdots & \ddots & \vdots \\ o_1 \to d_n & o_2 \to d_n & \cdots & o_n \to d_n \end{pmatrix} \quad (9.1)$$

在进行数据分析时，变量通常采用向量形式。我们可以使用 R 函数 as.vector() 将 Y 向量化，转换后的排列方式是按列堆积，与 Lesage 和 Pace（2009）以目的地为中心的排序方式相同。注意，n 个地区的流量数据对应 n^2 个观测值，而其他地区特征变量（如人口、产值等），观测值数量通常为 n。解决这种观测值数量不一致的方法有两种。第一种方法是将流量数据转换为横截面数据，然后使用横截面数据分析方法。如令 $\iota_n = (1, 1, \cdots, 1)'$，使用 $Y\iota_n$ 计算 Y 的行和，得到每个地区的总流入量，或者使用 $Y'\iota_n$ 计算 Y 的列和，得到每个地区的总流出量，显然 $(Y+Y')\iota_n$ 得到的是每个地区的流入和流出总量。如果使用平均量，只需在上述计算的基础上除以 n 即可。

第一种方法属于数据降维，必然会带来信息的损失，实际应用中通常使用另一种方法：为地区特征变量增加来源地和目的地属性，将一个变量变为两个变量，并通过重复填充观测值的方式将样本量从 n 变为 n^2。例如，令 $x = (x_1, \cdots, x_n)'$ 为 n 个地区的特征变量，将其分为 x_o 和 x_d 两个变量，分别代表来源地特征和目的地特征。其中

$$\begin{aligned} x_o &= x \otimes \iota_n = \Big(\underbrace{x_1, \cdots, x_1}_{n}, \cdots, \underbrace{x_n, \cdots, x_n}_{n} \Big)' \\ x_d &= \iota_n \otimes x = \Big(\underbrace{x_1, \cdots, x_n}_{n}, \cdots, \underbrace{x_1, \cdots, x_n}_{n} \Big)' \end{aligned} \quad (9.2)$$

---

① 这里使用 Lesage 和 Pace（2009）的数据排列方式。

对于 k 个地区特征变量所组成的 $n \times k$ 矩阵 X，可以使用同样的方法得到 $X_o = X \otimes \iota_n$ 和 $X_d = \iota_n \otimes X$。生成的是两个 $n^2 \times k$ 矩阵，每一列对应一个地区特征变量。在 R 中，对单一特征变量变换使用 rep() 函数，如：

```
> xo <- rep(x, each = n)
> xd <- rep(x, n)
```

对于特征变量矩阵 X，则需要使用 kronecker() 函数：

```
> Xo <- kronecker(X, rep(1,n))
> Xd <- kronecker(rep(1,n), X)
```

在流量数据分析中，还有一种经常使用的数据类型：双边数据（bilateral data），如距离、贸易协定、汇率等。这类数据的特点是每个观测值具有两个空间个体属性，因此也可以称为线数据，但与流量数据不同，双边数据对称地看待两个空间个体属性，如 a 和 b 的距离等同于 b 和 a 的距离，a 和 b 的贸易协定等同于 b 和 a 的贸易协定等。n 个地区的双边数据可以用一个 $n \times n$ 的对称矩阵来表示，利用与流量数据同样的方式将其向量化，即可用于模型分析。

9.2 模型设定

9.2.1 重力模型

重力模型也称引力模型，用于研究经济或空间个体之间的相互作用。根据牛顿重力定律，两地间的流量如贸易量（F_{ij}）与两地经济发展水平 Y_i 和 Y_j 的乘积成正比，与两地间的距离（D_{ij}）成反比，用方程表示为：

$$F_{ij} = \beta_0 Y_i^{\beta_1} Y_j^{\beta_2} D_{ij}^{\beta_3} \tag{9.3}$$

其中 β_0、β_1、β_2 和 β_3 是未知参数。在方程中加入随机误差项，得到传统乘积形式的重力模型：

$$F_{ij} = \beta_0 Y_i^{\beta_1} Y_j^{\beta_2} D_{ij}^{\beta_3} \varepsilon_{ij} \tag{9.4}$$

除了经济发展水平、距离等变量，模型中还可以根据具体问题加入感兴趣的解释变量，如人口迁移领域常用的工资水平、城镇化水平等变量（曹永明，2017），这使得模型（9.4）成为经验研究中最流行的模型形式。

重力模型也称空间交互模型，因为模型所反映的来源地和目的地效应也是一种空间交互效应，而且模型还使用距离变量描述空间单元的相对位置对流量的影响。在拓展模型中，还可以加入其他描述空间单元位置关系的变量，如是否具有共同边界、是否位于同一省份（或区域）等。定义虚拟变量 $contig$：

$$contig_{ij} = \begin{cases} 1, & i\text{和}j\text{具有共同边界} \\ 0, & \text{其他} \end{cases}$$

将其加入模型（9.4）可得[①]：

$$F_{ij} = \beta_0 Y_i^{\beta_1} Y_j^{\beta_2} D_{ij}^{\beta_3} \varepsilon_{ij} e^{\beta_4 contig_{ij}} \tag{9.5}$$

自 Tinbergen et al.（1962）发表直到现在，估计模型（9.5）最常用的方法是对模型取对数：

$$\begin{aligned} \log(F_{ij}) = {} & \log(\beta_0) + \beta_1 \log(Y_i) + \beta_2 \log(Y_j) + \\ & \beta_3 \log(D_{ij}) + \beta_4 contig_{ij} + u_{ij} \end{aligned} \tag{9.6}$$

其中 $u_{ij} = \log(\varepsilon_{ij})$，然后使用普通最小二乘法（OLS）估计模型（9.6）。

但在经验研究中，一方面随机误差项的经典假定条件往往不能满足，另一方面对数变换无法处理流量为零的情形，无论是删除对应数据还是将流量加 1 后取对数，都会导致系数估计的不一致性（Silva 和 Tenreyro，2006）。因此，很多学者直接从乘积重力模型（9.5）出发，考虑解决零流量和随机误差分布的问题。

假定 $F(\varepsilon_{ij}|Y_i, Y_j, D_{ij}, \cdots) = 1$，则由（9.5）可得：

$$E(F_{ij}|Y_i, Y_j, D_{ij}, \cdots, \boldsymbol{\beta}) = \exp(\boldsymbol{x}'_{ij}\boldsymbol{\beta}) \tag{9.7}$$

其中，

[①] 将 $contig$ 表示成矩阵形式，主对角线设置为 0，这就与空间权重矩阵一致，不同点在于这里将其向量化后作为独立解释变量使用。

$$x'_{ij}\boldsymbol{\beta} = \log(\beta_0) + \beta_1 \log(Y_i) + \beta_2 \log(Y_j) + \beta_3 \log(D_{ij}) + \beta_4 contig_{ij}$$

定义条件误差 $e_{ij} = F_{ij} - E(F_{ij}|\boldsymbol{x}_{ij}, \boldsymbol{\beta})$，则

$$F_{ij} = \exp(x'_{ij}\boldsymbol{\beta}) + e_{ij} \tag{9.8}$$

模型（9.8）不需要对流量 F_{ij} 取对数，从而避免了零流量问题。Frankel 和 Wei（1993）建议使用非线性最小二乘法（nonlinear least squares，NLS）对其进行估计。Silva 和 Tenreyro（2006）指出，尽管 NLS 估计量具有一致性，但因为它忽略了 e_{ij} 的异方差问题，因而是非有效的估计量。他们提出采用泊松拟极大似然法（Poisson pseudo maximum likelihood，PPML）估计式（9.8）。泊松重力模型的形式为：

$$\Pr(\boldsymbol{F} = F_{ij}) = \frac{e^{-\mu_{ij}}(\mu_{ij})^{F_{ij}}}{F_{ij}!} \tag{9.9}$$

$$\mu_{ij} = E(F_{ij}|\boldsymbol{x}_{ij}, \boldsymbol{\beta}) = \exp(x'_{ij}\boldsymbol{\beta}) \tag{9.10}$$

其中 μ_{ij} 是条件均值。

PPML 估计的适用范围很广，Silva 和 Tenreyro（2006）指出只要式（9.10）成立，即使数据不服从泊松分布也可以使用。另外，考虑到数据的异方差形式通常未知，可以在实际应用中使用稳健标准差进行推断，以此提高结论的可靠性。

9.2.2 多层随机效应模型

尽管重力模型考虑到来源地特征、目的地特征以及双边特征对地区间流量的影响，但仍然假定流量本身是相互独立的。Tiefelsdorf（2003）研究发现，流量独立性假定存在问题；Lee 和 Pace（2004）以及 Porojan（2011）也指出，传统模型的残差项存在明显的空间自相关。鉴于此，不同的学者提出不同的模型来描述流量间的相关性。Zhang 等（2018）指出，流量数据之间的相关关系主要有四种类型，如图 9-1 所示。类型 1：来源地相关，即相同来源地之间的流量相关，如 AB 和 AC、BA 和 BC 等；类型 2：目的地相关，即相同目

的地之间的流量相关，如 AB 和 CB、BA 和 CA 等；类型 3：序贯相关，即某一流量的目的地同时也是另一流量的来源地，如 AB 和 BC、BA 和 AC 等；类型 4：反向相关，即某地流入量和流出量之间的相关，如 AB 和 BA、AC 和 CA 等。

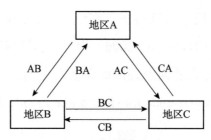

图 9-1　地区间流量示意图

忽视流量间的这些相关性，必然会导致误差项存在自相关，相关统计推断失效。我们可以采用 Cameron，Gelbach 和 Miller（2011）提出的多维聚类的稳健推断方法来解决线性重力模型中的误差自相关，但 Zhang 等（2018）指出，这种方法只能解决流量间的来源地相关和目的地相关，即类型 1 和类型 2，不能解决序贯相关（类型 3）和反向相关（类型 4），而且聚类稳健标准差方法不能量化这四类相关性的大小及相对重要性。因此，他们建议采用多层模型（multilevel model）中的交互分类方法，在线性模型中加入以来源地和目的地为分类变量的随机效应项。具体模型形式为：

$$y_{ij} = \beta_0 + \boldsymbol{x}'_{oi}\boldsymbol{\beta}_1 + \boldsymbol{x}'_{dj}\boldsymbol{\beta}_2 + \boldsymbol{x}'_{ij}\boldsymbol{\beta}_3 + o_i + d_j + \varepsilon_{ij} \tag{9.11}$$

其中 o_i 和 d_j 分别表示来源地和目的地随机效应，满足条件：

$$o_i \sim N(0, \sigma_o^2), \quad d_j \sim N(0, \sigma_d^2), \quad \varepsilon_{ij} \sim N(0, \sigma_\varepsilon^2) \tag{9.12}$$

且相互独立。模型（9.11）考虑了类型 1 和类型 2 两种相关，其相关程度由方差分解系数（variance partition coefficient，VPC）衡量，即来源地方差 σ_o^2 和目的地方差 σ_d^2 在总方差 $\sigma_o^2 + \sigma_d^2 + \sigma_\varepsilon^2$ 中的占比。

为了考察序贯相关（类型 3）的大小，我们定义序贯分组，将具有序贯关系的流量分入一组。以五个地区为例，具体分法如图 9-2 所示，其中列代表来源地，行代表目的地。每一组沿主对角线方向，与矩阵行列式乘积运算方式类似，如第一组为{1→2，2→3，3→4，4→5，5→1}，第二组中五个流量之间的序贯关系为{1→3，2→4，3→5，5→2，4→1}，其他各组的划分与此类似。对于 n 个地区来说，除对角线外共分为 $n-1$ 组，每组 n 个流量。

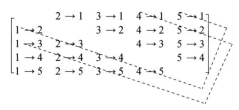

图 9-2 序贯分组划分示意图

同理，定义反向分组，如{1→2，2→1}为一组，{2→3，3→2}为一组，即关于主对角线对称的流量为一组，这样 n 个地区除对角线流量外，可分为 $n(n-1)/2$ 组。

定义序贯分组变量为 $s_k(k=1,\cdots,n-1)$，反向分组变量为 $r_m(m=1,\cdots,n(n-1)/2)$，将其加入模型（9.11）可得：

$$y_{ij} = \beta_0 + \boldsymbol{x}'_{oi}\boldsymbol{\beta}_1 + \boldsymbol{x}'_{dj}\boldsymbol{\beta}_2 + \boldsymbol{x}'_{ij}\boldsymbol{\beta}_3 + o_i + d_j + s_k + r_m + \varepsilon_{ij} \tag{9.13}$$

估计模型后计算方差分解系数，可得各组内相关程度。

9.2.3 流量空间滞后模型

多层模型（9.11）所考虑的四种流量相关类型并没有涉及空间单元的地理位置关系，如图 9-1，A、B、C 三个地区的位置关系并不影响模型设定。然而在空间计量分析中，地理位置是相关性的重要决定因素，一般距离越近相关性越强。常用的空间回归模型，如空间滞后模型、空间误差模型、空间杜宾模型等都是用来描述这种空间相关性的。Lesage 和 Pace（2008）将空间滞后模型应用于流量数据，建立流量空间滞后模型，以因变量空间滞后项描述流量间的空间依赖，拓展了空间回归模型的应用范围。流量空间滞后模型所考虑的流量相关类型如图 9-3 所示。类型 1：来源地近邻依赖，如图 9-3（a）

中 BF 和 AF、BF 和 CF 的相关；类型 2：目的地近邻依赖，如图 9-3（b）中 BF 和 BE、BF 和 BG 的相关；类型 3：来源地和目的地近邻依赖，如图 9-3（c）中 BF 和 AE、BF 和 AG 等的相关。

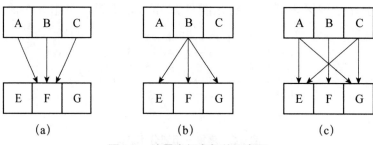

图 9-3　流量空间自相关示意图

假定 n 个地区的空间权重矩阵为 W_n，则流量空间滞后模型的一般形式为：

$$y = \rho_d W_d y + \rho_o W_o y + \rho_w W_w y + \alpha \iota_{n^2} + X_d \beta_d + X_o \beta_o + \gamma g + \varepsilon \quad (9.14)$$

其中，y 是 $n^2 \times 1$ 流量观测值，$W_d = I_n \otimes W_n$ 是目的地近邻矩阵，$W_d y$ 表示目的地的邻居流量，$W_o = W_n \otimes I_n$ 是来源地近邻矩阵，$W_w = W_n \otimes W_n$ 表示来源地和目的地近邻矩阵，其余变量含义同重力模型，g 表示距离变量。

对 ρ_d、ρ_o 和 ρ_w 施加不同的零约束可以得到不同的模型，对应于 3 种空间依赖的各种组合。Lesage 和 Pace（2008）共提出 9 种不同约束下的模型形式，其中约束条件 $\rho_w = -\rho_d \rho_o$ 不同于一般的零约束。因为 $W_w = W_n \otimes W_n = W_d W_o$，所以条件成立时，有：

$$I_{n^2} - \rho_d W_d - \rho_o W_o + \rho_d \rho_o W_w = (I_{n^2} - \rho_d W_d)(I_{n^2} - \rho_o W_o)$$

模型（9.14）转化为空间滤波模型：

$$(I_{n^2} - \rho_d W_d)(I_{n^2} - \rho_o W_o) y = \alpha \iota_{n^2} + X_d \beta_d + X_o \beta_o + \gamma g + \varepsilon \quad (9.15)$$

9.3　模型估计

我们以第六次人口普查资料中的省际人口迁移流量为例，说明在 R 中估计空间流量数据模型的过程。原始数据来自国家统计局第六次人口普查汇总数据，网址是 http://www.stats.gov.cn/tjsj/pcsj/rkpc/6rp/indexch.htm。因变量为各省直辖市自治区间的人口迁移总量（第二部分长表数据资料第七卷表 7-1，不含港澳台），解释变量有人口数（第一部分全部数据资料第一卷表 1-1）、收入水平（国家统计年鉴 2011）以及省际距离（利用 shp 文件内的坐标数据计算）。

9.3.1 数据准备工作

首先整理并读入数据。对于人口迁移数据，先在 Excel 中选择所需要的行，然后将数据存为 csv 文件，导入 R 后再选择所需要的列。人口和收入水平变量也是先复制到同一个 Excel 文档中再导入 R。代码为：

```
> setwd("W:/Examples/ch9sim")
> migration <- read.csv("migration.csv", header=FALSE)
> flow <- migration[, seq(1,NCOL(migration),by=5)]
> flow[is.na(flow)==TRUE] <- 0
> flow[1:6,1:6]
    V1    V6    V11   V16   V21   V26
1    0  7464 135313 23186 20933 22298
2 1489     0  44952  5490  5542  4955
3 7235  6317      0  4992  9853  6871
4  612   518  11812     0  7689  1218
5  662   634  15839 13289     0  6068
6  834   833   6314  1448 17244     0
> X <- read.csv("Income and Population.csv", header=TRUE)
> str(X)
'data.frame':   31 obs. of  3 variables:
 $ code: int  1100 1200 1300 1400 1500 2100 2200 2300 3100 ...
 $ inc : num  29073 24293 16263 15648 17698 ...
 $ pop : int  15563215 8858126 14388021 9414053 8011564 ...
```

数据框 X 中除了收入和人口，还加入了对应省份的四位行政代码，这在空间数据变换和分析中是必不可少的。接下来将流量数据向量化，并生成来源地和目的地解释变量，所有数据综合到一个数据框中：

```
> Xo <- kronecker(as.matrix(X[,-1]), rep(1, NROW(X)))
> xonames <- paste(colnames(X)[-1], ".o", sep = "")
> colnames(Xo) <- xonames
> Xd <- kronecker(rep(1, NROW(X)), as.matrix(X[,-1]))
> xdnames <- paste(colnames(X)[-1], ".d", sep = "")
> colnames(Xd) <- xdnames
> dataset <- NULL
> dataset$origin <- rep(X$code, each = NROW(X))
> dataset$des <- rep(X$code, NROW(X))
> dataset$flow <- as.vector(as.matrix(flow))
> dataset <- data.frame(dataset, Xo, Xd)
> head(dataset)
  origin des  flow inc.o    pop.o    inc.d    pop.d
1 1100   1100 0    29072.93 15563215 29072.93 15563215
2 1100   1200 1489 29072.93 15563215 24292.60 8858126
3 1100   1300 7235 29072.93 15563215 16263.43 14388021
4 1100   1400 612  29072.93 15563215 15647.66 9414053
5 1100   1500 662  29072.93 15563215 17698.15 8011564
6 1100   2100 834  29072.93 15563215 17712.58 22021184
```

省际距离需要读入 shp 文件计算。这里有两个问题：一是所使用的 shp 文件含有 34 个省份，计算省际距离时需要去掉港澳台；二是 shp 文件中各省的排列顺序和前面的数据不一致，需要重新调整。具体代码如下：

```
> library(rgdal)
> province <- readOGR("province.shp")
OGR data source with driver: ESRI Shapefile
Source: "W:\Examples\ch9sim\province.shp", layer: "province"
with 34 features
It has 11 fields
> class(province)
[1] "SpatialPolygonsDataFrame"
attr(,"package")
[1] "sp"
> names(province)
 [1] "NAME"    "POPNAME"   "daima"    "CODE"  "TYPE"
 [6] "DISPLAY" "EXTENTION" "UPDATE"   "X"     "Y"
```

```
[11]    "ID"
> code <- province$CODE %in% X$code
> province <- province[code,] #选择所使用的省份
> province <- province[order(province$CODE),] #按代码排序
> distance <- spDists(province) #计算距离矩阵
> str(distance)
 num [1:31, 1:31] 0 125 75 460 480 ...
> distance[1:5,1:5]
          [,1]       [,2]       [,3]       [,4]       [,5]
[1,]   0.00000   124.6516   74.99474   460.1198   479.7709
[2,] 124.65163     0.0000  107.11242   480.0587   601.0259
[3,]  74.99474   107.1124    0.00000   399.1741   536.4473
[4,] 460.11984   480.0587  399.17408     0.0000   737.5280
[5,] 479.77094   601.0259  536.44730   737.5280     0.0000
```

将距离矩阵向量化并加入数据框中，统一去掉省内 0 流量所在的行，然后对因变量和解释变量取对数：

```
> dataset$dist <- as.vector(distance)
> dataset <- dataset[dataset$flow>0,]
> str(dataset)
'data.frame':   930 obs. of  8 variables:
 $ origin: int  1100 1100 1100 1100 1100 1100 1100 1100 1100 ...
 $ des   : int  1200 1300 1400 1500 2100 2200 2300 3100 3300 ...
 $ flow  : num  1489 7235 612 662 834 ...
 $ inc.o : num  29073 29073 29073 29073 29073 ...
 $ pop.o : num  15563215 15563215 15563215 15563215 15563215 ...
 $ inc.d : num  24293 16263 15648 17698 17713 ...
 $ pop.d : num  8858126 14388021 9414053 8011564 22021184 ...
 $ dist  : num  125 75 460 480 538 ...
> log_vars <- log(dataset[,-(1:2)])
> lnames <- paste("l",colnames(dataset)[-(1:2)],sep = "")
> colnames(log_vars) <- lnames
> dataset <- data.frame(dataset,log_vars)
> names(dataset)
 [1] "origin"  "des"    "flow"    "inc.o"   "pop.o"   "inc.d"   "pop.d"
 [8] "dist"    "lflow"  "linc.o"  "lpop.o"  "linc.d"  "lpop.d"  "ldist"
```

9.3.2 重力模型

R 中专门用来估计重力模型的程序包是 gravity，它提供了多种估计方法，包括普通最小二乘法（OLS）、非线性最小二乘法（NLS）、泊松拟极大似然估计（PPML）、负二项分布拟极大似然估计（NBPML）、伽马拟极大似然估计（GPML）等。其中普通最小二乘法调用 lm()函数，或者当参数 robust=TRUE 时调用 MASS 包中的 rlm()，用于估计对数线性形式的重力模型（9.6）；非线性最小二乘法用于估计模型（9.8）；泊松拟极大似然估计属于广义线性模型（generalized linear model，GLM）的估计方法，它所估计的模型形式如式（9.9）和式（9.10）；负二项分布拟极大似然估计和伽马拟极大似然估计所使用的模型与泊松拟极大似然估计相似，区别仅在于它们分别假定流量服从负二项分布和伽马分布。这些估计函数的使用方式基本一致：

```
> ols(dependent_variable, distance, additional_regressors = NULL,
income_origin, income_destination, code_origin, code_destination,
uie = FALSE, robust = FALSE, data, ...)
> nls(dependent_variable, distance, additional_regressors = NULL,
data, ...)
> ppml(dependent_variable, distance, additional_regressors = NULL,
robust = FALSE, data, ...)
> nbpml(dependent_variable, distance, additional_regressors = NULL,
robust = FALSE, data, ...)
> gpml(dependent_variable, distance, additional_regressors = NULL,
robust = FALSE, data, ...)
```

其中各参数含义都很直观，需要注意的是，dependent_variable 和 distance 都使用水平变量，函数在估计时自动进行相应变换，additional_regressors 中的变量不能自动进行对数变换，如果使用对数形式，需要提前计算。另外，与其他函数相比，ols()函数多出五个参数设置，分别为来源地收入水平、目的地收入水平、来源地代码、目的地代码和单一收入弹性。这样设置虽然繁琐，但有两点优势，一是收入变量不需要提前取对数，二是可以约束来源地和目的地的收入弹性等于 1（uie=TRUE），见 Anderson 和 van Wincoop（2003）。

以人口迁移数据为例，各重力模型的估计代码如下：

```
> library(gravity)  # 首先要加载 gravity 程序包
> mod_ols <- ols(dependent_variable = "flow",
+                distance = "dist", robust = TRUE,
+                additional_regressors = c("lpop.o","lpop.d"),
+                income_origin = "inc.o",
+                income_destination = "inc.d",
+                code_origin = "origin",
+                code_destination = "des",
+                data = dataset)
> summary(mod_ols)
> mod_ppml <- ppml(dependent_variable = "flow",
+                 distance = "dist",
+                 additional_regressors = c("linc.o","linc.d",
+                                           "lpop.o","lpop.d"),
+                 data = dataset)
> names(mod_ppml)
 [1]  "coefficients"      "residuals"       "fitted.values"
 [4]  "effects"           "R"               "rank"
 [7]  "qr"                "family"          "linear.predictors"
[10]  "deviance"          "aic"             "null.deviance"
[13]  "iter"              "weights"         "prior.weights"
[16]  "df.residual"       "df.null"         "y"
[19]  "converged"         "boundary"        "model"
[22]  "call"              "formula"         "terms"
[25]  "data"              "offset"          "control"
[28]  "method"            "contrasts"       "xlevels"
```

其余代码与 ppml() 函数只是名称不同，参数设置完全相同，为了节省篇幅，这里不再列出，names() 函数给出了估计结果中所包含的信息，summary 的结果总结在表 9-1 中。从中可以看出，除了 linc.d 和 lpop.d 的 NLS 估计量与其他相比偏大，其余各系数的不同估计量基本相同。距离的系数估计值显著为负，表明人口迁移量与距离成反比。来源地收入系数为负，目的地收入系数为正，表明一个地区的收入水平越高，人口迁出越少，而人口迁入越多，这验证了人口从低收入地区向高收入地区迁移的典型特征。另外，以绝对值做比较，来源地收入系数大于目的地收入系数，表明高收入水平对人口迁出的抑制效应大于对人口迁入的吸引效应。来源地人口和目的地人口的系数都显著为正，表明人口大省一方面有充足的基数支撑人口迁出，另一方面也有吸引人口迁入的集聚力，净效应则取决于两个系数之差。来源地系数（对应人口迁出）减去目的地系数（对应人口迁入）为正，表明净效应为人口数量越大，迁出量越多。本例中依据各估计量计算的人口净效应不完全一致，解决这个问题一方面需要进行模型选择，另一方面需要考虑加入重要控制变量，这里不再展开探讨。

表 9-1 重力模型的估计结果

	OLS 估计	NLS 估计	PPML 估计	NBPML 估计	GPML 估计
(Intercept)	0.395	−59.305***	−2.681	4.607*	4.620
	(2.113)	(6.683)	(3.943)	(2.292)	(3.977)
ldist	−1.183***	−1.137***	−1.032***	−1.019***	−1.019***
	(0.055)	(0.041)	(0.060)	(0.060)	(0.104)
linc.o	−3.037***	−3.604***	−4.181***	−3.293***	−3.292***
	(0.159)	(0.286)	(0.373)	(0.172)	(0.298)
linc.d	2.270***	5.001***	2.531***	2.105***	2.104***
	(0.159)	(0.477)	(0.214)	(0.172)	(0.298)
lpop.o	0.978***	0.885***	0.865***	0.939***	0.938***
	(0.037)	(0.071)	(0.099)	(0.040)	(0.069)
lpop.d	0.442***	2.763***	1.233***	0.445***	0.445***
	(0.037)	(0.117)	(0.088)	(0.040)	(0.069)
σ	0.999	1.89e+04	92.705	1.083	1.128
Null Deviance	—	8.68e+11	2.71e+07	3024.6	3279.0
Deviance	—	3.30e+11	7.94e+06	1083.0	1175.3
AIC	—	2.10e+04	—	1.66e+04	1.66e+04
R^2	0.703	—	—	—	—

注：括号内为标准差；*$p<0.1$，**$p<0.05$，***$p<0.01$。

9.3.3 多层随机效应模型

我们仍以人口迁移数据为例,说明在 R 中如何估计模型(9.11)和模型(9.13)。首先加载 lme4 程序包:

> library(lme4)
载入需要的程辑包:Matrix

程序包中估计混合效应模型的基本函数是 lmer(),其用法为:

> lmer(formula, data = NULL, ...)

参数 formula 包括两个部分:固定效应部分和随机效应部分。固定效应部分的设定与传统线性模型一致,使用分隔符"~"区分因变量和自变量,多个自变量用"+"连接。随机效应部分的设定使用(expr|factor)形式,表示 expr 中的变量对因变量的效应受到分组变量 factor 的影响。举例来说,假定工资水平(wage)除了受到教育程度(educ)、年龄(age)、工作年限(exper)等变量的影响,还受到被调查者职业(prof)的影响。考察职业对工资水平的影响,公式设定为:

formula = wage ~ educ + age + exper + (1 | prof)

其中(1|prof)表示模型中的截距项随职业变化。注意,这种设定方式不同于将不同职业以虚拟变量形式加入模型,后者考虑的是职业的固定效应,而公式中的设定考虑的是职业的随机效应。[①]

如果不同职业对教育程度的要求不同,体现在模型中意味着不同职业的人,教育程度对工资水平的影响不同。此时,公式可设定为:

formula = wage ~ educ + age + exper + (1 + educ | prof)

不同随机设定的含义见表 9-2。

---

① 一般情况下,如果样本中的被调查者是从所有职业中随机抽取的,则使用随机效应设定;而如果样本包含了研究者感兴趣的所有职业,统计推断仅限于这些职业内,这时可使用固定效应设定。

表 9-2　随机效应的设定及其含义

公式形式	含义
(1 | g)	截距项在不同组间随机变动
(1 | g1/g2)	截距项随 g1 分组变动，且在 g1 组内随 g2 变动
(1 | g1)+(1 | g2)	截距项既随 g1 分组变动，也随 g2 分组变动
x+(1+x | g)	截距项和 x 的斜率都随 g 变动，且截距和斜率的变动相关
x+(1+x || g)	截距项和 x 的斜率都随 g 变动，但两者不相关

估计模型（9.11）的代码如下：

```
> fm <- log(flow) ~ log(pop_o) + log(pop_d) + log(inc_o) +
+    log(inc_d) + log(dist) + (1|origin) + (1|des)
> twolevels <- lmer(fm, data = dataset)
> summary(twolevels)
Linear mixed model fit by REML ['lmerMod']
Formula:
log(flow) ~ log(pop_o) + log(pop_d) + log(inc_o) + log(inc_d) +
    log(dist) + (1 | origin) + (1 | des)
   Data: dataset

REML criterion at convergence: 2157.4

Scaled residuals:
    Min      1Q  Median      3Q     Max
-4.2307 -0.6100 -0.0596  0.5095  4.1300

Random effects:
 Groups   Name        Variance Std.Dev.
 Origin   (Intercept) 0.2952   0.5433
 Des      (Intercept) 0.2816   0.5307
 Residual             0.4885   0.6990
Number of obs: 930, groups:  origin, 31; des, 31

Fixed effects:
            Estimate Std. Error t value
(Intercept) 3.83935    6.08848   0.631
log(pop_o)  0.94570    0.11568   8.175
```

```
log(pop_d)      0.43448    0.11315     3.840
log(inc_o)     -3.09291    0.50336    -6.145
log(inc_d)      2.18223    0.49231     4.433
log(dist)      -1.37138    0.04819   -28.456

Correlation of Fixed Effects:
            (Intr)   log(pp_)  lg(pp_d)  log(nc_)  lg(nc_d)
log(pop_o)   0.088
log(pop_d)   0.086    0.004
log(inc_o)  -0.661   -0.491    0.000
log(inc_d)  -0.647    0.000   -0.491     0.002
log(dist)   -0.116    0.050    0.051     0.018     0.018
```

输出结果中 Fixed effects 部分与其他线性回归模型输出结果的形式相同，系数估计值与重力模型估计结果基本相同。与其他模型估计结果不同的是，Random effects 部分给出了各误差成分的方差，即 $\sigma_o^2 = 0.2952$, $\sigma_d^2 = 0.2816$, $\sigma_\varepsilon^2 = 0.4885$，Std.Dev.是各误差成分的标准差。各分组内的相关系数，即方差占比（VPC）的计算方法是：

```
> sigma2_e <- sigma(twolevels)^2
> sigma2_u <- unlist(VarCorr(twolevels))
> (VPC <- sigma2_u/sum(c(sigma2_e, sigma2_u)))
   origin        des
0.2770614   0.2643651
```

从输出结果可知，共同来源地之间的流量相关系数为 0.277，共同目的地之间的流量相关系数为 0.264。

考虑到流量间的其他相关类型，我们接下来使用 9.2.2 节提出的方法，构造序贯分组和反向分组：

```
> n <- nrow(flow)
> od_seq <- matrix(0,n,n)
> xnum <- 0:(n-1)
> od_seq[1,] <- xnum
> for (i in 2:n) {
+   xnum <- c(xnum[n],xnum[-n])
```

```
+     od_seq[i,] <- xnum
+ }
> od_seq[1:6,1:6]
      [,1]  [,2]  [,3]  [,4]  [,5]  [,6]
[1,]   0     1     2     3     4     5
[2,]  30     0     1     2     3     4
[3,]  29    30     0     1     2     3
[4,]  28    29    30     0     1     2
[5,]  27    28    29    30     0     1
[6,]  26    27    28    29    30     0
> od_seq <- as.vector(od_seq)
> dataset$od_seq <- od_seq[od_seq > 0]
```

dataset 数据框中的 od_seq 是序贯分组变量，将 930 个样本分成了 30 组，每组 31 个样本流量。

```
> ij_rev <- matrix(1:(n*n),n,n)
> ij_rev[upper.tri(ij_rev)] <- t(ij_rev)[upper.tri(ij_rev)]
> diag(ij_rev) <- 0
> ij_rev <- as.vector(ij_rev)
> dataset$ij_rev <- ij_rev[ij_rev > 0]
```

ij_rev 是反向分组变量，将 930 个样本分成了 465 组，每组 2 个样本流量。将两个新增分组加入模型中进行估计：

```
> fm2 <- lflow ~ lpop_o + lpop_d + linc_o + linc_d + ldist +
+    (1 | origin) + (1 | des) + (1 | od_seq) + (1 | ij_rev)
> fourlevels <- lmer(fm2, data = dataset)
> vc < VarCorr(fourlevels)
> print(vc, comp = c("Variance","Std.Dev."))
 Groups    Name          Variance    Std.Dev.
 ij_rev    (Intercept)   0.290253    0.53875
 des       (Intercept)   0.277753    0.52702
 origin    (Intercept)   0.297380    0.54533
 od_seq    (Intercept)   0.015618    0.12497
 Residual                0.179907    0.42415
```

为了节省空间，这里没有使用 summary() 函数，而是用函数 VarCorr 提取估计结果中的随机效应部分。各组内相关系数为：

```
> sigma2_e <- sigma(fourlevels)^2
> sigma2_u <- unlist(VarCorr(fourlevels))
> (VPC <- sigma2_u/sum(c(sigma2_e, sigma2_u)))
    ij_rev       des      origin      od_seq
0.27358826 0.26180639 0.28030670 0.01472105
```

从结果中可以看出，共同来源地之间的流量相关性最强，但共同来源地、共同目的地以及反向流量相关系数相差不大，而序贯流量的相关性最弱。由此产生的一个问题是，序贯分组变量是否有必要加入模型。我们可以采用两种方法解决这个问题：一种方法是模型比较。首先估计受约束的模型，然后用 anova() 函数进行比较，从结果可以看出，序贯分组效应显著，应该保留该效应项：

```
> fm3 <- update(fm2, .~. - (1 | od_seq))
> threelevels <- lmer(fm3, data = dataset)
> anova(threelevels, fourlevels, refit = FALSE)
           Df  AIC    BIC   logLik  deviance  Chisq  Chi Df  Pr(>Chisq)
Threelevels 10  1976.7 2025.1 -978.37 1956.7
Fourlevels  11  1962.4 2015.6 -970.20 1940.4  16.323    1
    5.342e-05  ***
---
Signif. codes:  0 '***' 0.001 '**' 0.01 '*' 0.05 '.' 0.1 ' ' 1
```

另一种方法是构造参数的置信区间（等价于显著性检验）。利用 profile() 函数和 confint() 函数可以计算随机效应方差和固定效应系数的置信区间，给定显著性水平（如 1%），如果 99% 的置信区间包含 0，则表明对应的效应项不显著。

```
> profile4l <- profile(fourlevels)
> confint(profile4l, level = 0.999)
            0.05%       99.95 %
.sig01   0.45978481   0.6263532
.sig02   0.33347252   0.8380754
.sig03   0.34895046   0.8630599
```

```
.sig04         0.03729047      0.2633281
.sigma         0.38030201      0.4771344
(Intercept)  -16.97494751     23.8767097
lpop_o         0.54911173      1.3503810
lpop_d         0.04833907      0.8252892
linc_o        -4.82894654     -1.3443273
linc_d         0.49654085      3.8751355
ldist         -1.55968873     -1.1137401
```

注意，输出结果中的 sig01、sig02 等对应于 summary()或 VarCorr()函数报告的随机效应项的顺序，因此，od_seq 对应于 sig04。显然，99.9%的置信区间不包含 0，因此除截距项外，所有固定效应及随机效应在 0.1%的显著性水平下显著。

9.3.4 流量空间滞后模型

在 R 中没有估计流量空间滞后模型的函数。我们继续以人口迁移流量数据为例，演示无约束模型（9.14）的估计过程，其他约束模型可以仿此过程进行，估计方法采用的是 Lesage 和 Pace（2008）提出的极大似然估计。

首先生成空间权重矩阵。以 9.3.1 节经过整理和排序的 province 对象为基础，基于 Queen 准则，生成邻接空间权重矩阵：

```
> w_queen <- poly2nb(province, row.names = province$CODE)
> summary(w_queen)
Neighbour list object:
Number of regions: 31
Number of nonzero links: 136
Percentage nonzero weights: 14.15193
Average number of links: 4.387097
1 region with no links:
4600
Link number distribution:

0 2 3 4 5 6 7 8
1 4 5 8 3 6 2 2
```

```
4 least connected regions:
1100 1200 2300 3100 with 2 links
2 most connected regions:
1500 6100 with 8 links
```

可以发现，代码为4600的海南省没有邻居。由于R中有些函数在出现孤岛时无法运行，我们手动为海南增加广东和广西两个邻居：

```
> nbname <- attr(w_queen, "region.id") # 得到各地区的代码
> which(nbname %in% c(4400,4500,4600)) # 查看三个省份在列表中的位置
[1] 19 20 21
> w_queen[[21]] <- c(19L,20L) # 为海南增加两个邻居
> # 为了矩阵对称,给广东和广西增加邻居海南
> w_queen[[20]] <- c(w_queen[[20]],21L)
> w_queen[[19]] <- c(w_queen[[19]],21L)
> summary(w_queen)
Neighbour list object:
Number of regions: 31
Number of nonzero links: 140
Percentage nonzero weights: 14.56816
Average number of links: 4.516129
Link number distribution:

2 3 4 5 6 7 8
5 5 6 5 6 2 2
5 least connected regions:
1100 1200 2300 3100 4600 with 2 links
2 most connected regions:
1500 6100 with 8 links
> lw <- nb2listw(w_queen)
```

接下来生成因变量的空间滞后变量，并将其加入dataset数据框中：

```
> lflow <- log(flow)
> diag(lflow) <- 0
> wy <- as.vector(listw2mat(lw)%*%as.matrix(lflow))
> yw <- as.vector(as.matrix(lflow)%*%t(listw2mat(lw)))
> wyw <- as.vector(listw2mat(lw)%*%as.matrix(lflow)%*%t(listw2mat(lw)))
```

```
> lflow_lag <- cbind(wy,yw,wyw,as.vector(as.matrix(lflow)))
> lflow_lag <- lflow_lag[lflow_lag[,4]>0,]
> dataset <- cbind(dataset,lflow_lag[,-4])
```

空间权重矩阵和数据准备好后可以进行参数估计。空间滞后项系数的集中对数似然函数为：

$$\ln L(\rho_d, \rho_o, \rho_w) = C + \ln |I_{n^2} - \rho_d W_d - \rho_o W_o - \rho_w W_w| - \frac{n^2}{2} \ln(S(\rho_d, \rho_o, \rho_w))$$

其中，

$$S(\rho_d, \rho_o, \rho_w) = \tau(\rho_d, \rho_o, \rho_w)' Q \tau(\rho_d, \rho_o, \rho_w)$$

$$\tau(\rho_d, \rho_o, \rho_w) = \begin{pmatrix} 1 & -\rho_d & -\rho_o & -\rho_w \end{pmatrix}'$$

Q 的计算如下：

```
> form <- lflow ~ linc_o + linc_d + lpop_o + lpop_d + ldist
> ols1 <- lm(form, data = dataset)
> e1 <- ols1$residuals
> ols2 <- lm(update(form, wy ~ .), data = dataset)
> e2 <- ols2$residuals
> ols3 <- lm(update(form, yw ~ .), data = dataset)
> e3 <- ols3$residuals
> ols4 <- lm(update(form, wyw ~ .), data = dataset)
> e4 <- ols4$residuals
> Q <- crossprod(cbind(e1,e2,e3,e4))
```

集中对数似然函数为：

```
> m <- 30
> tracew <- trW(as(lw,"CsparseMatrix"),m = m)
> n <- length(lw$neighbours)
> N <- n*(n-1)
> tracew <- c(n,tracew)
> lnL <- function(rho){
+   x1 <- rho[1]
+   x2 <- rho[2]
+   x3 <- rho[3]
```

```
+     lndet <- 0
+     for(t in 2:m){
+       trwt <- 0
+       for(i in 0:t){
+         for(j in 0:(t-i)){
+           trwt <- trwt + choose(t,i)*choose(t-i,j)*x1^i*x2^j*x3^
(t-i-j)*tracew[t-j+1]*tracew[t-i+1]
+         }
+       }
+       lndet <- lndet - trwt/t
+     }
+     tau <- c(1,-x1,-x2,-x3)
+     ssr <- t(tau)%*%Q%*%tau
+     ret <- -(lndet - N*log(ssr)/2)
+     ret
+ }
```

给定初始值，利用最优化函数 optim()即可求得参数 ρ_d、ρ_o、ρ_w 的极大似然估计值[①]：

```
> ols <- lm(e1 ~ wy + yw + wyw - 1, data = dataset)
> init <- ols$coefficients
> opt <- optim(init, lnL, method = "BFGS")
> (rho <- opt$par)
          wy         yw        wyw
  0.16737404 0.30394490 -0.08942308
```

其他解释变量的参数可以通过如下方式估计：

```
> dataset$ystar <- dataset$lflow - rho[1]*dataset$wy -
+   rho[2]*dataset$yw - rho[3]*dataset$wyw
> ols <- lm(update(form, ystar ~ .), data = dataset)
> (beta <- ols$coefficients)  # 输出结果调整了小数位数
   (Intercept)  linc_o  linc_d  lpop_o  lpop_d  ldist
       7.8323  -2.5859  1.2733  0.7700  0.3210 -1.1117
```

接下来需要计算参数的协方差矩阵。因为集中对数似然函数仅是 ρ_d、ρ_o、

[①] 此例中，最优化函数 nlm()比 optim()的速度快。

ρ_w 的函数，并没有包含全部参数，所以需要求得全参数的对数似然函数：

```
> lnL.Hess <- function(coefs){
+   rho1 <- coefs[1]
+   rho2 <- coefs[2]
+   rho3 <- coefs[3]
+   lndet <- 0
+   for(t in 2:m){
+     trwt <- 0
+     for(i in 0:t){
+       for(j in 0:(t-i)){
+         trwt <- trwt + choose(t,i)*choose(t-i,j)*rho1^i*rho2^j*rho3^(t-i-j)*tracew[t-j+1]*tracew[t-i+1]
+       }
+     }
+     lndet <- lndet - trwt/t
+   }
+   x <- model.matrix(ols)
+   res <- dataset$lflow - rho1*dataset$wy - rho2*dataset$yw -
+     rho3*dataset$wyw - (x %*% coefs[-c(1,2,3)])
+   ssr <- sum(res^2)
+   s2 <- ssr/N
+   ret <- (lndet - (N/2)*log(2*pi) - (N/2)*log(s2) - (1/(2*s2))*ssr)
+   as.numeric(ret)
+ }
```

参数的协方差矩阵、标准差、p 值及对数似然值等，可以通过以下方式计算：

```
> mat <- optimHess(c(rho, beta), lnL.Hess)
> varcov <- solve(-mat)
> std <- sqrt(diag(varcov))
> coefs <- c(rho, beta)
> tstats <- coefs/std
> pvalues <- 2*pt(abs(tstats), df = (ols$df.residual-3),
+                 lower.tail = FALSE)
> print(cbind(coefs,std,tstats,pvalues),digits=4)
            coefs      std     tstats    pvalues
wy        0.16737   0.03065    5.462    6.073e-08
```

```
yw              0.30394    0.02943    10.326    9.969e-24
wyw            -0.08942    0.04468    -2.002    4.562e-02
(Intercept)     7.83230    2.14110     3.658    2.685e-04
linc_o         -2.58591    0.16935   -15.270    4.280e-47
linc_d          1.27333    0.17355     7.337    4.790e-13
lpop_o          0.77002    0.04368    17.629    3.719e-60
lpop_d          0.32103    0.03824     8.395    1.743e-16
ldist          -1.11165    0.05721   -19.430    9.610e-71
> (logL <- lnL.Hess(c(rho,beta)))
[1] -1230.254
> (s2 <- sum(ols$residuals^2)/N)
[1] 0.8008231
```

从估计结果来看，来源地和目的地空间依赖（类型3），即 wyw 的系数的 p 值为 0.0456，勉强通过 5% 的显著性水平检验；其他两种类型的空间依赖都在 0.1% 的检验水平下显著，表明流量间的相关性主要体现在来源地和目的地的近邻上。其他解释变量的估计结果与重力模型以及多层随机效应模型的估计结果类似，只是系数的绝对值略有降低。

与非空间回归模型不同，空间滞后模型的回归系数不能完全反映解释变量的影响，需要计算直接效应、间接效应和总效应。对于模型（9.14），解释变量 x_{dr} 的效应矩阵为：

$$\frac{\partial y}{\partial x_{dr}} = \left(I_{n^2} - \hat{\rho}_d W_d - \hat{\rho}_o W_o - \hat{\rho}_w W_w\right)^{-1} \left(I_{n^2} \hat{\beta}_{dr}\right)$$

令 $W_f = \hat{\rho}_d W_d + \hat{\rho}_o W_o + \hat{\rho}_w W_w$，平均直接效应为：

$$\bar{M}_{\text{direct}} = \frac{\hat{\beta}_{dr}}{n^2}\left(n^2 + tr(W_f) + tr(W_f^2) + \cdots\right)$$

因为 $W_f \iota_{n^2} = (\hat{\rho}_d + \hat{\rho}_o + \hat{\rho}_w)\iota_{n^2}$，所以平均总效应为：

$$\begin{aligned}
\bar{M}_{\text{total}} &= \frac{\hat{\beta}_{dr}}{n^2} \iota'_{n^2} \left(I_{n^2} - W_f\right)^{-1} \iota_{n^2} \\
&= \hat{\beta}_{dr}\left(1 + (\hat{\rho}_d + \hat{\rho}_o + \hat{\rho}_w) + (\hat{\rho}_d + \hat{\rho}_o + \hat{\rho}_w)^2 + \cdots\right) \\
&= \frac{\hat{\beta}_{dr}}{1 - \hat{\rho}_d - \hat{\rho}_o - \hat{\rho}_w}
\end{aligned}$$

平均间接效应为 $\bar{M}_{indirect} = \bar{M}_{total} - \bar{M}_{direct}$。计算 W_f 各次幂的迹的代码以及效应计算过程如下：

```
> trwf <- function(rho, listw, m = 30) {
+   tracew <- trW(as(listw,"CsparseMatrix"),m = m)
+   n <- length(listw$neighbours)
+   tracew <- c(n, tracew)
+   x1 <- rho[1]
+   x2 <- rho[2]
+   x3 <- rho[3]
+   tracewf <- 0
+   for(t in 2:m){
+     trwt <- 0
+     for(i in 0:t){
+       for(j in 0:(t-i)){
+         trwt <- trwt + choose(t,i)*choose(t-i,j)*x1^i*x2^j*x3^(t-i-j)*tracew[t-j+1]*tracew[t-i+1]
+       }
+     }
+     tracewf[t] <- trwt
+   }
+   tracewf
+ }
> tracewf <- trwf(coefs[1:3],listw = lw, m = 30)
> direct <- (1+sum(tracewf)/n^2)*coefs[-(1:3)]
> total <- coefs[-(1:3)]/(1-coefs[1]-coefs[2]-coefs[3])
> indirect <- total - direct
> cbind(direct, indirect, total)
                direct      indirect         total
(Intercept)  8.0696728    4.6018089    12.6714818
linc_o      -2.6642801   -1.5193315    -4.1836116
linc_d       1.3119174    0.7481336     2.0600510
lpop_o       0.7933563    0.4524191     1.2457754
lpop_d       0.3307608    0.1886196     0.5193804
ldist       -1.1453463   -0.6531448    -1.7984910
```

从结果可以看出，各解释变量间接效应的符号与直接效应的符号相同，表明收入、人口、距离等在对本地人口迁出起到抑制作用的同时，对周边近邻的人口迁出也起到抑制作用；而当促进本地人口迁入时，对周边近邻的人口迁入也起到促进作用。另外，间接效应的数值大约是直接效应的 1/2，忽略空间溢出效应会严重低估解释变量的影响。

对这些效应值进行统计推断需要求得它们的标准差。我们根据参数估计值及其协方差矩阵，从多元正态分布中抽取 1000 组参数值，利用这些参数值计算平均效应以及平均效应的标准差和 t 统计量等：

```
> library(MASS)  # 加载 MASS 程序包,利用其中的 mvrnorm 函数
> para <- mvrnorm(n=1000,mu=coefs,Sigma=varcov)
> imp <- function(coefs, listw, m) {
+     tracewf <- trwf(coefs[1:3],listw = listw, m = m)
+     direct <- (1+sum(tracewf)/n^2)*coefs[-(1:3)]
+     total <- coefs[-(1:3)]/(1-coefs[1]-coefs[2]-coefs[3])
+     indirect <- total - direct
+     cbind(direct, indirect, total)
+ }
> mcmc <- apply(para, 1, imp, listw = lw, m = 30)
There were 50 or more warnings (use warnings() to see the first 50)
> std <- apply(mcmc, 1, sd)
> ave <- apply(mcmc, 1, mean)
> tval <- ave/std
> std <- matrix(std, nrow = 6)
> dimnames(std) <- dimnames(cbind(direct,indirect,total))
> tval <- matrix(tval, nrow = 6)
> dimnames(tval) <- dimnames(cbind(direct,indirect,total))
> pval <- 2*pt(abs(tval), df = nrow(dataset)-length(coefs),
+               lower.tail = FALSE)
> std
                 direct      indirect       total
(Intercept)  2.23190350    1.71228618   3.81573223
linc_o       0.17357299    0.29428897   0.39429658
linc_d       0.17568251    0.11978553   0.23775757
lpop_o       0.04359682    0.08458284   0.10572237
lpop_d       0.03874640    0.04059258   0.06986229
ldist        0.06206713    0.11097362   0.12581976
```

```
> tval
                direct        indirect        total
(Intercept)    3.671318      2.797522       3.402803
linc_o        -15.411469    -5.257387     -10.708198
linc_d         7.455972      6.244862       8.655573
lpop_o        18.215251      5.427208      11.853457
lpop_d         8.532228      4.708461       7.467859
ldist        -18.483776    -5.957854     -14.372938
> pval
                direct         indirect         total
(Intercept)   2.551850e-04   5.257000e-03   6.957202e-04
linc_o        7.535635e-48   1.816892e-07   2.672145e-25
linc_d        2.057396e-13   6.468972e-10   2.164291e-17
lpop_o        1.495060e-63   7.321633e-08   2.886286e-30
lpop_d        5.849373e-17   2.879653e-06   1.889575e-13
ldist         4.008958e-65   3.634565e-09   2.058775e-42
```

输出结果中，std 是标准差，tval 是 t 统计量，pval 是对应的 p 值。结果显示，所有解释变量的直接效应、间接效应和总效应都在 1% 的检验水平下显著。

◆ 关 键 代 码 ◆

```
kronecker(matrix1, matrix2)    #计算matrix1和matrix2两个矩阵的克罗内克积
nls(dependent_variable, distance, additional_regressors=NULL, data, ...)
#估计函数，采用非线性最小二乘法估计重力模型
ppml(dependent_variable, distance, additional_regressors=NULL, robust=
FALSE, data, ...)    #估计函数，采用泊松拟极大似然估计法估计重力模型
nbpml(dependent_variable, distance, additional_regressors=NULL, robust=
FALSE, data, ...)    #估计函数，采用负二项分布拟极大似然估计法估计重力模型
gpml(dependent_variable, distance, additional_regressors=NULL, robust=
FALSE, data, ...)    #估计函数，采用伽马拟极大似然估计法估计重力模型
lmer(formula, data=NULL, ...)    #多层随机效应模型估计，其中formula为模型形
式，不同的模型设定方式见表9-2
lnL(coefs)    #自定义函数，计算流量空间滞后模型的对数似然函数值
optim(init, lnL, method="BFGS")    #最优化函数，计算参数的极大似然估计值
lnL.Hess(coefs)    #自定义函数，计算参数估计量的海塞矩阵
imp(coefs, listw, m)    #自定义函数，直接效应、间接效应以及总效应的蒙特卡洛模拟
抽样
```

本章 R 操作视频请扫描以下二维码观看：

（推荐在 WIFI 环境下观看）

第 10 章 矩阵指数空间模型

本章概要

本章介绍 Lesage 和 Pace（2007）提出的矩阵指数空间模型（matrix exponential spatial specification，MESS）的估计及检验。MESS 模型与空间自回归模型一样，可以作为空间计量建模的基础，但与空间自回归模型相比，MESS 模型具有明显的理论和计算上的优势。在刻画空间相关性上，MESS 模型用指数衰减替代了传统的几何衰减，丰富了空间计量模型的现实意义。在计算上，因为它消除了对数似然函数中的对数行列式项，显著提高了极大似然估计和贝叶斯估计的效率。Chiu 等（1996）在协方差建模中采用矩阵指数方法，发现矩阵指数设定能产生正定的协方差矩阵，从而避免了优化过程中需要对参数空间施加限制或时时检验正定性的要求，而且矩阵指数的逆具有简单的数学形式，在理论和数值计算上均具有优势。本章重点内容包括截面 MESS 模型的估计以及面板 MESS 模型的估计两部分。通过本章的学习，我们应该理解 MESS 模型与空间自回归模型的区别和联系，能够利用 spatialreg 程序包中的 lagmess()函数估计截面 MESS 模型，计算截面 MESS 模型的直接效应、间接效应和总效应，掌握面板 MESS 模型的估计原理，理解自定义函数 panelmess()和 impacts.pmess()的相关代码及用途。

10.1 MESS 模型理论基础

Lesage 和 Pace（2007）利用矩阵指数的特点，推导出 MESS 模型的对数似然函数，并给出极大似然估计的封闭解；同时，对一元多项式进行积分，得到空间依赖参数和回归系数的贝叶斯估计。Lesage 和 Pace（2007）提出的一般模型形式如下：

$$Sy = X\beta + \varepsilon, \quad \varepsilon \sim N(0, \sigma^2 I_n) \tag{10.1}$$

其中，S 是正定的 $n \times n$ 阶矩阵，y 是因变量的 n 个观测值，X 为解释变量的 $n \times k$ 阶观测值矩阵，I_n 为 n 阶单位阵。令 $S = I_n - \rho W$，则得到传统的空间自回归模型：

$$\begin{aligned}(I_n - \rho W)y &= X\beta + \varepsilon \\ y &= \rho W y + X\beta + \varepsilon\end{aligned} \tag{10.2}$$

令 $S = e^{\alpha W}$，则得到 MESS 模型：

$$e^{\alpha W} y = X\beta + \varepsilon \tag{10.3}$$

当 $|\rho| < 1$，W 的主对角线为 0 且为行随机矩阵时，有：

$$(I_n - \rho W)^{-1} = I_n + \rho W + \rho^2 W^2 + \rho^3 W^3 + \cdots \tag{10.4}$$

而对于 $-\infty < \alpha < \infty$ 及任意方阵 W，有：

$$S(\alpha) = e^{\alpha W} = I_n + \alpha W + \frac{\alpha^2}{2} W^2 + \cdots + \frac{\alpha^t}{t!} W^t + \cdots \tag{10.5}$$

比较式（10.4）和式（10.5）可以看出，MESS 和 SAR 模型中高阶近邻的相关性逐渐减弱，但衰减模式不同，SAR 模型呈现几何衰减，而 MESS 模型呈现指数衰减。另外，比较参数 α 和 ρ 的关系也可以帮助理解几何衰减和指数衰减两种模型设定。根据 Horn 和 Johnson（1993）提出的矩阵的最大行和范数，有

$$||| e^{\alpha W} |||_\infty = e^\alpha; \ ||| I_n - \rho W |||_\infty = 1 - \rho$$

可得：$e^\alpha = 1 - \rho$，即 $\rho = 1 - e^\alpha$ 或 $\alpha = \ln(1 - \rho)$。

MESS 模型的对数似然函数及 α 的集中对数似然函数分别为：

$$\begin{aligned}\ln L(\beta, \sigma, \alpha; y) = &-\frac{n}{2}\{\ln(\sigma^2) + \ln(2\pi)\} + \ln|S(\alpha)| - \\ &\frac{1}{2\sigma^2}(S(\alpha)y - X\beta)'(S(\alpha)y - X\beta)\end{aligned} \tag{10.6}$$

$$\ln L(\alpha; y) = \kappa + \ln|S(\alpha)| - (n/2)\ln\left(y'S(\alpha)'HS(\alpha)y\right) \quad (10.7)$$

其中，κ 是不依赖于 α 的常数，$H = I_n - X(X'X)^{-1}X'$，$|S(\alpha)|$ 是 y 向 $S(\alpha)y$ 转换的雅可比行列式。根据 Chiu 等（1996）给出的矩阵指数的性质，有：

$$\left|e^{\alpha W}\right| = e^{tr(\alpha W)} = e^0 = 1$$

式（10.7）可简化为：

$$\ln L(\alpha; y) = \kappa - (n/2)\ln\left(y'S(\alpha)'HS(\alpha)y\right) \quad (10.8)$$

因此，α 的极大似然估计量简化为非线性最小二乘估计量，参数估计过程省去了对数行列式的计算。

10.2 MESS 模型估计

R 软件中 expm 程序包的 expm() 函数可以直接计算矩阵指数[①]，例如：

```
> library(expm)
载入需要的程辑包:Matrix
载入程辑包:'expm'
The following object is masked from 'package:Matrix': expm
> expm(diag(3))
         [,1]     [,2]     [,3]
[1,] 2.718282 0.000000 0.000000
[2,] 0.000000 2.718282 0.000000
[3,] 0.000000 0.000000 2.718282
```

程序包 spatialreg 提供了估计 MESS 模型的函数 lagmess()，其基本用法是：

```
> lagmess(formula, data = list(), listw, use_expm = FALSE, ...)
```

其中，formula 是模型公式，其设定形式同 2.2.3 节的说明；data 是包含模型变量的数据框；listw 是空间权重矩阵；use_expm 用于设定计算 $S(\alpha)y$ 的方式，

---

① Matrix 程序包中也有计算矩阵指数的同名函数 expm()，不过加载 expm 程序包后，Matrix 中的函数自动被屏蔽。

缺省值是 FALSE，即基于式（10.5）采用 W 的幂级数近似计算，如果设定为 TRUE，则采用 expm 程序包中的 expAtv()函数计算。

我们仍以巴尔的摩市的房价数据为例演示 MESS 模型的估计，数据集的详细信息参见 2.2.4 节的说明，所使用的程序包有 rgdal、spdep 和 spatialreg 等。

```
> setwd("W:/Examples/baltimore")
> library(rgdal)
> library(spatialreg)
> library(spdep)
```

加载巴尔的摩房价数据的 shp 文件，并查看其基本特征：

```
> baltim <- readOGR("baltim.shp")
OGR data source with driver: ESRI Shapefile
Source: "W:\Examples\baltimore\baltim.shp", layer: "baltim"
with 211 features
It has 17 fields
> class(baltim)
[1] "SpatialPointsDataFrame"
attr(,"package")
[1] "sp"
> names(baltim)
 [1] "STATION"  "PRICE"   "NROOM"  "DWELL"  "NBATH"  "PATIO"
 [7] "FIREPL"   "AC"      "BMENT"  "NSTOR"  "GAR"    "AGE"
[13] "CITCOU"   "LOTSZ"   "SQFT"   "X"      "Y"
```

因为 baltim 是空间点数据，所以我们使用 tri2nb()函数生成邻接矩阵，并以此生成行标准化的空间权重矩阵：

```
> wnb <- tri2nb(baltim)
> summary(wnb)
Neighbour list object:
Number of regions: 211
Number of nonzero links: 1236
Percentage nonzero weights: 2.776218
Average number of links: 5.85782
Link number distribution:
```

```
    4   5   6   7   8   9  11
   15  69  80  31  12   3   1
15 least connected regions:
18 37 46 48 55 56 89 99 106 119 124 132 170 171 197 with 4 links
1 most connected region:
208 with 11 links
> lw <- nb2listw(wnb)
```

以巴尔的摩市的房价为被解释变量,房间数量、有无空调、房龄和建筑面积为解释变量,建立 MESS 模型并估计:

```
> fm <- PRICE ~ NROOM + AC + AGE + LOTSZ
> mess <- lagmess(fm, data = baltim, listw = lw)
Warning message:
Function lagmess moved to the spatialreg package
> class(mess)
[1] "lagmess"
> (sum_mess <- summary(mess))
Matrix exponential spatial lag model:

Call:
spatialreg::lagmess(formula = formula, data = data, listw = listw,
zero.policy = zero.policy, na.action = na.action, q = q, start = start,
control = control, method = method, verbose = verbose, use_expm =
use_expm)

Residuals:
     Min       1Q   Median       3Q      Max
-38.5514  -7.5064  -0.7913   5.6080 104.4926

Coefficients:
              Estimate  Std. Error  t value  Pr(>|t|)
(Intercept)  -2.705388    4.865425  -0.5560  0.578785
NROOM         4.786119    0.938134   5.1017  7.621e-07
AC            8.470516    2.742311   3.0888  0.002287
AGE          -0.126420    0.058324  -2.1676  0.031339
LOTSZ         0.113801    0.014873   7.6513  7.519e-13
```

```
Residual standard error: 14.877 on 206 degrees of freedom
Multiple R-squared:  0.45907,   Adjusted R-squared:  0.44857
F-statistic: 43.707 on 4 and 206 DF,  p-value: < 2.22e-16

Alpha: -0.43461, standard error: 0.080076
    z-value: -5.4275, p-value: 5.715e-08
LR test value: 33.248, p-value: 8.1106e-09
Implied rho: 0.3524851
```

输出结果与传统回归模型的输出格式类似，在最后部分增加了矩阵指数参数的估计信息：Alpha 的估计值、标准差、z 统计量及相应 p 值。LR test value 是非空间模型（$\alpha=0$）和 MESS 模型的似然比统计量，用于检验 α 的显著性。Implied rho 是根据 $\rho = 1 - e^{\alpha}$ 计算得到的空间自相关参数的估计值。为了对比，我们直接估计空间自回归模型，获得 ρ 的估计值。

```
> sar <- lagsarlm(fm, data = baltim, listw = lw)
> (sum_sar <- summary(sar))  #只保留系数和 rho 的估计结果部分
Type: lag
Coefficients: (asymptotic standard errors)
             Estimate    Std. Error   z value    Pr(>|z|)
(Intercept) -4.465521    5.227507    -0.8542    0.392975
NROOM        4.630993    0.917682     5.0464    4.502e-07
AC           8.147665    2.667877     3.0540    0.002258
AGE         -0.113258    0.058587    -1.9331    0.053218
LOTSZ        0.108322    0.015302     7.0792    1.450e-12

Rho: 0.41238, LR test value: 35.877, p-value: 2.1019e-09
Asymptotic standard error: 0.068359
    z-value: 6.0327, p-value: 1.6128e-09
Wald statistic: 36.393, p-value: 1.6128e-09
```

可以看出，根据 α 计算的 ρ 值（Implied rho = 0.3525）小于 SAR 模型的估计值（Rho=0.4124），两者的差异可以从模型形式来理解。SAR 模型（10.2）仅包含一阶空间滞后项 Wy，而 MESS 模型（10.3）的设定相当于还包括高阶空间滞后项 W^2y, W^3y, ⋯，高阶项的加入解释了部分一阶空间滞后项的影响。

计算各解释变量的直接效应、间接效应和总效应可以使用 impacts() 函数，

spatialreg 程序包提供了针对 lagmess 类型对象的计算方法，其基本用法是：

```
> impacts(obj, listw = NULL, R = NULL, ...)
```

其中，obj 是 lagmess 类型的估计结果对象，listw 是模型估计所使用的空间权重矩阵，R 是计算各效应的标准差和 t 统计量所需的模拟抽样的次数。

我们在使用时发现会出现这样的错误提示：

```
> imp_mess <- impacts(mess, listw = lw, R = 500)
coercing to dense matrix, as required by method "Higham08.b"
Error in balance(A, "P"):
   invalid 'x': not a numeric (classical R) matrix
```

检查原函数发现，其中的命令行

```
W <- as(listw, "CsparseMatrix")
S_W <- expm(-alpha*W)
```

存在冲突，expm()函数不接受"CsparseMatrix"类型的矩阵。为此，我们提取出原函数，将其中的 W 修改为：

```
W <- listw2mat(listw)
```

然后加入其他相关函数，存入 impacts.lagmess.r 文件中。读者在运行时如果出现同样的错误提示，可以使用 source()函数加载此文件，之后即可正常运行。

```
> source("impacts.lagmess.r")
> imp_mess <- impacts(mess, listw = lw, R = 500)
> summary(imp_mess, zstats = TRUE, short = TRUE)
Impact measures (lagmess, exact):
         Direct      Indirect      Total
NROOM    4.8671161   2.52440412    7.3915202
AC       8.6138650   4.46771266    13.0815776
AGE      -0.1285597  -0.06667945   -0.1952391
LOTSZ    0.1157269   0.06002353    0.1757505
================================================================
Simulation results (numerical Hessian approximation variance matrix):
================================================================
Simulated standard errors
         Direct      Indirect      Total
```

```
NROOM    0.94589578   0.73492815   1.51099745
AC       2.65497993   1.58285113   3.99877572
AGE      0.06065342   0.03175316   0.08964358
LOTSZ    0.01617982   0.01356432   0.02416981

Simulated z-values:
         Direct       Indirect     Total
NROOM    5.214939     3.457092     4.946073
AC       3.205783     2.749674     3.216888
AGE     -2.088872    -2.011994    -2.126024
LOTSZ    7.218320     4.401930     7.302513

Simulated p-values:
         Direct       Indirect     Total
NROOM    1.8388e-07   0.00054604   7.5726e-07
AC       0.001347     0.00596545   0.0012959
AGE      0.036719     0.04422057   0.0335013
LOTSZ    5.2625e-13   1.0729e-05   2.8244e-13
```

输出结果包括四部分，分别是平均效应值、标准差、t统计量和p值。从中可以看出，除了房龄 AGE，其余解释变量的平均效应均在 0.1% 的水平下显著。作为对比，我们计算了 SAR 模型的平均效应，结果如下：

```
> imp_sar <- impacts(sar, listw = lw, R = 500)
> imp_sar
Impact measures (lag, exact):
         Direct       Indirect     Total
NROOM    4.7970437    3.08393858   7.8809823
AC       8.4398111    5.42581232   13.8656234
AGE     -0.1173192   -0.07542255  -0.1927418
LOTSZ    0.1122063    0.07213553   0.1843418
```

显然从平均总效应的角度来看，SAR 模型和 MESS 模型的估计结果差异不大。

10.3 面板 MESS 模型

Lesage 和 Pace（2007）提出的 MESS 模型适用于截面数据，Figueiredo 和 Silva（2015）将其推广到面板数据，提出了固定效应面板 MESS 模型的估计方法。他们研究的模型形式为：

$$Sy = \iota_T \otimes \mu + \lambda \otimes \iota_N + X\beta + \varepsilon \tag{10.9}$$

其中，$\mu = (\mu_1, \cdots, \mu_N)'$ 为个体固定效应，$\lambda = (\lambda_1, \cdots, \lambda_T)'$ 为时间固定效应，ι_T 和 ι_N 是由 1 组成的向量，$S = I_T \otimes e^{\alpha W}$ 是面板形式的矩阵指数设定。

当样本量很大时，通常利用组内变换消除个体固定效应和时间固定效应，即在模型（10.9）两边同时左乘 Q，当模型仅包含个体固定效应时，$Q = I_{NT} - \frac{1}{T}\iota_T\iota_T' \otimes I_N$；当模型包含个体时间双固定效应时，$Q = I_{NT} - \frac{1}{T}\iota_T\iota_T' \otimes I_N - \frac{1}{N}I_T \otimes \iota_N\iota_N' + \frac{1}{NT}\iota_{NT}\iota_{NT}'$，可得：

$$QSy = QX\beta + Q\varepsilon \tag{10.10}$$

因为 $QSy = S\tilde{y}$，所以[①]

$$S\tilde{y} = \tilde{X}\beta + \tilde{\varepsilon} \tag{10.11}$$

其中，$\tilde{y} = Qy, \tilde{X} = Qy, \tilde{\varepsilon} = Q\varepsilon$。当给定矩阵指数参数 α 时，有：

$$\tilde{\beta} = (\tilde{X}'\tilde{X})^{-1}\tilde{X}S\tilde{y}$$

$$\tilde{\sigma}^2 = \frac{1}{NT}\tilde{y}'S'MS\tilde{y} \tag{10.12}$$

$$M = I_{NT} - \tilde{X}(\tilde{X}'\tilde{X})^{-1}\tilde{X}'$$

因此，α 的集中对数似然函数为：

---

① 以个体固定效应为例，$QSy = \left(I_{NT} - \frac{1}{T}\iota_T\iota_T' \otimes I_N\right)\left(I_T \otimes e^{\alpha W}\right)y = \left[\left(I_T - \frac{1}{T}\iota_T\iota_T'\right) \otimes I_N\right]\left(I_T \otimes e^{\alpha W}\right)y = \left[\left(I_T - \frac{1}{T}\iota_T\iota_T'\right) \otimes e^{\alpha W}\right]y = \left(I_T \otimes e^{\alpha W}\right)\left[\left(I_T - \frac{1}{T}\iota_T\iota_T'\right) \otimes I_N\right]y = SQy$。

$$\ln L(\alpha) = \kappa + \log|S| - \frac{NT}{2}\log\left(\frac{1}{NT}\tilde{y}'S'MS\tilde{y}\right) \quad (10.13)$$

由矩阵指数的性质 $|e^{\alpha W}| = e^{trace(\alpha W)} = e^0 = 1$，可得 $|S| = |I_T \otimes e^{\alpha W}| = |I_T|^N |e^{\alpha W}|^T = 1$，所以 α 的集中对数似然函数的最终形式为：

$$\ln L(\alpha) = \kappa - \frac{NT}{2}\log\left(\frac{1}{NT}\tilde{y}'S'MS\tilde{y}\right) \quad (10.14)$$

最大化式（10.14）可得 α 的极大似然估计，将其代入式（10.12）可得 β 和 σ^2 的估计值。参数的协方差矩阵可以按照 Lesage 和 Pace（2009）提出的计算数值海塞矩阵的方法计算。

目前 R 软件中还没有估计面板 MESS 模型的函数或程序包。我们按照上述 Figueiredo 和 Silva（2015）提出的极大似然估计步骤编写了估计程序，保存在文件 panelmess.r 中。使用时将其拷贝到当前工作目录下，使用

```
> source("panelmess.r")
```

加载文件中的函数。估计面板 MESS 模型的函数为 panelmess()，其基本用法为：

```
> panelmess(formula, data, listw, index = NULL, Durbin = FALSE, effect
= c("individual", "time", "twoways"))
```

其中参数设定可参考 8.5.1 节中的 spml()函数。formula 指模型公式，用法与 lm()函数中的 formula 参数基本相同，需要注意的是，在公式中不能用函数，如果使用对数，需要提前生成；data 是包含模型变量的数据框；listw 是 listw 类型的空间权重矩阵；index 是字符型向量，指明个体和时间变量，注意必须是个体变量名在前，时间变量名在后，如果数据框是 pdata.frame 类型，此参数可以省略，使用缺省值 NULL 即可；Durbin 用来设定解释变量的空间滞后项，缺省值是 FALSE，若设定为 TRUE 则将所有解释变量的空间滞后项都加入模型，若设定为 Durbin=~var1+var2 则表明仅将 var1 和 var2 两个变量的空间滞后项加入模型；effect 是固定效应项，分为个体固定效应（"individual"）、时间固定效应（"time"）和双向固定效应（"twoways"）三种选择。

我们以第 8 章中的香烟销售数据集为例,演示面板 MESS 模型的估计过程。首先是读入数据及空间权重矩阵:

```
> setwd("w:/Examples/ch10mess")
> library(plm)
> data("Cigar")
> Cigar$lsales <- log(Cigar$sales)
> Cigar$lrprice <- log(Cigar$price/Cigar$cpi)
> Cigar$lrdi <- log(Cigar$ndi/Cigar$cpi)
> pcigar <- pdata.frame(Cigar,index = c("state","year"))
> library(readxl)
> library(spdep)
> wmat <- as.matrix(read_xls("Spat-Sym-US.xls",
+                    col_names = FALSE))
> ind <- unique(Cigar$state)
> lw <- mat2listw(wmat, row.names = ind, style = "W")
```

加载 **panelmess.r** 并估计模型:

```
> source("panelmess.r")
> fm <- lsales ~ lrprice + lrdi
> pmess1 <- panelmess(fm, data = pcigar, listw = lw,
+                     effect = "twoways")
> (sum_pmess1 <- summary(pmess1))
Matrix exponential spatial lag model:
(calculated with expm)
Twoways effects Within Model

Call:
plm(formula = update(formula, sy ~ .), data = pdataset, effect = effect,
model = "within", index = index)

Balanced Panel: n = 46, T = 30, N = 1380

Residuals:
     Min.         1st Qu.        Median       3rd Qu.        Max.
-0.42841610    -0.03779812    -0.00089216    0.03934841    0.51875714
```

```
Coefficients:
          Estimate    Std. Error   t-value    Pr(>|t|)
lrprice   -0.999560   0.040883     -24.449    < 2.2e-16    ***
lrdi       0.467777   0.045869      10.198    < 2.2e-16    ***
---
Signif. codes:  0 '***' 0.001 '**' 0.01 '*' 0.05 '.' 0.1 ' ' 1

Total Sum of Squares:     11.32
Residual Sum of Squares:  7.0486
R-Squared:                0.37733
Adj. R-Squared:           0.34101
F-statistic: 394.802 on 2 and 1303 DF, p-value: < 2.22e-16
Alpha: -0.19301, standard error: 0.030134
    z-value: -6.4051, p-value: 1.5031e-10
LR test value: 42.602, p-value: 6.7094e-11
Implied rho: 0.1755263
```

在输出结果的最后部分给出了参数 α 的估计值 -0.1930，以及相关检验统计量，对应的 ρ 值为 0.1755。作为对比，我们这里列出空间面板数据模型估计的 ρ 值，结果显示为 lambda：0.1898。

```
> library(splm)
> spmod <- spml(fm, data = pcigar, listw = lw,
+               model = "within", effect = "twoways",
+               lag = TRUE, spatial.error = "none")
There were 14 warnings (use warnings() to see them)
> summary(spmod)
Spatial autoregressive coefficient:
         Estimate    Std. Error   t-value    Pr(>|t|)
lambda   0.189756    0.028588     6.6377     3.186e-11    ***

Coefficients:
          Estimate    Std. Error   t-value    Pr(>|t|)
lrprice   -0.994180   0.039902     -24.915    < 2.2e-16    ***
lrdi       0.462451   0.046013      10.050    < 2.2e-16    ***
---
Signif. codes:  0 '***' 0.001 '**' 0.01 '*' 0.05 '.' 0.1 ' ' 1
```

在估计过程中，组内变换消除了截距项，如果需要截距项的估计值，可以使用如下函数获得：

```
> within_intercept(pmess1$lmobj)
(overall_intercept)
         1.718743
attr(,"se")
[1] 0.2079168
```

加入解释变量的空间滞后项的估计结果如下：

```
> pmess2 <- panelmess(fm, data = pcigar, listw = lw,
+                     effect = "twoways", Durbin = TRUE)
> (sum_pmess2 <- summary(pmess2))
Matrix exponential spatial lag model:
(calculated with expm)
Twoways effects Within Model

Call:
plm(formula = update(formula, sy ~ .), data = pdataset, effect = effect,
model = "within", index = index)

Balanced Panel: n = 46, T = 30, N = 1380

Residuals:
     Min.       1st Qu.      Median      3rd Qu.        Max.
-0.4144372   -0.0380208   -0.0002201   0.0392850    0.5078840

Coefficients:
              Estimate     Std. Error   t-value    Pr(>|t|)
lrprice      -1.009396     0.041571    -24.2813   < 2.2e-16   ***
lrdi          0.604234     0.059324     10.1854   < 2.2e-16   ***
lag.lrprice   0.041787     0.075539      0.5532   0.5802272
lag.lrdi     -0.286010     0.079150     -3.6135   0.0003136   ***
---
Signif. codes:  0 '***' 0.001 '**' 0.01 '*' 0.05 '.' 0.1 ' ' 1

Total Sum of Squares:    11.262
```

```
Residual Sum of Squares: 6.9742
R-Squared:       0.38072
Adj. R-Squared: 0.34359
F-statistic: 199.954 on 4 and 1301 DF, p-value: < 2.22e-16
Alpha: -0.22621, standard error: 0.034733
    z-value: -6.5129, p-value: 7.3726e-11
LR test value: 43.805, p-value: 3.6281e-11
Implied rho: 0.2024522
```

计算面板 MESS 模型的平均直接效应、平均间接效应和平均总效应的函数是 impacts.pmess(),其基本用法为：

```
> impacts.pmess(obj, listw, R)
```

其中,obj 是由 panelmess()函数估计得到的面板 MESS 模型对象,listw 是模型估计所使用的空间权重矩阵,R 是计算空间效应显著性所需的模拟次数。

impacts.pmess()函数的结果包含三个列表,分别为 res、sres 和 effects,前两个列表存储的是未经整理的原始结果,effects 则包含所需的空间效应值,它由四个列表（average、direct、indirect 和 total）构成。average 列表中包含所有解释变量的平均直接效应、平均间接效应和平均总效应及其标准差、t 统计量等。direct、indirect 和 total 三个列表分别是各地区的直接效应、间接效应和总效应的估计值、标准差及 t 统计量等。

```
> impt_pmess1 <- impacts.pmess(pmess1, lw, 1000)
> impt_pmess1$effects$average
$direct
         effects      std error    zvalues     pvalues
lrprice  -1.0043001   0.07672603   -13.09258   0.000000e+00
lrdi      0.4699954   0.07054144    6.66459    2.654055e-11

$indirect
         Effects      std error    zvalues     pvalues
lrprice  -0.208061    0.05488320   -3.729911   0.0001915471
lrdi      0.097369    0.02761661    3.455911   0.0005484366

$total
```

```
         effects       std error     zvalues       pvalues
lrprice  -1.2123611    0.06718029   -18.000087    0.000000e+00
lrdi      0.5673644    0.07761461     7.286905    3.170797e-13
```

```
> impt_pmess1$effects$indirect  #省略了大部分地区的结果
$lrprice
       Effects       std error     zvalues       pvalues
[1,]  -0.23774472   0.06268197   -3.731581    1.902819e-04
[2,]  -0.24565132   0.06376097   -3.786614    1.527140e-04
[3,]  -0.27276375   0.07246770   -3.705032    2.113637e-04
[4,]  -0.10334143   0.02709404   -3.751322    1.759048e-04
[5,]  -0.18545666   0.04847084   -3.762294    1.683621e-04
[6,]  -0.14562445   0.03840715   -3.730473    1.911204e-04
[7,]  -0.08356429   0.02213430   -3.715568    2.027477e-04
[8,]  -0.10652977   0.02871797   -3.654820    2.573625e-04
[9,]  -0.37630480   0.09478254   -3.894587    9.836618e-05
---
$lrdi
       Effects       std error     zvalues       pvalues
[1,]  0.11126049    0.031543651   3.457159    0.0005459023
[2,]  0.11496065    0.032173899   3.498836    0.0004672932
[3,]  0.12764880    0.036420570   3.436947    0.0005883097
[4,]  0.04836204    0.013647694   3.472192    0.0005162273
[5,]  0.08679057    0.024428832   3.480492    0.0005004942
[6,]  0.06814977    0.019326592   3.456336    0.0005475718
[7,]  0.03910667    0.011129855   3.445002    0.0005710545
[8,]  0.04985413    0.014398033   3.398409    0.0006777896
[9,]  0.17610426    0.048087749   3.579522    0.0003442228
---
```

加入解释变量空间滞后项的空间杜宾 MESS 模型的空间效应：

```
> impt_pmess2 <- impacts.pmess(pmess2, lw, 1000)
> impt_pmess2$effects$average
$direct
         effects       std error     zvalues       pvalues
lrprice  -1.0135500    0.0508068   -19.931237    0.000000e+00
lrdi      0.5914536    0.0804809     7.374489    1.649791e-13
```

```
$indirect
         effects      std error    zvalues      pvalues
lrprice  -0.1996793   0.06843476   -2.910482    0.003608715
lrdi     -0.1924516   0.08778003   -2.218678    0.026508615


$total
         Effects      std error    zvalues      pvalues
lrprice  -1.213229    0.05832785   -20.776018   0
lrdi     0.399002     0.04541525   8.780086     0
```

关 键 代 码

```
lagmess(formula, data = list(), listw, use_expm = FALSE, ...)  #截面
MESS 模型的估计函数
    source("impacts.lagmess.r")   #加载自定义函数
    imp_mess <- impacts(mess, listw = lw, R = 500)  #计算截面 MESS 模型空间
效应
    summary(imp_mess, zstats = TRUE, short = TRUE)   #显示空间效应的描述性统
计及显著性
    panelmess(formula, data, listw, index = NULL, Durbin = FALSE, effect =
c("individual", "time", "twoways"))   #面板 MESS 模型的估计函数
    impacts.pmess(obj,listw,R)   #计算面板 MESS 模型的空间效应
```

本章 R 操作视频请扫描以下二维码观看：

（推荐在 WIFI 环境下观看）

第 11 章 空间离散选择模型

本章概要

离散选择模型适用于研究经济个体的行为选择，如品牌选择、交通方式选择以及职业选择等。但通常情况下，经济个体的行为选择会受到周边个体行为的影响，如攀比心理会使得个体购买行为具有相关性，经济联系会使得各国金融危机发生与否存在显著的相关性。因此，实证研究中有必要在传统离散选择模型的基础上加入因变量的空间滞后项，建立空间离散选择模型来分析经济个体的行为选择特征。本章重点内容包括传统离散选择模型和空间离散选择模型的相关理论、R 语言中估计传统离散选择模型和空间离散选择模型的一般步骤及相关函数。通过本章的学习，我们应该掌握二元 Probit 模型和二元 Logit 模型的估计及结果分析，掌握多元 Logit 模型的估计步骤和相关函数，掌握空间 Probit 模型的极大似然估计、广义矩估计、线性广义矩估计及贝叶斯估计。

11.1 离散选择模型简介

定量分析中所用的数据类型有连续型和离散型。离散型数据往往产生于经济个体的行为选择，如是否购买保险、IPO 申请能否通过、投票给哪个候选人、毕业去向选择等。在这些例子中，我们所关注的因变量的取值仅代表选择结果，不再具有数量含义。比如，购买保险 $y=1$，不购买保险 $y=0$；本科毕业选择考研 $y=1$，选择就业 $y=2$，选择创业 $y=3$；等等。显然，以条件均值为建模对象的传统回归模型不适用于这类数据，为此，学者们转而考虑以某项结果出现的概率为建模对象，研究经济个体的行为选择特征。这种以选择结果数据为因变量的模型被称为离散选择模型。离散选择模型依据选项数量不同又分为二元选择模型（binary choice model）和多元选择模型（multinomial choice model）。

11.1.1　二元选择模型

二元选择模型的基本形式为：

$$\begin{aligned}\operatorname{Prob}(y=1|x) &= F(x,\beta) \\ \operatorname{Prob}(y=0|x) &= 1-F(x,\beta)\end{aligned} \quad (11.1)$$

如果令：

$$F(x,\beta) = x'\beta = \beta_0 + \beta_1 x_1 + \cdots + \beta_K x_K \quad (11.2)$$

则构成线性概率模型（linear probability model，LPM）。但此模型一个明显的问题在于 $F(x,\beta)$ 可能会落于[0, 1]区间之外，这不符合式（11.1）左侧对概率的定义。解决此问题的方法是利用复合函数：

$$F(x,\beta) = F(I(x,\beta)) = F(x'\beta) \quad (11.3)$$

其中，$I(x,\beta) = x'\beta$ 被称为指标（index）函数，$F(.)$ 被称为连接（link）函数。为了确保取值在[0, 1]区间，连接函数通常选择累积分布函数形式。如果 $F(.)$ 为 logistic 分布的累积分布函数，则称模型为 Logit 模型，其形式为：

$$\operatorname{Prob}(y=1|x) = F(x'\beta) = \Lambda(x'\beta) = \frac{e^{x'\beta}}{1+e^{x'\beta}} \quad (11.4)$$

如果 $F(.)$ 为标准正态分布的累积分布函数，则称模型为 Probit 模型，其形式为：

$$\operatorname{Prob}(y=1|x) = F(x'\beta) = \Phi(x'\beta) = \int_{-\infty}^{x'\beta}\phi(z)dz \quad (11.5)$$

尽管存在很多其他分布形式设定，但实证分析中用得最多的还是 Logit 模型和 Probit 模型。

潜变量模型（latent variable model）是描述经济个体行为选择的另一种常用模型。例如在是否就业的选择中，令 y^* 表示就业的净收益[①]，有：

---

① 就业净收益可以理解为就业收入减去保留效用。

$$y^* = x'\beta + \varepsilon \tag{11.6}$$

x 是决定就业净收益的变量，如受教育程度、年龄、性别和家庭状况等，但 y^* 是不可观测的，我们只能看到是否就业的选择结果。因此，可观测变量为：

$$y = \begin{cases} 1, y^* > 0 \\ 0, y^* \leqslant 0 \end{cases} \tag{11.7}$$

由式（11.7）和式（11.6）可得：

$$\begin{aligned} \text{Prob}(y=1|x) &= \text{Prob}(y^*>0|x) \\ &= \text{Prob}(x'\beta+\varepsilon>0|x) \\ &= \text{Prob}(\varepsilon>-x'\beta|x) \end{aligned} \tag{11.8}$$

如果假定 ε 服从 logistic 分布或标准正态分布，则由于分布是对称的，式（11.8）可写成：

$$\text{Prob}(y=1|x) = \text{Prob}(\varepsilon < x'\beta|x) = F(x'\beta)$$

分别等价于式（11.4）的 Logit 模型或式（11.5）的 Probit 模型。

需要注意的是，无论采用什么分布，参数 β 都不同于传统线性回归模型中的边际效应。这是因为

$$\frac{\partial \text{Prob}(y=1|x)}{\partial x} = \frac{\partial F(x'\beta)}{\partial x} = f(x'\beta) \times \beta \tag{11.9}$$

其中 $F(.)$ 是累积分布函数 $F(.)$ 的密度函数。显然，单一解释变量的边际效应取决于所有解释变量和参数的取值。计算边际效应的一种方法是取所有解释变量的平均值，即 $f(\bar{x}'\beta) \times \beta$；另一种方法是计算所有个体（样本点）的边际效应，然后取个体边际效应的平均值，即 $\overline{f(x'\beta) \times \beta}$。实证分析中常用的是个体边际效用的平均值。

11.1.2 多元选择模型

11.1.2.1 模型设定

当经济个体面临多个可选项时，通常会选择能带来最大效用的选项。基于此假设，可以将二元选择模型推广到多元情形。假设消费者面临 j=0，1，…，J

项选择，消费者 i 选择 j 的效用为：

$$y_{ij}^* = x_{ij}'\boldsymbol{\beta} + \varepsilon_{ij}, \quad j = 0, 1, \cdots, J \tag{11.10}$$

与二元选择情形类似，y_{ij}^* 不可观测，可观测变量 y_i 满足：

$$y_i = \underset{j}{\mathrm{argmax}}\left(y_{i0}^*, \ y_{i1}^*, \ \cdots, \ y_{iJ}^*\right)$$

如果式（11.10）中的 ε_{ij} 服从独立的第 I 类极值分布，即 $F(\varepsilon_{ij}) = \exp[-\exp(-\varepsilon_{ij})]$，则消费者 i 选择 j 的概率为（McFadden，1974）：

$$\mathrm{Prob}\left(y_i = j | x_i\right) = \frac{\exp\left(x_{ij}'\boldsymbol{\beta}\right)}{\sum_{k=0}^{J}\exp\left(x_{ik}'\boldsymbol{\beta}\right)}, \quad j = 0, 1, \cdots, J \tag{11.11}$$

模型（11.11）被称为条件 Logit 模型。注意，模型中 x_{ij} 是指随选项 j 变化的因素（选项属性变量），如人口迁移地区选择中的迁移距离、投票选择中的候选人特征、职业选择中的平均工资水平等。而仅随个体 i 变化、不随选项 j 变化的因素（个体特征变量），如个体性别、年龄、受教育程度等，不能包含在模型中。这是因为，如果 $x_i = (w_{ij}', z_i')'$ 分别代表选项属性变量和个体特征变量，则

$$\begin{aligned}
\mathrm{Prob}\left(y_i = j | x_i\right) &= \frac{\exp\left(w_{ij}'\boldsymbol{\beta} + z_i'\boldsymbol{\alpha}\right)}{\sum_{k=0}^{J}\exp\left(w_{ik}'\boldsymbol{\beta} + z_i'\boldsymbol{\alpha}\right)} \\
&= \frac{\exp\left(w_{ij}'\boldsymbol{\beta}\right)\exp\left(z_i'\boldsymbol{\alpha}\right)}{\left[\sum_{k=0}^{J}\exp\left(w_{ik}'\boldsymbol{\beta}\right)\right]\exp\left(z_i'\boldsymbol{\alpha}\right)} \\
&= \frac{\exp\left(w_{ij}'\boldsymbol{\beta}\right)}{\sum_{k=0}^{J}\exp\left(w_{ik}'\boldsymbol{\beta}\right)}
\end{aligned} \tag{11.12}$$

个体特征变量对选项 j 的被选择概率没有影响。出现上述结果的另一个原因在于个体特征变量 z_i 的系数 $\boldsymbol{\alpha}$ 也不随选项变化，这相当于假定具有特征 z_i 的个体无论选择哪个选项，所得效用都相同。显然，此假定下个体特征不影响其选择。

如果考虑个体特征 z_i 对选择结果的影响，需要假定系数随选项变化，即

$$\text{Prob}(y_i = j | z_i) = \frac{\exp(z_i' \boldsymbol{\alpha}_j)}{\sum_{k=0}^{J} \exp(z_i' \boldsymbol{\alpha}_k)}, \quad j = 0, 1, \cdots, J \tag{11.13}$$

考虑到各选项的概率之和必为 1，为了参数 $\boldsymbol{\alpha}_j(j=0, 1, \cdots, J)$ 可识别，通常假定 $\boldsymbol{\alpha}_0=0$，即：

$$\text{Prob}(y_i = 0 | z_i) = \frac{1}{1 + \sum_{k=1}^{J} \exp(z_i' \boldsymbol{\alpha}_k)} \tag{11.14}$$

此时，式（11.13）为：

$$\text{Prob}(y_i = j | z_i) = \frac{\exp(z_i' \boldsymbol{\alpha}_j)}{1 + \sum_{k=1}^{J} \exp(z_i' \boldsymbol{\alpha}_k)}, \quad j = 1, \cdots, J \tag{11.15}$$

模型（11.15）被称为多元 Logit 模型。

考虑随机效用模型（11.10），假定 ε_{ij} 服从多元正态分布：

$$[\varepsilon_{i0}, \varepsilon_{i1}, \cdots, \varepsilon_{iJ}] \sim N(0, \boldsymbol{\Sigma})$$

则可以得到多元 Probit 模型：

$$\text{Prob}(y_i = j | x_i) = \text{Prob}\left[\varepsilon_{ik} - \varepsilon_{ij} < (\boldsymbol{x}_{ij} - \boldsymbol{x}_{ik})' \boldsymbol{\beta}, \ k = 0, 1, \cdots, J, \ k \neq j\right]$$

$$\tag{11.16}$$

其中 Prob[·] 为 J 维多元正态分布。多元 Probit 模型因为涉及高维积分运算，所以估计比较困难。尽管随着计算机技术的发展，估计过程可以实现，但一方面比较费时，另一方面协方差矩阵的正定性以及参数的可识别性等条件对估计过程要求很高，因此，多元选择模型的实际应用仍以多元 Logit 模型为主。

11.1.2.2 边际效应

多元选择模型（11.11）和（11.15）中的参数 $\boldsymbol{\beta}$ 和 $\boldsymbol{\alpha}_j$ 都不同于传统回归模型中的边际效应。在条件 Logit 模型（11.11）中，选项属性变量 x 的边际效应为：

$$\frac{\partial P}{\partial x} = \begin{bmatrix} \frac{\partial P_0}{\partial x_0} & \frac{\partial P_0}{\partial x_1} & \cdots & \frac{\partial P_0}{\partial x_J} \\ \frac{\partial P_1}{\partial x_0} & \frac{\partial P_1}{\partial x_1} & \cdots & \frac{\partial P_1}{\partial x_J} \\ \vdots & \vdots & \ddots & \vdots \\ \frac{\partial P_J}{\partial x_0} & \frac{\partial P_J}{\partial x_1} & \cdots & \frac{\partial P_J}{\partial x_J} \end{bmatrix} \quad (11.17)$$

其中，

$$\frac{\partial P_j}{\partial x_k} = \frac{\partial \mathrm{Prob}(y=j)}{\partial x_k}, \quad j=0,1,\cdots,J; \quad k=0,1,\cdots,J$$

表示其他因素不变时，k 选项的 x 值变化一个单位导致选择 j 选项的概率变化量。式（11.11）对选项属性变量 x 求导可得：

$$\frac{\partial P_j}{\partial x_k} = P_j\big(I(k=j)-P_k\big)\beta, \ j=0,1,\cdots,J; \quad k=0,1,\cdots,J$$

其中 $I(k=j)$ 为指示函数，当 $k=j$ 时，其值为 1，否则为 0。因此式（11.17）为：

$$\frac{\partial P}{\partial x} = \begin{bmatrix} P_0(1-P_0) & -P_0 P_1 & \cdots & -P_0 P_J \\ -P_1 P_0 & P_1(1-P_1) & \cdots & -P_1 P_J \\ \vdots & \vdots & \ddots & \vdots \\ -P_J P_0 & -P_J P_1 & \cdots & P_J(1-P_J) \end{bmatrix} \beta \quad (11.18)$$

在多元 Logit 模型（11.15）中，个体特征变量 z 不随选项变化，其边际效应为 $J+1$ 维向量[①]：

$$\frac{\partial P_j}{\partial z} = \frac{\partial Prob(y=j)}{\partial z}, \ j=0,1,\cdots,J$$

由式（11.15）对 z 求导可得：

$$\frac{\partial P_j}{\partial z} = \sum_{k=0}^{J} P_j\big(I(k=j)-P_k\big)\alpha_k, \ j=0,1,\cdots,J \quad (11.19)$$

11.1.2.3 对数概率比

理解多元离散选择模型系数还可以使用对数概率比（log-odds ratio）。令

---

① 这里先不考虑 $\alpha_0=0$。

p_j 表示选项 j 被选中的概率，$p_j = \text{Prob}(y=j)$，$j=0,1,\cdots,J$，则条件 Logit 模型中选项 j 和选项 0 被选中的对数概率比为：

$$\ln\left(\frac{p_j}{p_0}\right) = (\boldsymbol{x}_j - \boldsymbol{x}_0)'\boldsymbol{\beta} \tag{11.20}$$

多元 Logit 模型中选项 j 和选项 0 被选中的对数概率比为（$\boldsymbol{\alpha}_0 = 0$）：

$$\ln\left(\frac{p_j}{p_0}\right) = \boldsymbol{z}'(\boldsymbol{\alpha}_j - \boldsymbol{\alpha}_0) = \boldsymbol{z}'\boldsymbol{\alpha}_j \tag{11.21}$$

举例来说，在职业选择中，令 0 代表公务员，1 代表教师，x_m 代表职业的平均工资水平，假定系数 $\hat{\beta}_m = 0.1$，则意味着当 $x_{m1} - x_{m0}$ 增加 1 个单位时，对数概率比增加 0.1，即

$$\ln\left(\frac{p_1^*}{p_0^*}\right) - \ln\left(\frac{p_1}{p_0}\right) = 0.1$$

$$\frac{\dfrac{p_1^*}{p_0^*} - \dfrac{p_1}{p_0}}{\dfrac{p_1}{p_0}} = e^{0.1} - 1 \approx 10.5\%$$

也就是说，教师平均工资水平相对于公务员平均工资水平每增加 1 个单位，教师-公务员的概率比增加 10.5%。

11.2 空间离散选择模型

空间计量经济模型主要处理变量间的空间依赖。在很多情况下，经济个体的行为选择会受到周边个体行为的影响。例如虞义华和邓慧慧（2017）研究发现，农村家庭在购买太阳能热水器的决策行为中存在显著的空间相关性，个体农户的购买决策会受到周围农户购买行为的影响，同群效应和空间溢出是农村居民购买太阳能热水器过程中的重要决定因素。朱钧钧等（2012）指出，债务危机的传染效应使得各国债务危机发生与否存在明显的空间相关性。

在分析此类数据时,上一节讨论的非空间离散选择模型不再适用。借鉴空间计量建模方法,可以在非空间离散选择模型的基础上加入因变量的空间滞后项,建立空间离散选择模型进行分析。

11.2.1 空间 Probit 模型

基于潜变量模型,带有滞后因变量的空间 Probit 模型形式为:

$$\boldsymbol{y}^* = \rho \boldsymbol{W} \boldsymbol{y}^* + \boldsymbol{X} \boldsymbol{\beta} + \boldsymbol{\varepsilon}, \boldsymbol{\varepsilon} \sim N(0, \boldsymbol{I}_n) \quad (11.22)$$

当 $y_i^* > 0$ 时,可观测变量 $y_i = 1$;当 $y_i^* \leq 0$ 时,$y_i = 0$。将模型(11.22)写成

$$\begin{aligned}\boldsymbol{y}^* &= (\boldsymbol{I}_n - \rho \boldsymbol{W})^{-1} \boldsymbol{X} \boldsymbol{\beta} + (\boldsymbol{I}_n - \rho \boldsymbol{W})^{-1} \boldsymbol{\varepsilon} \\ &= \boldsymbol{X}^* \boldsymbol{\beta} + \boldsymbol{u}\end{aligned} \quad (11.23)$$

其中,$\boldsymbol{X}^* = (\boldsymbol{I}_n - \rho \boldsymbol{W})^{-1} \boldsymbol{X}$,$\boldsymbol{u} = (\boldsymbol{I}_n - \rho \boldsymbol{W})^{-1} \boldsymbol{\varepsilon}$,且服从多元正态分布 $MVN(0, \boldsymbol{\Omega})$,$\boldsymbol{\Omega} = [(\boldsymbol{I}_n - \rho \boldsymbol{W})'(\boldsymbol{I}_n - \rho \boldsymbol{W})]^{-1}$,则可观测变量的 y_i 概率分布为:

$$\begin{aligned}\operatorname{Prob}(y_i = 1) &= \operatorname{Prob}(y_i^* > 0 | \boldsymbol{x}_i, w_{ij}, y_j^*) \\ &= \operatorname{Prob}(u_i > -\boldsymbol{X}_i^* \boldsymbol{\beta} | \boldsymbol{x}_i, w_{ij}, y_j^*) \\ &= \operatorname{Prob}(u_i < \boldsymbol{X}_i^* \boldsymbol{\beta} | \boldsymbol{x}_i, w_{ij}, y_j^*) \\ &= \Phi\left(\frac{\boldsymbol{X}_i^* \boldsymbol{\beta}}{\boldsymbol{\Omega}_{ii}}\right)\end{aligned} \quad (11.24)$$

由式(11.24)可知,解释变量的边际效应为:

$$\frac{\partial \operatorname{Prob}(y_i = 1)}{\partial \boldsymbol{x}_i} = \phi\left(\frac{\boldsymbol{X}_i^* \boldsymbol{\beta}}{\boldsymbol{\Omega}_{ii}}\right) \frac{(\boldsymbol{I}_n - \rho \boldsymbol{W})_{ii}^{-1} \boldsymbol{\beta}}{\boldsymbol{\Omega}_{ii}} \quad (11.25)$$

11.2.2 空间 Probit 模型估计

Arbia(2014)讨论了空间 Probit 模型的三种估计方法:极大似然估计(ML)、广义矩估计(GMM)和线性广义矩估计(LGMM)。他指出,空间 Probit 模型估计中的两个主要问题是内生性和非球形扰动项,三种估计方法没有绝对优劣:极大似然估计没有解析解,数值算法对计算要求很高;广义矩

估计在一般样本容量计算时优于极大似然估计，但在大样本时仍对计算要求很高；线性广义矩估计提高了计算效率，却是以牺牲准确性为代价的，实际应用中需要在两者之间权衡。

Lesage 和 Pace（2009）提出了空间 Probit 模型的贝叶斯估计方法。贝叶斯估计的核心是获得参数的联合后验分布。式（11.19）中，潜变量 y^* 也可看作未知参数，因此空间 Probit 模型的贝叶斯估计就是 $(\boldsymbol{\beta}, \rho, y^*)$ 的 MCMC 抽样过程。根据吉布斯（Gibbs）抽样原理，依次从条件后验分布 $p(\boldsymbol{\beta}|\rho, y^*)$、$p(\rho|\boldsymbol{\beta}, y^*)$ 和 $p(y^*|\boldsymbol{\beta}, \rho)$ 中抽样，在 MCMC 过程收敛后，所得样本即来自 $(\boldsymbol{\beta}, \rho, y^*)$ 的联合后验分布，进而可对参数进行统计推断。

11.3 应用举例

11.3.1 项目有效性研究

本节以威廉·H. 格林（2013）项目有效性研究的数据集为例，说明二元选择模型在 R 语言中的估计。数据集来自 AER 程序包，使用命令

```
> library(AER)
> data("ProgramEffectiveness")
```

可以读入数据。其中包含 4 个变量：grade，中级宏观经济学成绩与经济学原理成绩相比是否有所提高，用 decrease 和 increase 表示；average，平均绩点成绩；testscore，预考成绩；participation，是否参加了新的教学方法。模型的因变量是 grade，其余三个变量为解释变量。

```
> head(ProgramEffectiveness)
    grade    average  testscore  participation
1  decrease   2.66       20           no
2  decrease   2.89       22           no
3  decrease   3.28       24           no
```

4	decrease	2.92	12	no
5	increase	4.00	21	no
6	decrease	2.86	17	no

R 语言中，估计二元离散选择模型的函数是 glm()，在 R 语言默认加载的程序包 stats 中，不需要额外加载。其基本用法是：

```
> glm(formula, family = gaussian, data, ...)
```

其中 formula 和 data 与前面涉及的估计命令中的参数相同，用于指定模型公式和数据框。family 参数用于设定误差项的分布和连接函数，如果是二元 Probit 模型，需要设定为：

```
family = binomial(link = "probit")
```

二元 Logit 模型需要设定为：

```
family = binomial(link = "logit")
```

互补双对数（complementary log-log）模型需要设定为：

```
family = binomial(link = "cloglog")
```

使用此函数估计项目有效性研究模型：

```
> fm <- grade ~ average + testscore + participation
> mod_logit <- glm(fm, family = binomial(link = "logit"), data = ProgramEffectiveness)
> class(mod_logit)
[1] "glm" "lm"
> names(mod_logit)
 [1]  "coefficients"    "residuals"      "fitted.values"
 [4]  "effects"         "R"              "rank"
 [7]  "qr"              "family"         "linear.predictors"
[10]  "deviance"        "aic"            "null.deviance"
[13]  "iter"            "weights"        "prior.weights"
[16]  "df.residual"     "df.null"        "y"
[19]  "converged"       "boundary"       "model"
[22]  "call"            "formula"        "terms"
[25]  "data"            "offset"         "control"
[28]  "method"          "contrasts"      "xlevels"
```

估计结果中，注意"fitted.values"和"linear.predictors"的区别，前者是 grade 取值为 increase 的概率，即式（11.4）中的 $\text{Prob}(y=1|x)$；后者是指标函数 $x'\beta$ 的预测值。"deviance"是模型的对数似然值乘以-2，其值越小代表模型的拟合程度越高；"null.deviance"是仅含截距项时模型的对数似然值乘以-2；两者之差就是用来检验所有解释变量显著性的似然比统计量。二元选择模型中的 McFadden R^2 为 1-deviance/null.deviance。赤池信息准则"aic"的计算公式为 $\text{AIC} = -2 \times \log L + 2k$，其中 k 是待估参数的个数，它是模型选择时的重要参考指标。本例中提取相关指标的命令及显示结果如下：

```
> head(mod_logit$fitted.values)
       1        2        3        4        5        6
0.026578 0.059501 0.187260 0.025902 0.569893 0.034858
> head(mod_logit$linear.predictors)
       1        2        3        4        5        6
-3.60073 -2.76041 -1.46791 -3.62721  0.28141 -3.32099
> (McFadden_R2 <- 1-mod_logit$deviance/mod_logit$null.deviance)
[1] 0.3740383
> mod_logit$aic
[1] 33.77927
```

各系数估计值及其显著性检验可由 summary() 函数得到：

```
> (sum_logit <- summary(mod_logit))

Call:
glm(formula = fm, family = binomial(link = "logit"), data = ProgramEffectiveness)

Deviance Residuals:
    Min       1Q   Median       3Q      Max
-1.9551  -0.6453  -0.2570   0.5888   2.0966

Coefficients:
             Estimate  Std. Error  z value  Pr(>|z|)
(Intercept) -13.02135     4.93127   -2.641   0.00828  **
Average       2.82611     1.26293    2.238   0.02524  *
```

```
testscore           0.09516    0.14155    0.672   0.50143
participationyes    2.37869    1.06456    2.234   0.02545  *
---
Signif. codes:  0 '***' 0.001 '**' 0.01 '*' 0.05 '.' 0.1 ' ' 1

(Dispersion parameter for binomial family taken to be 1)

    Null deviance: 41.183  on 31  degrees of freedom
Residual deviance: 25.779  on 28  degrees of freedom
AIC: 33.779

Number of Fisher Scoring iterations: 5
```

式（11.9）表明，解释变量的边际效应不仅与 $\boldsymbol{\beta}$ 有关，还与 $f(\boldsymbol{x}'\boldsymbol{\beta})$ 有关。Logistic 分布的密度函数如图 11-1 所示，显然，$\boldsymbol{x}'\boldsymbol{\beta}$ 越接近于 0，解释变量对因变量取 1 的概率 Prob$(y=1|\boldsymbol{x})$ 影响越大。

```
> curve(exp(x)/(1+exp(x))^2,-5,5)
> abline(v=0,lty=2)
```

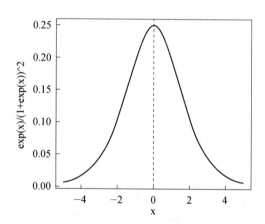

图 11-1　Logistic（0，1）分布的概率密度函数

在解释变量的样本均值点计算边际效应的代码如下：

```
> beta_logit <- coef(mod_logit)
> X <- model.matrix(fm, data = ProgramEffectiveness)
> (flogit <- dlogis(c(colMeans(X) %*% beta_logit)))
[1] 0.1889022
```

```
> flogit*beta_logit
  (Intercept)        average       testscore    participationyes
  -2.45976077      0.53385882     0.01797549      0.44933928
```

计算平均偏效应：先计算每个样本点的边际效应，然后求平均值。

```
> xbeta <- mod_logit$linear.predictors
> colMeans(dlogis(xbeta) %*% t(beta_logit))
  (Intercept)        average       testscore    participationyes
  -1.67059543      0.36258083     0.01220841      0.30517770
```

Probit 模型及 Cloglog 模型的估计结果如下：

```
> mod_probit <- glm(fm, data = ProgramEffectiveness,
+                   family = binomial(link = "probit"))
> coeftest(mod_probit)

z test of coefficients:

                   Estimate   Std. Error   z value   Pr(>|z|)
(Intercept)       -7.452313    2.571523   -2.8980    0.003755  **
average            1.625812    0.689731    2.3572    0.018415  *
testscore          0.051728    0.081194    0.6371    0.524062
participationyes   1.426331    0.586953    2.4301    0.015096  *
---
Signif. codes:  0 '***' 0.001 '**' 0.01 '*' 0.05 '.' 0.1 ' ' 1

> beta_probit <- coef(mod_probit)
> (fprobit <- dnorm(c(colMeans(X) %*% beta_probit)))
[1] 0.3280504
> fprobit*beta_probit
  (Intercept)        average       testscore    participationyes
  -2.44473437      0.53334835     0.01696954      0.46790834
> mod_cloglog <- glm(fm, data = ProgramEffectiveness,
+                    family = binomial(link = "cloglog"))
> coeftest(mod_cloglog)

z test of coefficients:
```

```
                  Estimate    Std. Error   z value    Pr(>|z|)
(Intercept)      -10.031369   3.436013    -2.9195    0.003506   **
Average            2.293511   0.917650     2.4993    0.012443   *
testscore          0.041160   0.096972     0.4244    0.671238
participationyes   1.562278   0.726154     2.1514    0.031441   *
---
Signif. codes:  0 '***' 0.001 '**' 0.01 '*' 0.05 '.' 0.1 ' ' 1

> beta_cloglog <- coef(mod_cloglog)
> xb <- c(colMeans(X)%*%beta_cloglog)
> (fcloglog <- exp(xb)*exp(-exp(xb)))
[1] 0.2081792
> fcloglog*beta_cloglog
   (Intercept)         average        testscore    participationyes
  -2.088322242      0.477461197      0.008568568       0.325233840
```

11.3.2 旅行方式选择研究

本节以威廉·H.格林（2013）旅行方式选择数据集为例，说明多元 Logit 模型在 R 语言中的估计。数据集来自 AER 程序包，使用命令

```
> data("TravelMode", package = "AER")
```

可以读入数据。其中包含 210 个个体在飞机、火车、公共汽车及小汽车四种旅行方式之间的选择结果，为长数据框格式，即每一行对应一种旅行方式。数据集中共有 9 个变量：individual 是个体指标变量，因子类型，210 个水平值对应 210 个个体；mode 是旅行方式变量，因子类型，4 个水平值对应四种旅行方式；choice 是选择结果变量，因子类型，2 个水平值，"yes" 对应的旅行方式为个体选择结果；wait 是不同旅行方式的等候时间，小汽车为 0；vcost 是交通工具的成本；travel 是旅行时间；gcost 是旅行总成本，等于交通工具的成本加上旅行时间与一个类似工资的指标的乘积；income 是家庭收入；size 是人数规模。

```
> head(TravelMode)
  individual mode  choice wait vcost travel gcost income size
1          1 air   no     69   59    100    70    35     1
2          1 train no     34   31    372    71    35     1
3          1 bus   no     35   25    417    70    35     1
4          1 car   yes     0   10    180    30    35     1
5          2 air   no     64   58     68    68    30     2
6          2 train no     44   31    354    84    30     2
```

估计多元选择模型需要使用 mlogit 程序包[①]，如果没有安装，请参考第 1 章安装程序包的相关说明。使用前先加载 mlogit 程序包：

```
> library(mlogit)
```

其中的估计命令是同名函数 mlogit()，下面按估计步骤介绍相关函数的使用方法。具体包括：①设定数据框；②设定公式；③估计参数；④模型检验；⑤计算边际效应。

11.3.2.1 设定数据框

mlogit 程序包中使用的数据框类型为"mlogit.data"，它由 mlogit.data() 函数对传统数据框进行转换得到。函数的基本用法是：

```
> dataset <- mlogit.data(data, choice = NULL,
                        shape = c("long", "wide"),
                        varying = NULL,
                        alt.var = NULL,
                        chid.var = NULL,
                        alt.levels = NULL,
                        id.var = NULL, ...)
```

其中，参数 data 是待转换的数据框。shape 是待转换的数据框的格式，长格式是指每一行对应一个选项（alternative），如旅行方式数据集，第一行对应于飞机（air）选项，第二行对应于火车（train）选项等；宽格式是指每一行对应

[①] 其他可以估计多元选择模型的程序包有 nnet、mnlogit、gmnl、appolo、bayesm 等，更多介绍请参考 R 网站 task view 中的 econometrics，本章仅介绍 mlogit 程序包的相关内容。

一个观测样本（observation），如以下数据框即为宽格式：

```
> data("Fishing", package = "mlogit")
> head(Fishing)
    Mode       price.beach    ...    catch.charter    income
1   charter    157.930        ...    0.5391           7083.332
2   charter    15.114         ...    0.4671           1250.000
3   boat       161.874        ...    1.0266           3750.000
4   pier       15.134         ...    0.5391           2083.333
5   boat       106.930        ...    0.3240           4583.332
6   charter    192.474        ...    0.3975           4583.332
```

第一行对应第一个个体的信息，其钓鱼模式选择的是 charter，收入水平是 7083.332 等。参数 choice 是个体选择结果变量；varying 是选项属性变量；alt.var 是选项变量；chid.var 是选择结果的指标变量；alt.levels 是由所有选项组成的字符向量；id.var 是个体指标变量。

对于长格式数据框，完成转换通常需要 4 个参数，即 data、choice、shape 以及 alt.var（或 alt.levels），其他参数根据数据框的具体情况选择使用。例如，旅行方式数据集的转换命令为：

```
> TM <- mlogit.data(TravelMode,choice="choice", shape="long",
+                   alt.var="mode")
```

等价于

```
> TM <- mlogit.data(TravelMode,choice="choice", shape="long",
+                   alt.levels=c("air","train","bus","car"))
```

或者

```
> TM <- mlogit.data(TravelMode,choice="choice", shape="long",
+                   alt.var="mode",id.var="individual")
```

11.3.2.2 设定公式

本例中，我们主要考虑 3 个变量对旅行方式选择的影响：总成本（gcost）、等候时间（wait）和家庭收入（income）。直观的潜变量模型设定为：

$$y_{ij}^* = \beta_0 + \beta_1 \text{gcost}_{ij} + \beta_2 \text{wait}_{ij} + \beta_3 \text{income}_i + \varepsilon_{ij} \tag{11.26}$$

但由式（11.12）可知，β_0 和 β_3 不可识别，因为无论个体 i 选择哪种旅行方式 j，截距项和家庭收入带来的潜在效用都是 $\beta_0 + \beta_3 \text{income}_i$。识别截距项和家庭收入系数的方式是令 β_0 和 β_3 随选项变化。具体来说，设定旅行方式虚拟变量 d_{air}、d_{train}、d_{bus} 和 d_{car}，模型形式为：

$$\begin{aligned}y_{ij}^* = {} & \beta_{0,\text{air}} d_{\text{air}} + \beta_{0,\text{train}} d_{\text{train}} + \beta_{0,\text{bus}} d_{\text{bus}} + \beta_1 \text{gcost}_{ij} + \beta_2 \text{wait}_{ij} + \\ & \beta_{3,\text{air}} d_{\text{air}} \text{income}_i + \beta_{3,\text{train}} d_{\text{train}} \text{income}_i + \beta_{3,\text{bus}} d_{\text{bus}} \text{income}_i + \varepsilon_{ij}\end{aligned} \tag{11.27}$$

这里以 car 为参考类别。如果不明确指定，软件一般默认用数据集中的第一个选项为基础类别。

在 R 语言中，模型（11.27）的公式设定为：

```
choice ~ gcost + wait | income
```

估计时，程序自动将此公式的类型转换为"mFormula"，它的右侧由两部分组成：第一部分为选项属性变量，如总成本（gcost），变量取值随旅行方式变化，但系数为固定值 β_1，对所有旅行方式相同；第二部分为个体特征变量，如家庭收入（income），变量取值仅随个体变化，但系数随旅行方式而变，分别为 $\beta_{3,\text{air}}$、$\beta_{3,\text{train}}$、$\beta_{3,\text{bus}}$ 和 $\beta_{3,\text{car}}$，其中参考类别对应系数设定为 0。各部分之间用"|"分割。

如果假定选项属性变量的系数随选项而变，比如总成本（gcost）对个体 i 的潜在效用的影响随旅行方式的不同而变化，则需要将 gcost 放在公式右侧的第三个部分，以"|"分割，即

```
choice ~ wait | income | gcost
```

公式默认包含截距项，其作用相当于个体特征变量，因此默认位于公式右侧第二部分。如果不含截距项，则需要在第二部分用 +0 或 –1 的方式表明。注意，–1 放在其他部分无效。另外，在公式右侧三个部分中，如果前面对应部分没有变量，则用 0 代替。

11.3.2.3 估计参数

mlogit 程序包将多种模型估计方法集合到函数 mlogit()中，其基本用法是：

```
> mlogit(formula, data, weights,
        alt.subset = NULL,
        reflevel = NULL,
        nests = NULL,
        heterosc = FALSE,
        rpar = NULL,
        probit = FALSE, ...)
```

其中，formula 和 data 分别是前两个步骤中设定的公式和数据框；weights 是权重序列；alt.subset 指选项子集，仅考虑部分选项之间选择时使用；reflevel 用于指定参考类别，即个体特征变量系数设定为 0 的选项；nests 是字符向量构成的列表，估计嵌套 Logit 模型时使用；heterosc 缺省值是 FALSE，设定为 TRUE 则表示估计异方差 Logit 模型；probit 缺省值是 FALSE，设定为 TRUE 则表示估计多元 Probit 模型；rpar 用于设定随机系数 Logit 模型（也称混合 Logit 模型），它是具有 names 属性的向量，names 对应随机系数的名称，向量值为分布形式："n"代表正态分布，"l"代表对数正态分布，"t"代表截尾正态分布，"u"代表均匀分布。

例如，估计模型（11.27）的命令及估计结果为：

```
> fm <- choice ~ gcost + wait | income
> mod1 <- mlogit(fm, data = TM, reflevel = "car")
> class(mod1)
[1] "mlogit"
> names(mod1)
 [1] "coefficients"   "logLik"         "gradient"       "hessian"
 [5] "est.stat"       "fitted.values"  "probabilities"  "linpred"
 [9] "indpar"         "residuals"      "omega"          "rpar"
[13] "nests"          "model"          "freq"           "formula"
[17] "call"
> (sum_mod1 <- summary(mod1))
```

```
Call:
mlogit(formula = choice ~ gcost + wait | income, data = TM, reflevel
= "car", method = "nr")

Frequencies of alternatives:
    car     air   train     bus
0.28095 0.27619 0.30000 0.14286

nr method
5 iterations, 0h:0m:0s
g'(-H)^-1g = 0.000614
successive function values within tolerance limits

Coefficients:
                   Estimate  Std. Error  z-value  Pr(>|z|)
air:(intercept)   5.8747921  0.8020903   7.3244   2.400e-13  ***
train:(intercept) 5.5498345  0.6404244   8.6659   < 2.2e-16  ***
bus:(intercept)   4.1302566  0.6763628   6.1066   1.018e-09  ***
gcost            -0.0109273  0.0045878  -2.3818   0.01723    *
wait             -0.0954602  0.0104732  -9.1147   < 2.2e-16  ***
air:income       -0.0053735  0.0115294  -0.4661   0.64116
train:income     -0.0565616  0.0139733  -4.0478   5.170e-05  ***
bus:income       -0.0285836  0.0154442  -1.8508   0.06420    .
---
Signif. codes: 0 '***' 0.001 '**' 0.01 '*' 0.05 '.' 0.1 ' ' 1

Log-Likelihood: -189.53
McFadden R^2:  0.33209
Likelihood ratio test: chisq = 188.47 (p.value = < 2.22e-16)
```

针对此数据集，Greene（2013）给出的模型形式为：

$$y_{ij}^* = \alpha_{air}d_{air} + \alpha_{train}d_{train} + \alpha_{bus}d_{bus} + \beta_1 \text{gcost}_{ij} + \beta_2 \text{wait}_{ij} + \beta_3 d_{air}\text{income}_i + \varepsilon_{ij} \tag{11.28}$$

模型（11.28）与模型（11.27）的区别在于家庭收入（income）只对选择飞机的潜在效用有影响，对其他旅行方式无影响。估计此模型可生成一个新变量d_{air}income，并将其看作选项属性变量，与gcost和wait属于同一类型。

```
> TM$airinc <- with(TM, (mode == "air")*income)
> fm2 <- choice ~ gcost + wait + airinc
> mod2 <- mlogit(fm2, data = TM, reflevel = "car")
> (sum_mod2 <- summary(mod2))

Call:
mlogit(formula = choice ~ gcost + wait + airinc, data = TM, reflevel
= "car", method = "nr")

Frequencies of alternatives:
    car     air   train     bus
0.28095 0.27619 0.30000 0.14286

nr method
5 iterations, 0h:0m:0s
g'(-H)^-1g = 0.000234
successive function values within tolerance limits

Coefficients:
                   Estimate  Std. Error  z-value  Pr(>|z|)
air:(intercept)    5.207433    0.779055   6.6843  2.320e-11  ***
train:(intercept)  3.869036    0.443127   8.7312  < 2.2e-16  ***
bus:(intercept)    3.163190    0.450266   7.0252  2.138e-12  ***
gcost             -0.015501    0.004408  -3.5167   0.000437  ***
wait              -0.096125    0.010440  -9.2075  < 2.2e-16  ***
airinc             0.013287    0.010262   1.2947   0.195414
---
Signif. codes:  0 '***' 0.001 '**' 0.01 '*' 0.05 '.' 0.1 ' ' 1

Log-Likelihood: -199.13
McFadden R^2:  0.29825
Likelihood ratio test: chisq = 169.26 (p.value = < 2.22e-16)
```

考虑到样本选择的影响，按照各选项的总体比率对模型进行加权，估计过程及结果为：

```
> TM$tp <- rep(c(0.14*210/58,0.13*210/63,
+               0.09*210/30,0.64*210/59),210)
```

```
> w <- with(TM, choice*tp)
> w <- w[w!=0]
> TM$weight <- rep(w, each = 4)
> mod3 <- mlogit(fm2, data = TM, reflevel = "car",
+                weights = weight)
> (sum_mod3 <- summary(mod3))

Call:
mlogit(formula = choice ~ gcost + wait + airinc, data = TM, weights
= weight, reflevel = "car", method = "nr")

Frequencies of alternatives:
    car     air    train     bus
0.28095 0.27619 0.30000 0.14286

nr method
14 iterations, 0h:0m:0s
g'(-H)^-1g = 5.13E-07
gradient close to zero

Coefficients:
                   Estimate    Std. Error   z-value   Pr(>|z|)
air:(intercept)    6.5936096   0.9574398    6.8867    5.710e-12  ***
train:(intercept)  3.6187138   0.4835815    7.4832    7.261e-14  ***
bus:(intercept)    3.3215792   0.5051377    6.5756    4.846e-11  ***
gcost             -0.0133328   0.0050825   -2.6232    0.00871    **
wait              -0.1340402   0.0130290  -10.2878   <2.2e-16    ***
airinc            -0.0010757   0.0133886   -0.0803    0.93596
---
Signif. codes: 0 '***' 0.001 '**' 0.01 '*' 0.05 '.' 0.1 ' ' 1

Log-Likelihood: -147.59
McFadden R^2: 0.47988
Likelihood ratio test: chisq = 272.34 (p.value = < 2.22e-16)
```

11.3.2.4 模型检验

由式（11.20）和式（11.21）可知，两选项被选中的概率比与其他选项无关,多元 Logit 模型的这一特征被称为无关选项独立性(independence from irrelevant alternatives,IIA),它来自随机误差项的独立性和同方差性假定。当不满足 IIA 假定时,模型估计需要进行修正,为此,Hausman 和 McFadden (1984)提出了检验 IIA 假定是否成立的 Hausman 检验。

Hausman 检验的基本思想是:如果 IIA 假定成立,则剔除无关选项后的估计结果应该与包含无关选项的估计结果无系统性差异,但前者更有效。基于此,他们提出的检验统计量为:

$$\chi^2 = \left(\hat{\beta}_r - \hat{\beta}_u\right)'\left(\hat{V}_r - \hat{V}_u\right)^{-1}\left(\hat{\beta}_r - \hat{\beta}_u\right)$$

其中,$\hat{\beta}_r$ 和 $\hat{\beta}_u$ 分别代表有约束的参数估计量和无约束的参数估计量,$\hat{V}_r$ 和 $\hat{V}_u$ 是渐近协方差矩阵的估计值。

mlogit 程序包中的 hmftest() 函数可以进行 IIA 假定的 Hausman 检验,其参数分别是无约束和有约束的两个多元 Logit 模型。注意:无约束模型在前,有约束模型在后。以旅行方式选择为例,IIA 假定表明 train/bus 和 car/bus 的概率比与 air 无关,为了检验此假设,首先估计无约束模型:

```
> fm2 <- choice ~ gcost + wait + airinc
> mod_u <- mlogit(fm2, data = TM, reflevel = "car")
```

有约束模型要剔除 air 选项,公式中 airinc 变量也要剔除,因此有约束模型的估计及检验结果为

```
> fm3 <- choice ~ gcost + wait
> mod_r <- mlogit(fm3, data = TM, reflevel = "car",
+                 alt.subset = c("train", "bus", "car"))
> hmftest(mod_u, mod_r)

    Hausman-McFadden test

data:  TM
chisq = 33.337, df = 4, p-value = 1.019e-06
alternative hypothesis: IIA is rejected
```

根据检验结果中的卡方统计量及其 p 值可以看出,IIA 假定不成立。

11.3.2.5 计算边际效应

式（11.18）和式（11.19）分别给出了选项属性变量和个体特征变量的边际效应。在 mlogit 程序包中，计算边际效应的函数是 effects()，其基本用法为

```
> effects(object, covariate = NULL, type = c("aa", "ar", "rr", "ra"),
data = NULL, ...)
```

其中，object 是类型为"mlogit"的多元 Logit 模型的估计结果；covariate 用于指定需要计算边际效应的解释变量名；type 是边际效应的类型，"a"代表绝对量，"r"代表相对量，每种类型由两个字母组成，第一个字母对应概率的类型，第二个字母对应解释变量变动的类型，缺省值是"aa"；data 是计算边际效应的样本点，缺省值是样本均值。

以模型（11.27）为例，总成本（gcost）的边际效应为：

```
> fm <- choice ~ gcost + wait | income
> mod1 <- mlogit(fm, data = TM, reflevel = "car")
> effects(mod1, covariate = "gcost")
                car              air            train              bus
car     -0.0024351778    0.0009915797    0.0010141476    0.0004294505
air      0.0009915797   -0.0021572155    0.0008188753    0.0003467605
train    0.0010141476    0.0008188753   -0.0021876755    0.0003546527
bus      0.0004294505    0.0003467605    0.0003546526   -0.0011308637
```

边际效应矩阵的第一行表示，当其他因素不变时，汽车旅行总成本增加 1 个单位，选择汽车旅行的概率下降 0.0024，选择飞机、火车和公共汽车旅行的概率分别增加 0.0010、0.0010 和 0.0004；其他各行的含义与此类似，分别表示对应旅行方式的总成本增加 1 个单位对各旅行方式的概率的影响。

总成本（gcost）是选项属性变量，个体特征变量家庭收入（income）的边际效应为：

```
> effects(mod1, covariate = "income")
         car              air            train              bus
    0.0068603617    0.0040848681   -0.0099933887   -0.0009518411
```

表示当其他因素不变时，家庭收入增加 1 个单位，选择汽车和飞机旅行方式的概率分别增加 0.0069 和 0.0041，选择火车和公共汽车旅行方式的概率分别下降 0.0100 和 0.0010。

11.3.3 巴尔的摩市的高房价研究

本小节以巴尔的摩市房价数据集为例，介绍估计空间离散选择模型的两个 R 程序包：spatialprobit 和 ProbitSpatial。巴尔的摩市房价数据集可以从 spatialreg 程序包中读取：

```
> library(spatialreg)
> data("baltimore")
> head(baltimore$PRICE)
[1]  47.0 113.0 165.0 104.3  62.5  70.0
```

根据 Arbia（2014）的方法，以 4 万美元为标准，将房价转换为二元变量，超过 4 万美元，取值为 1，表示"高房价"；否则取值为 0，表示"低房价"。

```
> baltimore$expensive <- baltimore$PRICE > 40
```

巴尔的摩数据集属于点数据，其中有房屋位置坐标，因此设定距离空间权重矩阵较为方便。以 22 为阈值，设定距离空间权重矩阵：

```
> library(spdep)
> coords <- as.matrix(baltimore[,c("X","Y")])
> wnb <- dnearneigh(coords, d1 = 0, d2 = 22)
> lw <- nb2listw(wnb)
```

所估计的基本模型形式为：

```
> fm <- expensive ~ NROOM + NBATH + AGE + SQFT
```

11.3.3.1 模型估计

ProbitSpatial 和 spatialprobit 两个程序包提供的主要估计方法不同，ProbitSpatial 提供了极大似然估计，估计函数为 SpatialProbitFit()。

```
> library(ProbitSpatial)
> modml2 <- SpatialProbitFit(fm, data = baltimore,
+                            W = as(lw, "CsparseMatrix"))
St. dev. of beta conditional on rho and Lik-ratio of rho
              Estimate      Std. Error      z-value       Pr(>|z|)
(Intercept)  -1.62835156   0.487370259    -3.3410975    8.344791e-04
NROOM         0.24667136   0.131935146     1.8696410    6.153369e-02
NBATH         0.14706087   0.196195145     0.7495643    4.535172e-01
AGE          -0.02325047   0.005039527    -4.6136219    3.957120e-06
SQFT          0.05120385   0.019433911     2.6347683    8.419474e-03
lambda        0.58968521   NA             18.0819684    2.115958e-05
```

注意，此函数中的空间权重矩阵需要设定为"CsparseMatrix"格式。

程序包 spatialprobit 提供了 Lesage 和 Pace（2009）提出的贝叶斯估计方法，估计函数为 sarprobit()。

```
> library(spatialprobit)
> modmcmc <- sarprobit(fm, W = as(lw,"sparseMatrix"),
+                      data = baltimore)
> summary(modmcmc)
--------MCMC spatial autoregressive probit--------
Execution time = 7.708 secs

N draws             = 1000,    N omit (burn-in)   = 100
N observations      = 211,     K covariates       = 5
# of 0 Y values     = 107,     # of 1 Y values    = 104
Min rho             = -1.000,  Max rho            = 1.000
--------------------------------------------------

              Estimate   Std. Dev   p-level    t-value    Pr(>|z|)
(Intercept)  -1.70844    0.54638    0.00000   -3.127     0.00202    **
NROOM         0.22695    0.13301    0.03900    1.706     0.08945    .
NBATH         0.17765    0.21261    0.20500    0.836     0.40434
AGE          -0.01612    0.00488    0.00000   -3.303     0.00112    **
SQFT          0.04731    0.02025    0.01100    2.336     0.02041    *
rho           0.68416    0.11413    0.00000    5.995     8.72e-09   ***
---
Signif. codes:  0 '***' 0.001 '**' 0.01 '*' 0.05 '.' 0.1 ' ' 1
```

11.3.3.2 计算边际效应

在空间 Probit 模型中，解释变量不仅影响本地因变量取 1 的概率，还通过空间滞后项对"周边"地区因变量取 1 的概率产生影响。因此，解释变量的边际效应也需要区分直接效应、间接效应和总效应。在上述两个 R 程序包中，spatialprobit 和 ProbitSaptial 都提供了计算边际效应的命令。spatialprobit 程序包中的函数是 impacts() 和 marginal.effects()，两者的区别在于：impacts() 提取估计过程中的 MCMC 抽样计算边际效应，输出结果为边际效应的后验均值和 95% 的置信区间；而 marginal.effects() 利用估计结果重新进行抽样并计算边际效应，输出结果为边际效应的均值、标准差和 z 统计量。在估计结果收敛时，两个函数的结果基本一致。

```
> impacts(modmcmc)
--------Marginal Effects--------

(a) Direct effects
          lower_005      posterior_mean     upper_095
NROOM     0.004010       0.060273           0.122
NBATH    -0.048320       0.046398           0.138
AGE      -0.006382      -0.004256          -0.002
SQFT      0.003743       0.012432           0.021

(b) Indirect effects
          lower_005      posterior_mean     upper_095
NROOM     0.008337       0.147873           0.351
NBATH    -0.111775       0.110205           0.374
AGE      -0.021537      -0.010616          -0.004
SQFT      0.006719       0.030684           0.065

(c) Total effects
          lower_005      posterior_mean     upper_095
NROOM     0.01422        0.20815            0.443
NBATH    -0.15808        0.15660            0.481
AGE      -0.02635       -0.01487           -0.007
```

```
SQFT            0.01144             0.04312              0.081
> marginal.effects(modmcmc)     #省略了部分输出结果
$summary_direct
        marginal.effect     standard.error       z.ratio
NROOM   0.060622517         0.035933419          1.6870790
NBATH   0.046666257         0.056628717          0.8240741
AGE     -0.004279985        0.001248962          -3.4268332
SQFT    0.012504452         0.005260348          2.3771150


$summary_indirect
        marginal.effect     standard.error       z.ratio
NROOM   0.14752274          0.119001347          1.239673
NBATH   0.10993622          0.162787668          0.675335
AGE     -0.01059202         0.006241624          -1.696997
SQFT    0.03061178          0.020577707          1.487619


$summary_total
        marginal.effect     standard.error       z.ratio
NROOM   0.20814526          0.143550747          1.4499768
NBATH   0.15660247          0.208896705          0.7496646
AGE     -0.01487200         0.006611491          -2.2494176
SQFT    0.04311623          0.023059576          1.8697757
```

ProbitSpatial 程序包中也提供了计算边际效应的函数 effects()，但是它只计算了平均直接效应、平均间接效应和平均总效应的估计值，并没有给出对应的标准差和置信区间，不能直接进行统计推断。

```
> effects(modml2)
        Direct              indirect             total
NROOM   0.070166903         0.091132278          0.16129918
NBATH   0.041832200         0.054331366          0.09616357
AGE     -0.006613713        -0.008589844         -0.01520356
SQFT    0.014565192         0.018917168          0.03348236
```

11.3.3.3 小结

在上面介绍的两个空间离散选择模型程序包中，spatialprobit 是 Wilhelm

和 Matos 专门针对 Lesage 和 Pace（2009）提出的贝叶斯估计方法开发的程序包。尽管 spatialprobit 程序包不支持空间 Logit 模型，但空间 Probit 模型可以设定为空间滞后形式，也可以设定为空间误差形式。另外，得益于贝叶斯估计过程产生的 MCMC 样本，spatialprobit 提供了计算边际效应的函数，可以计算直接效应、间接效应和总效应以及它们的标准差，有助于空间效应的统计推断。

ProbitSpatial 支持的模型形式包括空间滞后 Probit 模型、空间误差 Probit 模型，它所使用的估计方法在大样本情况下更具优势，因此推荐在样本容量较大时使用。

◆ 关 键 代 码 ◆

```
mod_probit<-glm(fm, family=binomial (link="probit"),data=ProgramEffectiveness)
```
#二元 Probit 模型的估计

```
mod_logit<-glm(fm, family=binomial(link="logit"),data=ProgramEffectiveness)
```
#二元 Logit 模型的估计

```
xbeta<-mod_logit$linear.predictors    #提取二元 Logit 模型的拟合值
colMeans(dlogis(xbeta)%*% t(coef(mod_logit)))    #计算平均偏效应
TM<-mlogit.data(TravelMode, choice="choice", shape="long", alt.var="mode")    #数据结构转换，为估计多元 Logit 模型做准备
choice ~ gcost + wait | income    #模型形式设定，变量 gcost 和 wait 是选项属性变量，系数不随选项的变化而变化；变量 income 是个体属性变量，系数随选项变化而变化，两类变量用竖线隔开
mod1<-mlogit(fm, data=TM, reflevel="car")    #多元 Logit 模型估计，参考选项是 car
hmftest(mod_u, mod_r)    #多元 Logit 模型的 Hausman 检验，用于检验无关选项独立性（IIA）假设是否成立
effects(mod1, covariate="gcost")    #计算变量 gcost 的边际效应，即各交通选项的总成本变化对个体选择各交通方式的概率的影响
modml<-spprobitml(fm, wmat=listw2mat(lw), data=baltimore)    #空间 Probit 模型的极大似然估计
modgmm<-gmmprobit(fm, wmat=listw2mat(lw), data=baltimore, startrho=0.5)    #空间 Probit 模型的广义矩估计
```

spprobit(fm, wmat=listw2mat(lw), data=baltimore)　#空间 Probit 模型的线性广义矩估计

　　modmcmc<-sarprobit(fm, W=as(lw, "sparseMatrix"), data=baltimore)　#空间 Probit 模型的贝叶斯估计

　　impacts(modmcmc)　#基于贝叶斯估计结果计算解释变量的直接效应、间接效应和总效应

本章 R 操作视频请扫描以下二维码观看：

（推荐在 WIFI 环境下观看）

参考文献

Anderson J. E. A Theoretical Foundation for the Gravity Equation[J]. American Economic Review, 1979, 69 (1): 106-116.

Anderson J. E., van Wincoop E. Gravity with Gravitas: A Solution to the Border Puzzle[J]. The American Economic Review, 2003, 93 (1): 170-192.

Anselin L. Spatial Econometrics: Methods and Models[M]. Netherlands: Springer, 1988.

Anselin L. Local Indicators of Spatial Association—LISA[J]. Geographical Analysis, 1995, 27 (2): 93-115.

Anselin L. Spatial Econometrics[R]//Mills T., Patterson K. Palgrave Handbook of Econometrics: Volume 1, Econometric Theory. Basingstoke: Palgrave Macmillan, 2006.

Anselin L., Bera A. K., Florax R., Yoon M. J. Simple Diagnostic Tests for Spatial Dependence[J]. Regional Science and Urban Economics, 1996, 26 (1): 77-104.

Arbia G. A Primer for Spatial Econometrics: With Applications in R[M]. Basingstoke: Palgrave Macmillan, 2014.

Baltagi B. H., Li D. Prediction in the Panel Data Model with Spatial Correlation[R]//Anselin L., Florax R. J. G. M., Rey S. J. Advances in Spatial Econometrics: Methodology, Tools and Applications. Heidelberg: Springer, 2004.

Baltagi B. H., Song S. H., Koh W. Testing Panel Data Regression Models with Spatial Error Correlation[J]. Journal of Econometrics, 2003, 117 (1):

123-150.

Bivand R. S., Pebesma E., Gómez-Rubio V. Applied Spatial Data Analysis with R[M]. New York: Springer, 2008.

Breusch T. S., Pagan A. R. The Lagrange Multiplier Test and its Applications to Model Specification in Econometrics[J]. Review of Economic Studies, 1980, 47（1）: 239-253.

Cameron A. C., Gelbach J. B., Miller D. L. Robust Inference with Multiway Clustering[J], Journal of Business & Economic Statistics, 2011, 29（2）: 238-249

Chiu T. Y. M., Leonard T., Tsui K. W. The Matrix-logarithmic Covariance Model[J]. Journal of the American Statistical Association, 1996, 91（433）: 198-210.

Croissant Y., Millo G. Panel Data Econometrics in R: The plm Package[J]. Journal of Statistical Software, Foundation for Open Access Statistics, 2008, 27（i02）.

Elhorst J. P. Spatial Econometrics from Cross-Sectional Data to Spatial Panels[M]. Heidelberg: Springer, 2014.

Elhorst J. P., Fréret S. Evidence of Political Yardstick Competition in France Using a Two-regime Spatial Durbin Model with Fixed Effects[J]. Journal of Regional Science, 2009, 49（5）: 931-951.

Figueiredo C., Silva A. R. D. A Matrix Exponential Spatial Specification Approach to Panel Data Models[J]. Empirical Economics, 2015, 49（1）: 115-129.

Frankel W. L., Wei Z., et al. Glutamine Enhancement of Structure and Function in Transplanted Small Intestine in the Rat[J]. Journal of Parenteral and Enteral Nutrition, 1993, 17（1）: 47-55.

Getis A. Spatial Autocorrelation[R]//Fischer M., Getis A. Handbook of Applied Spatial Analysis. New York: Springer, 2010.

Getis A., Ord J. K. The Analysis of Spatial Association by Use of Distance

Statistics[J]. Geographical Analysis, 1992, 24 (3): 189-206.

Goodchild M. F., Haining R., Wise S. Integrating GIS and Spatial Data Analysis: Problems and Possibilities[J]. International Journal of Geographical Information Systems, 1992, 6 (5): 407-423.

Hausman J. A. Specification Tests in Econometrics[J]. Econometrica, 1978, 46 (6): 1251-1271.

Hausman J., McFadden D. Specification Tests for the Multinomial Logit Model[J]. Econometrica, 1984, 52 (5): 1219-1240.

Honda Y. Testing the Error Components Model with Non-normal Disturbances[J]. The Review of Economic Studies, 1985, 52 (4): 681-690.

Horn R. A., Johnson C. R. Matrix Analysis[M]. New York: Cambridge University Press, 1993.

Kapoor M., Kelejian H. H., Prucha I. R. Panel Data Models with Spatially Correlated Error Components[J]. Journal of Econometrics, 2007, 140 (1): 97-130.

Kelejian H., Piras G. Estimation of Spatial Models with Endogenous Weighting Matrices and an Application to a Demand Model for Cigarettes[R]. Working Papers, 2012.

Kelejian H., Tavlas G. S., Petroulas P. In the Neighborhood: The Trade Effects of the Euro in a Spatial Framework[J]. Regional Science and Urban Economics, 2012, 42 (1/2): 314-322.

Kindleberger C. P. The Formation of Financial Centers: A Study in Comparative Economic History[M]. New Jersey: Princeton University Press, 1974.

Lee L. F., Pace R. K. Asymptotic Distributions of Quasi-maximum Likelihood Estimators for Spatial Autoregressive Models[J]. Econometrica, 2004, 72 (6): 1899-1925.

Lesage J. P., Pace R. K. A Matrix Exponential Spatial Specification[J].

Journal of Econometrics, 2007, 140 (1): 190-214.

Lesage J. P., Pace R. K. Spatial Econometric Modeling of Origin-destination Flows[J]. Journal of Regional Science, 2008, 48 (5): 941-967.

Lesage J. P., Pace R. K. Introduction to Spatial Econometrics[M]. Boca Raton: CRC Press, 2009.

McFadden D. Conditional Logit Analysis of Qualitative Choice Behavior[R]// Zarembka P. Frontiers in Econometrics. New York: Academic Press, 1974.

Millo G., Piras G. splm: Spatial Panel Data Models in R[J]. Journal of statistical software, 2012, 47 (1): 1-38.

Moran P. A. P. The Interpretation of Statistical Maps[J]. Journal of the Royal Statistical Society. Series B (Methodological), 1948, 10 (2): 243-251.

Moran P. A. P. Notes on Continuous Stochastic Phenomena[J]. Biometrika, 1950a, 37 (1/2): 17-23.

Moran P. A. P. A Test for the Serial Independence of Residuals[J]. Biometrika, 1950b, 37 (1/2): 178-181.

Mutl J., Pfaffermayr M. The Hausman Test in a Cliff and Ord Panel Model[J]. The Econometrics Journal, 2011, 14 (1): 48-76.

Porojan A. Trade Flows and Spatial Effects: The Gravity Model Revisited[J]. Open Economies Review, 2001, 12 (3): 265-280.

Silva S., Tenreyro S. The Log of Gravity[J]. The Review of Economics and Statistics, 2006, 88 (4): 641-658.

Tiefelsdorf M. Misspecifications in Interaction Model Distance Decay Relations: A Spatial Structure Effect[J]. Journal of Geographical Systems, 2003, 5 (1): 25-50.

Tiefelsdorf M., Griffith D. A., Boots B. A Variance-stabilizing Coding Scheme for Spatial Link Matrices[J]. Environment and Planning A: Economy and Space, 1999, 31 (1): 165-180.

Tinbergen J. Shaping the World Economy[M]. New York：The Twentieth Century Fund，1962.

Tobler W. R. A Computer Model Simulation of Urban Growth in the Detroit Region[J]. Economic Geography，1970，46（S）：234-240.

Zhang X.，Wang W.，Harris R.，Leckie G. Analysing Inter-provincial Urban Migration Flows in China：A New Multilevel Gravity Model Approach[J]. Migration Studies，2020，8（1）：19-42.

拜凡德，裴贝斯玛，格梅尔–卢比奥. 空间数据分析与 R 语言实践[M]. 徐爱萍，舒红，译. 北京：清华大学出版社，2013.

曹永明. 中国省际人口迁移的地缘效应与驱动机制：男女有别吗[J]. 人口研究，2017，41（5）：40-51.

陈继勇，雷欣. 我国区域间知识溢出的数量测度[J]. 科技进步与对策，2010，27（1）：39-44.

陈强. 高级计量经济学及 Stata 应用（第二版）[M]. 北京：高等教育出版社，2014.

古恒宇，沈体雁，刘子亮，等. 基于空间滤波方法的中国省际人口迁移驱动因素[J]. 地理学报，2019，74（2）：222-237.

哈德利•维克汉姆. ggplot2：数据分析与图形艺术[M]. 统计之都，译. 西安：西安交通大学出版社，2013.

哈德利•维克汉姆. 高级 R 语言编程指南[M]. 李洪成，段力辉，何占军，译. 北京：机械工业出版社，2016.

杰弗里•M. 伍德里奇. 横截面与面板数据的计量经济分析（第二版）[M]. 胡棋智，胡江华，王忠玉，译. 北京：中国人民大学出版社，2016.

卡巴科弗. R 语言实战（第 2 版）[M]. 王小宁，等，译. 北京：人民邮电出版社，2016.

林光平，龙志和，吴梅. 中国地区经济 σ-收敛的空间计量实证分析[J]. 数量经济技术经济研究，2006（4）：14-21+69.

沈体雁，等. 空间计量经济学[M]. 北京：北京大学出版社，2010.

沈体雁，于瀚辰. 空间计量经济学（第二版）[M]. 北京：北京大学出版社，2019.

沈体雁，于瀚辰，曹巍韡，等. 空间计量分析软件：Geoda、GeoDaSpace和PySAL操作手册[M]. 北京：北京大学出版社，2019.

陶长琪. 空间计量经济学的前沿理论及应用[M]. 北京：科学出版社，2016.

陶长琪，杨海文. 空间计量模型选择及其模拟分析[J]. 统计研究，2014，31（8）：88-96.

王守坤. 空间计量模型中权重矩阵的类型与选择[J]. 经济数学，2013，30（3）：57-63.

王周伟，崔百胜，张元庆. 空间计量经济学：现代模型与方法[M]. 北京：北京大学出版社，2017.

威廉·H. 格林. 计量经济分析（第六版）[M]. 北京：中国人民大学出版社，2013.

肖光恩，刘锦学，谭赛月明. 空间计量经济学：基于MATLAB的应用分析[M]. 北京：北京大学出版社，2018.

许启发，蒋翠侠. R软件及其在金融定量分析中的应用[M]. 北京：清华大学出版社，2015.

叶阿忠，吴继贵，陈生明. 空间计量经济学[M]. 厦门：厦门大学出版社，2015.

虞义华，邓慧慧. 基于空间Probit模型的农村家庭低碳产品购买决策研究[J]. 求索，2017（12）：45-53.

朱钧钧，谢识予，许祥云. 基于空间Probit面板模型的债务危机预警方法[J]. 数量经济技术经济研究，2012，29（10）：100-114.

朱平芳，张征宇，姜国麟. FDI与环境规制：基于地方分权视角的实证研究[J]. 经济研究，2011，46（6）：133-145.

朱塞佩·阿尔比亚. 空间计量经济学入门：在R中的应用[M]. 肖光恩，吴炬辉，刘锦学，译. 北京：中国人民大学出版社，2018.